www.tredition.de

Claus-Günter Frank
Lisboa

AF178791

Claus-Günter Frank

Lisboa

À descoberta da metrópole portuguesa

Com a colaboração de
Brigitte Barcklow

Tradução de
Nuno Garrido de Figueiredo

www.tredition.de

© 2019 Claus-Günter Frank

ISBN
Paperback: 978-3-7482-2855-4
Hardcover: 978-3-7482-2856-1
e-Book: 978-3-7482-2857-8

Zeichnungen - Mapas dos itinerários: Tim Többe, Münster
Fotos: Claus-Günter Frank, Heidelberg
Korrektorat - Revisão: Claus-Günter Frank, Nuno Garrido de Figueiredo
Verlag und Druck - Editora e Impressão: tredition GmbH, Hamburg

Índice

Nota do tradutor

O livro agora editado em português já foi publicado na Alemanha em 2005. Fiquei tão encantado com ele que decidi traduzi-lo para a língua de Camões, possibilitando aos meus compatriotas dele desfrutarem, pois não se trata de um vulgar roteiro turístico.

Foi por isso considerado enriquecedor desta edição inserir algumas notas, quer com algumas alterações observadas ao verificar os oito itinerários de que se compõe este roteiro, tanto ou mais histórico-literário que turístico, quer complementando o texto com mais algumas informações interessantes para o leitor português, lisboeta ou visitante desta cidade, que não teriam tanto interesse para um leitor alemão.

O facto de o tradutor ser amigo do autor, desde os anos em que ambos trabalharam na Escola Alemã de Lisboa, facilitou uma intensa troca de correspondência entre os dois, a propósito dessas notas e, até, de algumas sugestões de alteração do original alemão, resultantes de uma mais perfeita actualização ou de uma perspectiva mais portuguesa de algumas coisas.

As notas do autor caracterizam-se por um número no texto, ao qual corresponde uma nota, no fim do livro, na secção Notas, por ordem numérica (1, 2, 3, …). As do tradutor vêm como notas de rodapé (A, B, C, ...) logo no fim de cada página.

Pela enriquecedora experiência que este trabalho para mim constituiu, e pela confiança nas minhas sugestões, sempre testemunhada pelo autor, compete-me expressar-lhe aqui o meu profundo agradecimento.

Quando não foram encontradas edições portuguesas dos trechos citados, indicam-se nas Notas as obras em alemão a que Claus-Günter Frank recorreu, mantendo os títulos alemães. Estes porém, para que o leitor os possa compreender, encontram-se, entre parêntesis, traduzidos à letra para português.

Por decisão pessoal, o tradutor do texto, intencionalmente, não escreve segundo o novo Acordo Ortográfico, o que foi aceite pelo autor.

Introdução

Conversa entre ventos

Tu nunca correste o Mundo? Nem o mais célebre apenas?
Hammerfest – Viena – Atenas?

«Não, conheço só este vale,
não passo de um vento local...
E tu, conheces de Kuntzen a discoteca?»

Não, pá! Oh, co' a breca!
Adeus! Tenho de ir, que o tempo voa!
Colónia – Paris – Lisboa.

Tal como para o vento que correu o Mundo, de Christian
Morgenstern [1] , também para nós Lisboa é o complemento
adicional, em crescendo, de Colónia e Paris. Uma névoa de
exotismo, os aromas de condimentos e especiarias continuam a
envolver ainda hoje a Cidade Branca junto ao mar. Se fecharmos
os olhos, vemos deslizando sobre os mares, de velas enfunadas,
as caravelas enviadas pelo Infante D. Henrique, o Navegador, a
dilatar as fronteiras do mundo conhecido. E depois o Fado –
expressão das componentes trágicas, melancólicas: a derrocada,
em poucos anos, do império mundial português e o devastador
terremoto que, em poucos minutos, transformou Lisboa em
ruínas e cinza e destruiu tesouros acumulados por gerações.

Mas, para além destes estereótipos, o mais frequente é Lisboa
ser um mundo por desbravar. Que língua se fala lá? Castelhano,
porque a cidade está situada na Península Ibérica e os
correspondentes dos jornais alemães estão sediados em Madrid?
Não! Colado à monolítica Espanha – que não é, mesmo nada,
assim tão homogénea – Portugal, o pequeno país vizinho, gerou,
a partir de raízes comuns, um idioma e uma cultura próprios. A
literatura portuguesa está a despertar de novo, finalmente, as
atenções da Alemanha. Há que nomear em primeiro lugar,
naturalmente, os grandes escritores contemporâneos: José
Saramago, o vencedor do Prémio Nobel, e o seu não menos
importante inimigo de estimação, António Lobo Antunes.
Fernando Pessoa, o autor de culto, está também a ocupar a devida

posição nos países germanófonos e também já apareceram, finalmente, as obras do grande romancista José Maria Eça de Queiroz. Este quarteto guiar-nos-á pelas ruas de Lisboa. E ainda mais alguns outros.

Porém, a maioria dos nossos cicerones será constituída por autores de língua alemã, quer famosos, quer menos conhecidos. O lugar de honra é ocupado por Thomas Mann, mas também o seu irmão Heinrich e a filha Erika se pronunciaram sobre Lisboa. Para ela, tal como para muitos outros, essa cidade foi involuntário ponto de passagem, na sua fuga aos Nazis. Durante alguns meses – após a Revolução dos Cravos de 1974, ocorrida sem derramamento de sangue e que pôs fim à mais antiga ditadura da Europa Ocidental – o país fez acreditar na concretização de um socialismo utópico e atraiu como um íman, precisamente por isso, os homens de letras de idioma germânico. As observações destes acompanhar-nos-ão ao longo de oito deambulações por Lisboa e seus mais próximos arrabaldes.

Mesmo que o prezado leitor prefira o avião como meio de transporte, recomendo-lhe, como leitura de viagem, o romance de Pascal Mercier, «Comboio nocturno para Lisboa» (ed. Dom Quixote). O seu herói, Raimund Gregoris, professor de latim oriundo de Berna, é levado através de Lisboa inteira, por aqui e por ali, na sua busca do autor de um livro que o acaso lhe colocou nas mãos – uma leitura obrigatória.

Tal como de Roma, diz-se da cidade à beira do Tejo que tem sete colinas. E, tal como sucede com aquela, na realidade as colinas são muitas mais. Algumas destas colinas, no centro da metrópole, conhecê-las-emos no primeiro itinerário. Como suplemento há uma curta viagem de barco e muita História.

O segundo passeio leva-nos ao bairro mais antigo da cidade, a Alfama, dominada pelo Castelo de São Jorge. O fado constitui o fundo musical para esta viagem exploratória por vielas estreitinhas; bate ao vento, sob o céu azul e por cima das nossas cabeças, a roupa pendurada a secar.

Literatura e vida nocturna são os temas principais da terceira volta, a pé, desde a margem do Tejo até ao Rossio ou Praça D. Pedro IV, centralmente localizada, passando pela parte mais alta da cidade, o Bairro Alto.

Se já houve quem cantasse os «cable cars» de S. Francisco, também o famoso «amarelo da Carris», o carro eléctrico de Lisboa, que até há poucos anos apenas fora descrito, já encontrou em Carlos do Carmo quem o cantasse também. Será que, após o percurso neste monumento técnico, lhe irá interessar recordar o que sobre ele canta este conhecido fadista?

Na nossa quinta deambulação seguimos no encalço do Marquês de Pombal. No decurso da História a imagem pública do Marquês tem tido altos e baixos, mas não há dúvida de que, sem ele, a Lisboa de hoje teria outro aspecto. Terminamos o dia no Museu de Arte Antiga, classificado com 5 estrelas.

A seguir, uma fresca brisa fustiga-nos a ponta do nariz. Foi em Belém, à beira do Tejo, que fizeram as suas despedidas os navegadores portugueses que descobriram o caminho marítimo para a Índia e, de passagem, o Brasil. O Mosteiro dos Jerónimos, em Belém, pode agradar ao leitor ou não, mas é obrigatório vê-lo. E depois somos atraídos pela famosa Torre de Belém, com a sua base mergulhada já nas águas do rio.

Azulejos portugueses são uma bonita recordação para levar, mas sobre eles há muito mais a dizer do que a sua superficial consideração como meros produtos da indústria do turismo permite imaginar. Neste itinerário vamos visitar de metro – em si mesmo uma obra de arte global –, de autocarro e a pé os testemunhos mais significativos da arte da azulejaria. Se valorosamente nos acompanhou, convidamo-lo a ir ao Estoril, acabando o dia no Casino. Sair-lhe-á, como prémio, um passeio a pé no paredão, do Estoril a Cascais, ao entardecer.

Pode recobrar as suas forças depois, na excursão a Sintra. Partindo do Neuschwanstein português,[A] caminharemos pelas verdejantes e húmidas matas dos Montes da Lua, até ao antigo paço real, em Sintra.[B]

Se, ao chegar ao fim da sua estada em Lisboa, dela fizer um resumo igual ao que fez Gerhard C. Krischker[2], escritor que pelos vistos gostava de resolver charadas do jornal «Die Zeit», então a sua viagem valeu a pena.

[A] Trata-se do Palácio da Pena (vide Cap. 8).
[B] Mais conhecido por Palácio da Vila.

Lisboa

de início
não nos entendemos lá muito bem

tomei o teu idioma por polaco
os teus habitantes por poetas
o teu «tinto» por tinta de escrever
o teu tamboril por um tamborileiro
o teu fado por enfadonho
a tua alfama por um boato
o teu obrigado por um hino a uma brigada

no fim o meu adeus
não foi nenhum lapsus linguae[A]

Tim Többe desenhou os mapas dos itinerários pela cidade em que nasceu. A Roswitha Gram-Moreira e ao seu marido, Fernando Azevedo Moreira, agradeço não só algumas indicações importantes, mas também a sua pródiga hospitalidade. Agradeço muito especialmente ao meu amigo Nuno Garrido de Figueiredo, que não só percorreu todos os itinerários quando primeiro traduziu e vários anos depois, para esta publicação, actualizou o texto, com muitos complementos e notas. Sem as inúmeras horas que ele, com grande entusiasmo e muita dedicação, dedicou à tradução para português, não existiria este guia de Lisboa.

[A] Neste poema a Lisboa, o autor mostra, com vários exemplos, como um cidadão alemão recém-chegado pode equivocar-se, por erradas analogias com palavras alemãs ou com outras palavras portuguesas que lhe soam parecidas: «lisboetas» e «poetas» ; vinho «tinto» e «Tinte» (palavra alemã para tinta de escrever); «tamboril» e «tamborileiro»; «fado» e «fad» (palavra alemã para «enfadonho»); «Alfama» e a boa ou má «fama» que pode resultar de um boato. Até «obrigado/obrigada» pode parecer-se com «Ó brigada! », que seria o início de um hino.
No final do poema, respeitou-se o «adeus» escrito em português por Krischker, que não usou a expressão alemã «Auf Wiedersehen». Se esta tivesse escrito, não teria sido traduzida por «adeus» – que denuncia uma longa separação, quiçá definitiva – mas sim por um menos corrente «até mais ver», tradução literal mas que exprimiria melhor o desejo de regresso que se adivinha neste poema, apesar de tantos desentendimentos iniciais. O mesmo desejo que tantas vezes foi observado, na hora da partida, em antigos professores da Escola Alemã de Lisboa, inicialmente contestatários e insatisfeitos com alguns problemas à sua chegada e adaptação a Portugal.

Este livro é dedicado à minha falecida Mulher Ursula Frank. Foi ela quem teve a ideia do livro e me deu todo o apoio durante as longas horas em que eu, em pensamento, me «demorava» por Lisboa.

1. Lisboa e as suas colinas

Barreiro – Mar da Palha – Praça do Comércio – Baixa – Praça da Figueira – Avenida Almirante Reis – Campo dos Mártires da Pátria – Rossio

O comboio proveniente do Algarve chega de manhã cedo à estação terminal, no BARREIRO. Agora, já só o Tejo nos separa do nosso destino: Lisboa. Num poema nostálgico descreve Nuno Júdice [3] a viagem através do Alentejo, o antigo celeiro de Portugal, a sul, para além do Tejo.

No comboio correio entre Beja e Lisboa (fim dos anos 50)

Era o tempo em que o comboio parava em todas
as estações: o comboio-correio, a caminho de lisboa,
levando famílias da província para passar o ano
com os parentes de lisboa. Nessas paragens,
quando se fazia o silêncio
depois do guinchar dos travões, o chefe da estação
anunciava o nome da terra: terras que só existiam
de nome, para quem viajava no comboio, à noite,
a caminho de lisboa, e se reduziam a apeadeiros
de luz apagada no meio do campo. Por vezes, entravam passageiros
com grandes malas e cestos de fruta. Era a única animação
da carruagem nocturna: vê-los encaixarem as malas
e os cestos, antes de se sentarem em silêncio
nos bancos de madeira desses comboios do inverno.

Corremos da estação de caminhos de ferro, em estilo mourisco, para a bilheteira da «Soflusa», que fica perto; compramos um bilhete para a travessia rumo a Lisboa, a qual vai durar uns bons 20 minutos; e subimos para bordo do cacilheiro. Lentamente, o «Lagos» vai-se libertando do cais flutuante, desliza para fora da pequena baía e aproa à margem fronteira, em direcção ao centro de Lisboa. Temos operários e empregados, a caminho do trabalho, por companheiros de viagem. Vêm dos subúrbios que surgiram a sul do Tejo durante a segunda metade do século passado. Dois cauteleiros apregoam vigorosamente os seus papelinhos coloridos – com sucesso. Uma garota guia um cego, seu pai, ao longo das filas. O homem toca harmónica de beiços, a filha estende uma caixa aos passageiros sentados e pede uma moedinha. Duas ciganas, vestidas de negro, vendem farturas que tiram de um saco de plástico, negro também.

À esquerda, as torres da Ponte 25 de Abril – como esta ponte pênsil passou a ser chamada desde aquele dia do ano de 1974, o dia da portuguesíssima Revolução dos Cravos[A] – dominam sobre a acidentada língua de terra. Ao lado da Ponte vemos o CRISTO-REI, erguido em 1959, contraponto lisboeta do Cristo do Corcovado, no Rio de Janeiro. Os bispos portugueses, reunidos em Fátima em 1940, tinham feito a promessa solene de mandar edificar a estátua de Jesus – de 28 metros de altura, sobre uma peanha de betão de 82 metros – se Portugal não fosse levado a entrar na II Grande Guerra. As ondas criadas por um «catamarã», que connosco se cruza, fazem abanar o nosso navio; deslizando no seu barco a motor, um pescador passa ao nosso lado. Em breve avistamos, à direita, a Ponte Vasco da Gama, inaugurada por ocasião da Exposição Mundial de 1998. Ao longo de 18 quilómetros, a maior ponte fluvial da Europa mantém-se não muito acima do Mar da Palha.

MAR DA PALHA[B] é o nome da gigantesca baía, a sul de Lisboa, na qual desagua o Tejo. Não sendo ainda mar e já não sendo rio, constitui o elemento de ligação entre os dois. O fluxo e o refluxo das marés e a água ligeiramente salgada permitem pressentir já o oceano – apesar de este ainda ficar a alguns quilómetros. Bem protegidas das tempestades do Atlântico, armadas inteiras podiam encontrar abrigo neste porto natural; mas, ao mesmo tempo, o Tejo oferecia ligações comerciais com o interior do país. Já por cerca de 1200 a. C. conheciam os Fenícios esta excelente localização, ancorando aqui, a caminho do Norte. «Alis ubbo» terão eles chamado à «amena baía». Seguiram-se-lhes os Gregos e os Cartagineses. Estes, por sua vez, após a 2ª Guerra Púnica, perderam a Península Ibérica para os Romanos. Os novos ocupantes chamaram «Olisipo» ao local e tornaram-no juntamente com Mérida, na actual Espanha, metrópoles da província da Lusitânia, nome atribuído à colónia de Celtiberos aqui estabelecidos. Bastou meio milénio para latinizar o idioma tão profundamente que nem os germânicos Alanos e Visigodos, nem os muçulmanos Árabes e Berberes

---

[A] Tinha originalmente o nome de Ponte Salazar por ter sido inaugurada em 1966, durante o Governo deste estadista.
[B] Dizem os marítimos da margem sul que esta designação vem do facto de os barcos que desciam o Tejo, quando em dificuldades, ali libertarem volumes de palha.

conseguiram alterar-lhe grande coisa. De facto, é aos Suevos – cujo nome soa muito parecido com Suábios[A] e que com estes devem ter tido laços de parentesco mais ou menos profundos – que atribui Ernst Jünger, e não apenas ele, a responsabilidade pela nasalização e pelos muitos sons sibilantes do português.

Um dos seus antecessores foi Moritz Rapp, que, como tantos outros, traduziu «Os Lusíadas» – decerto o único que o fez para suábio. É possível que ele também se conte entre os precursores dos linguistas que hoje dão cabo da Etimologia, nela se infiltrando e fundamentando-se talvez em estratos mais profundos do idioma. Não me posso pronunciar sobre essa matéria. Posso contudo confirmar que ouvi aqui expressões e vocativos cuja nasalização correspondia exactamente à dos meus vizinhos de Wilflingen.[B] A escrita e o cantar de um idioma dão muitas vezes mais indicações sobre laços de consanguinidade do que o seu vocabulário.[4]

O erudito Professor Karl Moritz Rapp, de Tübingen, traduziu no séc. XIX, para alto-suábio, um dialecto alemão, não só o poema épico nacional «Os Lusíadas», de Luís Vaz de Camões, mas também alguns dos seus sonetos[5].

> *Brandas agoas do Tejo, que passando*
> *Per estes verdes campos que regaes,*
> *Plantas, hervas, e flôres, e animaes,*
> *Pastores, nymphas, ides alegrando:*

Entretanto, o cacilheiro já passou o cais da Base Naval da Marinha de Guerra, e é agora a altura das enormes docas secas e gruas do estaleiro da Lisnave. Fundada nos anos sessenta do século passado, num Portugal que era então um país de muito baixos salários, com o fim de competir com os estaleiros do norte da Europa na reparação naval, pela sua óptima localização na própria rota dos petroleiros, a sua decadência começou logo após a Revolução, como resultado da má gestão, da elevação dos custos salariais e da globalização. Posteriormente foi à falência,

---

[A] Habitantes da Suábia, região da Alemanha do Sul pertencente ao estado federado de Baden--Württemberg.
[B] Aldeola na região do Jura suábio onde Ernst Jünger mora.

no ano 2000, e vendida simbolicamente por um dólar a dois dos seus quadros. Provavelmente, segundo revelado em Outubro de 2018, o Estado irá colocar no mercado, em 2019, os antigos terrenos da Lisnave na Margueira, que poderão dar lugar, num futuro próximo, a uma urbanização.[A]

A margem esquerda do rio vai-nos ficando para trás, permitindo-nos uma vista desafogada da Ponte que, atravessando o Tejo pouco antes de este desaguar no Atlântico, nos traz à ideia a Ponte Golden Gate. Em 1999, na suspensa estrutura de aço, de dois quilómetros e meio de comprimento, foi instalada uma segunda plataforma só para comboios, aumentando assim a capacidade rodo-ferroviária. No seu romance «Hotel Lusitano», Rui Zink põe a descrever o quadro dois jovens nova-iorquinos típicos com aspirações artísticas – um quer escrever uma novela, o outro é pintor – que em Lisboa procuram e encontram inspirações e um toque de aventura:

O rio, que gracinha, tinha uma ponte como a de São Francisco, a fazer um M pernalonga e maiúsculo esparramado sobre as águas, dalinianamente suspenso sobre dois pares de patas de aranha, monumento metálico à vida do ditador mais duradoiro da história do séc. XX, recordista do Guinness-Book, aprendi. Do outro lado, no cimo de um monte, um gigante Cristo de pedra recebia os barcos de braços abertos. Uma versão não desinteressante da Estátua da Liberdade, aqui em Nova Iorque. Mas para quê os braços abertos? Estaria a ser assaltado?

[A] Sendo cidadão estrangeiro, o autor coibiu-se de pormenorizar. Mas os portugueses devem saber que, segundo artigo no OBSERVADOR em 24.6.2017, a falência da Lisnave se deveu, entre outras coisas, ao ambiente então vivido em Portugal e ao controlo operário que impôs uma subida imediata, em 1974, de 45,78% dos salários e outros encargos sociais, a que outras se seguiram, sem aumento correspondente da produtividade; à queda a pique das encomendas, devido ao aumento, em quase 50%, do tempo das reparações, por limitações do horário de trabalho; à subida das taxas de juro e ao endividamento, que se tornou crónico, pois que os trabalhadores continuavam a ganhar quando não havia barcos para reparar, e ganhavam horas extraordinárias quando os havia; às contingências dos preços do petróleo, desde o choque petrolífero de 1973, e seus efeitos para os armadores de navios tanques, etc.

– Deve ser óptimo ver a cidade dali – observou Larry. Não era necessário tê-lo feito, pois eu pensara exactamente o mesmo. Para variar.
Não era aquela, no entanto, a única das vistas bonitas de Lisboa. Para falar verdade, elas superabundavam, era como se a cidade sofresse uma epidemia de miradouros.[6]

Entre as duas pontes fica Lisboa. Henry Fielding descreve a sua chegada àquela cidade. O autor de «Tom Jones» viajou em 1750, já ferido de morte, para Portugal. Pouco depois da sua chegada a Lisboa morre e é enterrado no Cemitério Inglês.

Diz-se que Lisboa, onde agora estávamos ancorados, terá sido construída sobre o mesmo número de colinas que a Roma antiga. Mas não se avistam todas do mar, antes pelo contrário, apenas se consegue distinguir um outeiro muito elevado e rochedos. Sobre aquele assentam casas, encaixadas umas por cima das outras, e ele é, na verdade, tão escarpado, quase a prumo, que as casas parecem ter uma base única, comum a todas elas.
Como as casas, conventos, igrejas e outros edifícios são grandes e todos construídos de pedra branca, de longe têm muito boa aparência. Mas logo que nos aproximamos e se vê que são desprovidos de qualquer espécie de ornamento, da sua beleza nada mais resta.[7]

«A Cidade Branca – la ville blanche»: esta é uma das suas imagens de marca, vulgarizada através do filme de Alain Tanner. Há, de facto, muitas casas pintadas de branco, mas serão elas as predominantes? Sobre isso, a maior parte dos lisboetas é de outra opinião. O grão-mestre português do Modernismo, Fernando Pessoa, faz um dos seus heterónimos, o engenheiro naval Álvaro de Campos, versejar como segue[8]:

> Lisboa com suas casas
> *De várias cores,*
> *Lisboa com suas casas*
> *De várias cores,*
> *Lisboa com suas casas*
> *De várias cores ...*
>
> *À força de diferente, isto é monótono.*
> *Como à força de sentir, fico só a pensar.*

Se, de noite, deitado mas desperto,
Na lucidez inútil de não poder dormir,
Quero imaginar qualquer coisa
E surge sempre outra (porque há sono,
E, porque há sono, um bocado de sonho),
Quero alongar a vista com que imagino
Por grandes palmares fantásticos.
Mas não vejo mais,
Contra uma espécie de lado de dentro de pálpebras,
Que Lisboa com suas casas
De várias cores.

Sorrio, porque, aqui, deitado, é outra coisa.
À força de monótono, é diferente.
E, à força de ser eu, durmo e esqueço que existo.

Fica só, sem mim, que esqueci porque durmo,
Lisboa com suas casas
De várias cores.

Lentamente, o cacilheiro aproxima-se da margem. À nossa esquerda fica a rectangular PRAÇA DO COMÉRCIO[A], separada do Tejo apenas por uma avenida. As duas colunas de pedra, à frente da larga escadaria de mármore, marcam o antigo cais de desembarque dos ilustres convidados do Estado Português. [B] Dois torreões cúbicos, brancos como o seu revestimento de

[A] Ainda hoje conhecida também por Terreiro do Paço, designação que vem de antes do terremoto de 1 de Novembro de 1755, por esta praça ser então o terreiro do antigo paço real, originário do séc. XVI mas ampliado e enriquecido no reinado de D. João V.
[B] O autor refere-se ao Cais das Colunas, datado de fins do séc. XVIII, e no qual, antes da vulgarização das viagens de avião, desembarcaram tantos Chefes de Estado de visita a Lisboa, como a rainha Isabel II de Inglaterra e o príncipe Filipe, duque de Edimburgo, em 1957.

pedra, constituem o remate da praça, à esquerda e à direita, em direcção à água. A eles se acoplam edifícios amarelo-limão com grandes arcadas, um tanto mais baixos, que emolduram os três lados da praça estabelecidos em terra firme. Um grande arco de triunfo, a meio do lado que delimita a cidade, constitui a entrada para a BAIXA, reconstruída em forma de tabuleiro de xadrez após o terremoto de 1755. Nos edifícios em volta da Praça encontravam-se a Bolsa e os Ministérios: era de aqui que Portugal era administrado. Os corredores das arcadas foram o palco de intrigas de Estado, cabalas e conspirações finamente urdidas.

As casas que, à direita, confinam com o conjunto manifestam, através da sua pintura, igualmente em amarelo-limão, a sua utilização por civis (Ministério das Finanças), enquanto o prolongamento do mesmo conjunto, à esquerda, se denuncia, pelo vermelho-sangue-de-boi, como sendo o militar Arsenal. Será tradição ou é por razões económicas que todos os edifícios utilizados pelas Forças Armadas se podem reconhecer pela cor?

22 de Novembro – Na Praça do Comércio Dom José I, muito elegante sobre o seu cavalo, tão verde como ele próprio, fá-lo esboçar um passo de dança e o seu elmo, ornado com plumas de avestruz, confere-lhe o aspecto de um bailarino dos Plaisirs de l' Île Enchantée[A]. Uma praça espantosa: em três lados, casas cor de rosa;[B] o quarto dá para o Tejo, que aqui é tão largo como um braço de mar. Nesta praça foi assassinado, no seu «landau» aberto, o penúltimo rei de Portugal, D. Carlos, juntamente com o seu filho mais velho. O vestido da rainha D. Amélia ficou manchado pelo seu sangue. Ao longo de toda esta viagem, uma rainha trágica atrás da outra.[9]

O regicídio mencionado por Julien Green aconteceu em 1908 e teve lugar logo depois do fim de um longo e infeliz século, não só para Portugal mas também para a vizinha Espanha. Em 1807, devido às invasões francesas, fugiram para o Brasil, então colónia

---

[A] Uma comédia-ballet que foi representada durante as festas de inauguração do Palácio de Versailles, de 7 a 10 de Maio de 1664.
[B] Os edifícios, actualmente pintados em amarelo-limão como Claus-Günter Frank atrás refere, eram antigamente, de facto, cor de rosa, como referido neste trecho por Julien Green.

portuguesa, a rainha D. Maria I – outra rainha trágica, que enlouquecera após a morte do seu filho mais velho –, o seu filho e príncipe regente, D. João, e toda a sua corte. A defesa do país foi deixada ao cuidado dos ingleses, o que a estes foi pago com a concessão de facilidades alfandegárias no Brasil. O futuro Duque de Wellington iniciou aqui, em 1809, a sua marcha triunfal contra Napoleão, a qual haveria de terminar seis anos mais tarde, em Waterloo, com a derrota definitiva do corso. O príncipe regente, porém, gostava de estar no Rio de Janeiro e nem queria pensar em regressar à devastada pátria, economicamente arruinada. O Reino de Portugal e dos Algarves tornou-se o Reino de Portugal, Algarves e Brasil – até hoje, a única vez em que um país europeu foi governado a partir da América. Mas em Lisboa quem mandava, como comandante supremo das forças armadas, era o marechal inglês Beresford, mesmo depois de o príncipe regente, em 1816, ter subido ao trono como D. João VI. Portugal sentiu que estava a ficar em posição subalterna e rebelou-se; o rei regressou e aceitou a Constituição radical-democrática das Cortes de 1822. Em consequência disso, o Brasil seguiu o exemplo das colónias sul-americanas da Espanha e declarou a sua independência. Só que D. Pedro, o filho mais velho de D. João VI, já se colocara, oportunamente, à frente do movimento, tendo-se o Brasil tornado assim um Império – e tornando-se ele o Imperador D. Pedro I.

... o filho mais novo, D. Miguel, havia tentado, na sua juventude, destronar o pai. Não conseguiu fazê-lo, pelo que foi obrigado a abandonar o País; mas após a morte do pai começou a ser considerado pelo «partido absolutista» como herdeiro por direito. Pois não era D. Pedro imperador do Brasil? Este, no entanto, não tinha renunciado aos seus direitos de primogénito; contudo, desde que partira de Portugal, tinha-os transmitido a sua filha Maria da Glória, que estava a ser educada em Viena, na corte de seu avô, o Imperador da Áustria. Quando a menina, na viagem de regresso à pátria, se aproximava da costa portuguesa, D. Miguel proibiu-a de desembarcar. Ela dirigiu-se então para Inglaterra e de ali para o Brasil. Quando D. Pedro, pouco depois, ali perdeu o poder, voltou à Europa para defender os direitos da sua filha, iniciando-se o conflito entre os dois irmãos e os dois partidos.[10]

De início as coisas não correram lá muito bem para o Partido Liberal, que D. Pedro apoiava. Mas em 1833, surpreendentemente, conseguiu conquistar e conservar Lisboa. Em 1834 D. Miguel deu-se por vencido, foi exilado para a Alemanha, casou com uma princesa alemã e é ele o antepassado de que descende o actual pretendente ao trono português, o Duque de Bragança, seu bisneto. Foi principalmente a Igreja a mais castigada por ter dado o seu apoio ao irmão errado. Por todo o País foram extintos os conventos: os de monges foram-no imediatamente; os de freiras, só à medida que ia ocorrendo em cada um a morte da última irmã. Os 200 conventos de Lisboa passaram a albergar o poder do Estado.

No mesmo ano morreu D. Pedro, e Maria da Glória, com quinze anos, tornou-se rainha. D. Maria II casou-se com Fernando de Saxe-Coburgo-Gotha – uma família que, no séc. XIX, forneceu monarcas para meia Europa: Leopoldo, o primeiro rei dos Belgas, era seu tio; a rainha Vitória, da Grã-Bretanha, e o seu príncipe-consorte Alberto eram seus primos; e, por fim, o primeiro czar da Bulgária, também chamado Fernando de Saxe-Coburgo-Gotha, era seu sobrinho. D. Maria II reinou como monarca constitucional até à sua prematura morte, ao dar à luz o seu décimo primeiro filho. Embora o casal real gozasse de elevado prestígio, o País não acalmava, as revoltas sucediam-se umas às outras. A esperança do País concentrou-se no filho mais velho, D. Pedro V, que tivera uma esmerada educação. Mas o destino voltou a desferir outro golpe. Dois anos após a morte de D. Estefânia de Hohenzollern-Sigmaringen, sua mulher, a vida de D. Pedro V, de vinte e quatro anos de idade, foi ceifada pela cólera no ano de 1861, tendo morrido com ele, num espaço de poucos dias, dois dos seus irmãos – todos eles jovens de pouquíssima idade.[A]

[A] A morte do rei, muito controversa na altura, não teve como causa, segundo dois historiadores portugueses (A. H. de Oliveira Marques e José Hermano Saraiva), nem a cólera, nem um envenenamento, mas sim o tifo. Pouco depois do início do curto reinado de D. Pedro V houve em Lisboa, de facto, duas epidemias que causaram imensas vítimas: uma, de cólera, em 1856; e outra, de febre-amarela, em 1857. O rei, jovem viúvo, tornou-se ainda mais popular por não ter saído da capital e não ter deixado de visitar os doentes nas enfermarias. A sua morte e as de dois dos seus irmãos, porém, só ocorreram alguns anos mais tarde, em Novembro de 1861, em

D. Luís, o mais velho dos irmãos que lhes sobreviveram, encontrava-se nessa altura no estrangeiro e escapou assim à mortandade. Sob D. Luís, Portugal viveu uma fase de estabilidade: o partido liberal e o partido conservador substituíam-se alternadamente no Governo com notável regularidade,[A] tendo ficado ricos os dois. Mas já sob D. Carlos, seu filho, de novo irrompeu a agitação. As perturbações intensificaram-se quando Portugal, num conflito com a Inglaterra, o seu mais antigo aliado, foi forçado a perceber claramente a sua posição de secundaríssima potência colonial.

Portugal tinha, desde os tempos dos Descobrimentos, feitorias e possessões no sul da África: em Angola, na costa ocidental, e em Moçambique, na costa oriental. Quando o continente africano, no fim do séc. XIX, foi repartido entre as potências europeias, Portugal tentou colocar sob sua soberania os territórios que estabeleciam a ligação por terra entre Angola e Moçambique, já explorados por Serpa Pinto, Capelo e Ivens. Mas estava assim a estragar os planos da Grã-Bretanha, que tinha por objectivo uma ligação por terra entre a África do Sul e o Egipto.

Ninguém sabia bem onde ficavam Borotse, Matabele e Machona, mas todos queriam apossar-se destas regiões inóspitas na selva da África Oriental, até os pobres Portugueses. Corria o ano de 1890 e o comércio de produtos coloniais prosperava. Foi então que a pérfida Albion lançou um ultimato a Portugal, o seu mais fiel aliado, e quando a esquadra britânica se concentrou ao largo da foz do Tejo, verificou-se, infelizmente, que a Marinha de Guerra portuguesa era constituída por apenas alguns navios a vapor, bons para a sucata.[11]

Num caso destes não é o mais esperto quem cede, mas sim o mais fraco. Contudo, isto fora uma vergonha nacional e a sua

---

condições tão estranhas – surgindo subitamente, foram muito rápidas e deram-se umas a seguir às outras, após o regresso de uma caçada em Vila Viçosa – que se espalharam rumores de envenenamento, com grande revolta popular. A autópsia terá revelado, porém, que o rei morrera de tifo.

[A] Foi o chamado rotativismo político, que correspondia ao que hoje designamos por bipolarização. Comum na Europa do séc. XX, já só existe, praticamente, no Reino Unido. Em Portugal, por exemplo, agora há cinco partidos principais, alguns com votações próximas.

responsabilidade foi atribuída à casa real – embora D. Carlos tivesse devolvido à rainha Vitória a sua condecoração da Ordem do Banho e contribuído substancialmente para a compra de novos navios de guerra.

Dois anos mais tarde era a vez da catástrofe seguinte: as finanças públicas estavam numa tal ruína que teve de ser declarada a falência do Estado. O apelo a um homem forte, que instaurasse a ordem no caos, ouvia-se cada vez mais alto. Os monárquicos depositaram as suas esperanças no primeiro-ministro João Franco, ao qual o rei concedeu, em 1907, plenos poderes ditatoriais. De pouco serviu. Em 1908 foram assassinados, na Praça do Comércio, D. Carlos e o Príncipe herdeiro, D. Luís Filipe. O filho mais novo, D. Manuel II, ainda se conseguiu aguentar dois anos, até ser proclamada a República e ele ter de partir para o exílio, em Londres. Desde então, a bandeira portuguesa é verde-rubra: o vermelho simboliza o sangue que por Portugal foi derramado, e o verde simboliza a esperança. Deixa-se ao cuidado do leitor descobrir a qual das duas cores corresponde maior área na bandeira.

A nova forma de Estado, porém, também não trouxe a ansiada paz; os motins aumentaram ainda mais. No período de 1910 a 1926 foram eleitos sete Parlamentos e oito Presidentes da República. Os governos instáveis seguiam-se uns aos outros, atrás de uma revolta logo vinha outra. O último embaixador do império alemão escreveu nas suas memórias:

Já na tarde de 13 de Maio [1915] *me haviam comunicado, de vários lados, que a revolução rebentaria durante a noite. Mas só pelas 6 horas da manhã de 14 de Maio se pôde perceber, pelo matraquear da artilharia que passava à volta da legação, que a coisa se estava a tornar séria. É certo que os navios de guerra que estavam no Tejo tinham disparado, anteriormente, três tiros de aviso, mas aqui já se está tão habituado a explosões que ninguém deu a isso mais qualquer atenção. A artilharia de campanha ocupou então algumas posições que permitiam uma visão desafogada e daí começaram a bombardear os navios amotinados. Estes retribuíram o fogo vivamente, pelo que caíram granadas em diferentes zonas da cidade, com o que danificaram várias casas, incendiando-as por vezes. Uma grande quantidade de projécteis voou por cima do telhado da legação imperial, outros cravaram-se na imediata vizinhança da mesma e provocaram estragos nas casas próximas. Os chumbos de algumas balas soltas caíram nos nossos quartos. Ao princípio pensei que se tratava de granadas que tivessem passado por cima do seu alvo, uma bateria de campanha colocada em posição perto de aqui. No entanto, mais tarde tive de me compenetrar de que esta explicação não era adequada, pelo menos no caso de dois tiros. Estes tinham sido disparados, de uma outra direcção, por uma canhoneira e tinham portanto, forçosamente, de ter sido dirigidos contra a legação imperial.[12]*

Em 1916 Portugal entrou na I Grande Guerra ao lado dos Aliados. A 9 de Abril de 1918 o Corpo Expedicionário Português foi dizimado junto ao rio Lys, na Flandres, e em Dezembro desse ano o ditador militar Dr. Sidónio Pais, que fora embaixador em Berlim até 1916, foi assassinado a tiro na estação do Rossio. Paul Morand, escritor e diplomata francês, descreve – no seu conto «Lorenzaccio ou o regresso do exilado» – o regresso de um político a Lisboa.

Embora tivesse esperado quinze mil dias, isto é, aproximadamente 42 anos, Tarquínio Gonçalves estava impaciente por chegar finalmente a casa. A noite só lentamente caía. Desde o romper da madrugada que estava estendido na erva do terreno do lazareto, na margem esquerda do rio, com Lisboa exactamente em frente, e tinha observado o que o sol, no decurso de um único dia, fizera a uma das suas cidades preferidas; era impossível enumerar todos os matizes. O português não precisava de desviar para o lado os seus olhos pisados para ver, até à altura do Mosteiro dos Jerónimos, os vinte quilómetros de costa, com Belém, e as suas artísticas torres de ebúrneo jogo de xadrez, de um lado, e a neve das salinas de Sacavém, do outro.

Ao alvorecer tinham desembarcado o estadista, enquanto a cidade ainda dormia sob a neblina matinal do Atlântico. No momento em que ela erguera o seu mosquiteiro, tinha-se revelado, nas suas cores mate, como aquilo que ela fora para o séc. XVIII e ainda hoje é: um exemplo padrão de construção urbanística que, ao mesmo tempo, está obrigado a mais altos critérios de beleza.

[...]

Gonçalves põe pé em terra no lado oriental da Praça do Comércio, cujos degraus vão até à água. Cautelosamente coloca sobre o degrau menos escorregadio o seu delicado pé, calçado de pele de antílope e

com tacões de cantor de ópera. À sua frente, em fila, estão os seus
antigos escravos, os ministérios, toda a omnipotente Administração
portuguesa. À direita, ao pé das arcadas, o lugar em que foi assassinado
o rei, sua majestade fidelíssima, rei de Portugal e dos Algarves, senhor
de colónias e domínios.[13]

De 1919 a 1924, o valor da moeda diminuíra quase vinte
vezes, conforme graficamente demonstrado pelo historiador A.
H de Oliveira Marques. Por isso, e sendo já terrível a situação
económico-financeira de Portugal, em 1925 a moeda perdeu todo
o valor quando ocorreu a grande burla do Banco Angola e
Metrópole, que contribuiu para ainda maior desprestígio do
regime. O que sucedeu foi que Artur Alves Reis, falso
«engenheiro» que chegou a dono da Real Companhia dos
Caminhos de Ferro Transafricanos de Angola, e mais tarde, outra
vez com cheques sem cobertura, se tentou apoderar da
Companhia Ambaca, depois de passar apenas 54 dias na prisão,
conseguiu, de novo com documentos falsificados, convencer a
casa inglesa onde se imprimiam as notas de banco portuguesas a
fazer uma segunda impressão de 200.000 notas, iguais às de 500
escudos em circulação, alegadamente destinadas a negócios para
desenvolvimento de Angola.

A burla durou muito tempo,
e só começou a deslindar-se
quando alguém encontrou
duas notas iguais em tudo …
até nos seus números. O
romance «500 escudos
falsos»,[A] de Thomas Gifford,
narra o acontecimento.

Em 1926, o general Gomes da Costa fez um golpe de estado e
dissolveu o Parlamento. Os dois anos seguintes caracterizaram-
-se por tentativas de golpe de estado e por perturbações da ordem
pública, tornando-se a situação financeira do país cada vez mais

---

[A] Título dado pela «Publicações D. Quixote», 1ª edição, Janeiro de 2007. Em 1977 já
fora publicado, com o título «O homem de Lisboa», na Colecção Dois Mundos, da
«Livros do Brasil».

desesperada. Nesta situação calamitosa, os militares nomearam Ministro das Finanças um paisano, professor da Universidade de Coimbra: António de Oliveira Salazar.

A nossa barata viagem marítima está quase a chegar ao fim, o barco aproa ao CAIS DA ALFÂNDEGA. Deixamo-nos contagiar pela agitação geral, saímos de bordo aos empurrões, mas não nos dirigimos já para a Praça do Comércio, mantemo-nos antes na zona à direita desta. Chama-se agora LARGO JOSÉ SARAMAGO a praça antigamente designada por Campo das Cebolas, acima da qual, e do casario que a envolve, se elevam as imponentes torres da Sé, do período românico tardio. Foi totalmente reconfigurada de Outubro de 2015 a Abril de 2018, tendo tardado tanto devido à descoberta de vestígios arqueológicos, incluindo cerâmicas, um cais pombalino e duas embarcações. Dispõe agora de um amplo espaço relvado onde as crianças podem brincar em segurança, por ser limitado por muretes que não prejudicam uma desafogada vista para o Tejo. Tudo isto sobre um parque de estacionamento subterrâneo. No sopé da colina fica a Casa dos Bicos. A fachada desta casa renascentista foi cuidadosamente restaurada e completada para as exposições da Europália 91 em Portugal e, com as suas pedras em forma de pirâmide que sobressaem da parede, assemelha-se à face de um martelo de bater bifes. O seu interior foi removido e refeito e lá funciona, actualmente, a Fundação José Saramago.

Ao longo da RUA DA ALFÂNDEGA dirigimo-nos lentamente para a PRAÇA DO COMÉRCIO, passando pela Igreja de Nossa Senhora da Conceição Velha. O portal e as duas janelas são só o que resta do edifício seu antecessor, destruído em 1755 pelo terremoto. No pilar central do portal manuelino, de duas portas, com formato em arco redondo, está de guarda o arcanjo São Miguel, portador da balança da Justiça; a Virgem Maria, que acima dele domina, em alto-relevo, no tímpano ornamentado com brasões, foi rodeada pelo mestre construtor de importantes personalidades dele contemporâneas: a rainha D. Leonor, o rei D. Manuel I e a sua irmã D. Leonor, viúva de D. João II e fundadora das Misericórdias, e o papa Leão X. Sobre todos eles, ajoelhados, estende a Virgem, simbolicamente, o seu protector manto de misericórdia.

Aliás, ainda não tinha recuperado todo o meu sono em atraso e decidi limitar-me nesse dia a ver um pouco da cidade. Logo que tomei o café, pus-me a caminho. Comecei por tomar uma tipóia diante do hotel e fiz--me conduzir à Praça do Comércio e ao meu banco, que aí se encontrava, igualmente chamado Banco do Comércio. Contava, com a ajuda da carta de crédito circular que tinha na carteira, levantar uma primeira soma para cobrir a conta do hotel e as outras despesas correntes. A Praça do Comércio, uma praça muito digna e calma, abre-se de um lado para o porto, largo golfo formado pelo estuário do Tejo; dos outros três lados é rodeada de arcadas e de áleas com abóbadas onde se alinham a alfândega, o correio central, diversos ministérios e também os escritórios do banco junto do qual eu estava creditado. Fui atendido por um homem de bom aspecto, de barba negra, com maneiras que inspiravam confiança. Agarrou nos meus papéis com deferência, acolheu amavelmente o meu pedido, rabiscou umas palavras com mão hábil e estendeu-me em seguida, com um pedido cortês, a caneta para me fazer assinar os recibos. Para dizer a verdade, não tive necessidade de espreitar a assinatura de Lulu, ao fundo do documento anexo, para colocar debaixo do atestado de recepção a sua exacta réplica, o meu belo nome, numa letra enviesada inclinada para a esquerda e envolvido por um traço oval. «Uma assinatura original», não pôde deixar de notar o empregado. Sorri, encolhendo os ombros. «Uma espécie de tradição atávica», disse eu, como quem se desculpa. «Há muitas gerações que assinamos assim.» Ele inclinou-se complacentemente e, com a minha carteira de pele de lagarto cheia de milreis, deixei o banco.

Daí dirigi-me ao correio vizinho, onde redigi o seguinte telegrama para o palácio «Meu Refúgio», na minha terra: «Com mil cumprimentos, comunico chegada são e salvo cá, Savoy Palace. Delicio-me com novas impressões que espero poder relatar em breve por carta. Verifico já um certo desvio dos meus pensamentos que nem sempre seguiam pelos caminhos rectos. Vosso reconhecido Lulu.»

Resolvido isto também, atravessei uma espécie de arco de triunfo ou portão monumental, que se abre no lado da Praça do Comércio oposto ao porto, em direcção a uma das mais elegantes ruas da cidade – a Rua Augusta – onde tinha de satisfazer uma obrigação social.[14]

Tal como o industrioso e sedutor embusteiro «Felix Krull», de Thomas Mann, chegamos à PRAÇA DO COMÉRCIO. Substituímos a ida ao banco por uma visita ao «Café Restaurante

Martinho da Arcada», fundado em 1782. Não pela veneranda idade da instituição, mas sim porque Fernando Pessoa, uma vez findos os trabalhos de cada dia como correspondente comercial, aqui tinha o seu poiso habitual. Sophia de Mello Breyner Andresen escreveu, em Julho de 1994, o seguinte poema.[15]

FERNANDO PESSOA

Com o sobretudo abotoado até ao queixo
Embiocado   afastado
No lugar mais escuro do café escrevia
O múltiplo poema   o canto inumerável
Arrancado ao desejo   à paixão   à memória
Às lucidíssimas fúrias da renúncia

A mesa a que o Mestre se costumava sentar, na zona do restaurante, é a única que não tem toalha. Sobre o tampo de mármore está um livro, mesmo ao lado de uma chávena de café e de um copo de aguardente, as duas bebidas favoritas de Pessoa.

Mário de Sá-Carneiro, um outro grande poeta futurista de Portugal, escreveu de Paris, em 1915, ao seu amigo Pessoa:

Acima de tudo me arrepia a ideia sem espelhos de, sem remédio, novamente fundear no Martinho ... Não sei porquê mas esse café – não os outros cafés de Lisboa, esse só – deu-me sempre a ideia dum local aonde se vem findar uma vida; estranho refúgio, talvez, dos que perderam todas as ilusões, ficando-lhes só, como magro resto, o tostão para o café quotidiano – e ainda assim, vamos lá, com dificuldade.[16]

Não achamos que isto se nos aplique, sentamo-nos a uma das mesas sob a arcada e contemplamos agora a Praça com Alfred Döblin, que aguardava em Lisboa, em 1940, a passagem para a segurança dos Estados Unidos da América.

Diante de nós abria-se uma ampla praça quadrangular. Uma balaustrada de pedra isolava-a da vasta massa de água reluzente que, a princípio, tomámos pelo mar, já que o nevoeiro nos ocultava a margem oposta. A água cintilava. Nela viam-se imponentes barcos e pequenas embarcações. Os mais poderosos, pintados de cinzento, davam-se a conhecer como navios de guerra pela sua constituição. Quando nos aproximámos da margem vimos que ostentavam bandeiras,

e eis que entre elas vemos ondular ao vento... a «estrelas e riscas»,
insígnia dos Estados Unidos.
Os edifícios governamentais, caiados de amarelo, eram blocos
uniformemente baixos e alongados. A praça era circundada a toda a
volta por arcadas, de onde irradiavam, para o interior da cidade,
amplas artérias. Um ostentoso portal fora erguido aqui, verdadeiro
Arco de Triunfo. O frontão tinha símbolos e inscrições. E no meio da
extensa praça, agrestemente batida pelo sol, erguia-se num pedestal
não muito alto, assente em plataforma visível de longe, um corcel, um
cavalo de bronze. Erguia-se, assim me parecia, afogueado pelo
tremendo calor do sol, e era montado por um monarca. O movimento
era desenfreado, turbulenta a composição; mas não se ia além disso.
Cavalo e cavaleiro permaneciam ali, excitados, sim, mas estáticos e
juntos. Todas as vezes que voltava à praça, encontrava-os sempre no
mesmo sítio.[17]

8. Lisboa-Praça do Comercio

Um porta-contentores sobe o Tejo. A água como parte da
cidade – onde é que já vimos isso? A comparação com a Praça de
São Marcos, em Veneza, impõe-se. Tal como os doges da cidade
das lagunas, também os reis portugueses foram levados a sair do
seu antiquado castelo, acima da cidade, para junto da água,
próximo do Arsenal, próximo da Alfândega – em suma, próximo
dos cofres. Ainda hoje se encontra nas pétreas placas

toponímicas, colocado entre parêntesis, o seu antigo nome, TERREIRO DO PAÇO – pátio do palácio real. No seu lado ocidental os reis, tornados ricos pelo comércio da Índia, construíram, no fim do séc. XV, a sua nova residência[A] com a indispensável biblioteca.

Continuamos a direito o nosso deambular e passamos ao lado do Arco de Triunfo, concluído em 1873, atrás do qual começa a Rua Augusta. As duas figuras laterais, semideitadas, representam os rios Douro e Tejo; as quatro estátuas representam, do lado esquerdo, D. Nuno Álvares Pereira, o Condestável do Reino, e – à frente deste – Vasco da Gama, o descobridor do caminho marítimo para a Índia. Viriato, o príncipe dos Lusitanos, bem como Pombal, o estadista – em plano avançado – ficam do lado direito.

Pouco antes de deixarmos a praça e chegarmos à RUA DO ARSENAL, fica-nos à esquerda um dos vários restaurantes com esplanada que agora permitem aos turistas uma agradável pausa nas suas deambulações. Precisamente nesta esquina encontrava--se outrora a importante Estação Central dos Correios, única em Lisboa que tinha um serviço de Posta-Restante. Os inocentes turistas, que se sentam hoje na esplanada, certamente já nada sabem sobre os fugitivos que em tempos, neste mesmo local, desesperados, aguardavam notícias. Hoje já quase não se podem imaginar as cenas que aqui se desenrolaram há perto de oitenta anos.[B]

[A] O palácio real ocupava apenas o andar superior de parte do conjunto ocidental de edifícios, onde são hoje os Ministérios da Marinha e da Defesa. Por baixo eram armazéns e lojas.

[B] A estação dos CTT, embora em versão muito mais moderna, foi transferida para a Praça do Município. Em Dezembro de 2010 ainda aqui estava a estação de correios mencionada. Depois, a necessidade sentida pela Câmara Municipal de Lisboa de animar o Terreiro do Paço, após o novo arranjo a que foi submetido em 2010/2011, e a necessidade de se reduzir o número de estações dos CTT para tornar atraente a sua privatização, iniciada só em 2013, levaram à desactivação da Estação Central dos Correios, com desocupação da maior parte das suas instalações. Por exemplo, o actual Pátio da Galé, espaço interior com cerca de 1,500 m², fica num sítio onde antes era um parque de viaturas dos Correios.

Assim se vai modernizando Lisboa... e se perdem lugares que, noutras épocas, tanta importância tiveram para tanta gente, a ponto de a sua memória ter ficado registada para sempre em vários livros estrangeiros.

Uma grande parte da França estava ocupada pelos alemães, e mesmo na zona não ocupada eram os nazis quem mandava. Milhares, até mesmo dezenas de milhares, de fugitivos de toda a Europa Central estavam entregues, indefesos, às suas garras. Quem podia fazê-lo fugia para Portugal, passando os Pirenéus e atravessando a Espanha, ou então passando pelo Norte de África. Já desde muito antes da famigerada noite de 9.11.1938 (chamada Noite de Cristal – um nome que nada permite entender – ou, um pouco melhor, Noite dos Cristais, que foi, sejamos claros, a noite em que os nazis escaqueiraram as montras das lojas de judeus, saqueando-as, e destruíram casas e sinagogas), encalhavam aqui judeus e arianos, gente importante e desconhecidos, alemães, austríacos, checos, polacos, holandeses, belgas, franceses, luxemburgueses – à espera de dinheiro e de um visto que lhes permitisse continuar a viagem para os Estados Unidos da América, para o Brasil, para a Argentina. E era à pacífica estação dos Correios, antigamente aqui situada, que competia a guarda de tudo o que era remetido para a posta-restante.

Descendo a Rua do Ouro, chega-se a uma grande praça quadrada junto ao Tejo, que aqui se alarga, não muito longe do ponto em que desagua no mar. Num canto da praça está a estação dos Correios.[18]

A nós interessavam-nos apenas os balcões da posta-restante.
Ficavam ao fundo, numa pequena entrada lateral, encostados à parede como nós mesmos estávamos. Mas facilmente se localizavam, tanta era a gente que os procurava. Os fugitivos, os náufragos, formavam aqui grupos, bichas, e perguntavam por cartas e telegramas. Eram, na sua maioria, senhores e senhoras bem vestidos, trazendo nos rostos e nos movimentos os sinais do seu destino: a sombria ansiedade e tensão. Muitos já faziam a pergunta apaticamente, e apáticos abalavam. Já estão cansados de perguntar e não lhes dão resposta. Outros recebiam uma carta, e logo uns quantos para lá se precipitavam e discutiam com eles. Vinha-se aqui de manhã ou à tarde, muitos vinham de manhã e à tarde.
A esquina da posta-restante em Lisboa, em Portugal, no canto mais remoto da Europa, tornou-se o trágico ponto de encontro de muita gente nesse ano da desgraça de 1940, que pusera a nu a frivolidade e a falta de sentido da vida airada na Europa. Povos inteiros foram lançados na escravidão e famílias foram dispersas. A Europa expiava os seus

pecados e omissões. Enquanto isso, nós, refugiados pertencentes a essa
Europa, permanecíamos aqui em Lisboa, à espera da bóia de salvação
que nos havia de ser lançada do outro lado do oceano. Havia quem
também esperasse notícias de parentes, vindas de França ou de
Espanha.
Os funcionários, na sua maioria mulheres, mantinham-se silenciosos
atrás dos seus balcões, deixando passar a enchente. Com que excitação
se lhes acompanhavam de perto os movimentos: o lançar das suas mãos
às caixas com as iniciais correspondentes, o poisar dos seus maços de
cartas diante de si para logo começarem a folheá-los. Passavam a pente
fino, um a um, postais, cartas, telegramas.[17]

Em 1928 António de Oliveira Salazar fora nomeado Ministro das Finanças pela ditadura militar, a qual estava a conseguir controlar a situação tão pouco quanto os civis governos anteriores. Este professor de Finanças ligado aos círculos católicos nunca estivera fora de Portugal, e até apenas raramente viera de Coimbra a Lisboa. A sua imagem do mundo era preponderantemente nacionalista, ultraconservadora e ruralmente orientada, embora mais tarde, talvez intencionalmente, tivesse menosprezado precisamente essa parte do país. Não gostava de partidos nem de governos parlamentares, mas foi suficientemente esperto para manter distâncias em relação aos fascistas da Alemanha e da Itália. Ao contrário dos outros dois sedutores de massas, tinha pouco carisma e escasso interesse em se auto-exibir. Do que mais gostava era de gozar da solidão do seu lar. Como Ministro das Finanças conseguiu em pouco tempo, com uma rígida política de poupança, equilibrar o Orçamento e estabilizar a moeda. Nesta altura sucedeu algo espantoso. Em 1932 Salazar foi nomeado Presidente do Conselho de Ministros e no ano seguinte, plebiscitada pela população, foi aprovada uma nova Constituição. O direito de voto era exclusivamente para cidadãos que tivessem um mínimo de rendimentos. O Presidente da República, assim eleito pelo «povo», nomeava o Presidente do Conselho de Ministros e o Governo. O Parlamento, mas também o Governo, tinham competência legislativa. O Presidente da República – até 1974 sempre um militar – desempenhava um papel subalterno, quem decidia era o Presidente do Conselho que ninguém elegera – e esse chamou-se, até 1968, Salazar.

O ditador conseguiu manter Portugal fora da Segunda Grande Guerra – e fazê-lo lucrar fortemente com isso. A sua política quanto aos refugiados de guerra, porém, possibilitou a sobrevivência a muitos dos perseguidos pelos nazis.

Os anos do salazarismo foram o tempo das vacas gordas dos barões da economia nacional, os quais quase não se opunham aos projectos uns dos outros: sete grupos e clãs familiares protegidos, ligados uns aos outros pelo casamento, dominavam três quartos do Produto Interno. Nada se fazia sem os grandes, e contra eles ainda menos. Até ao fim dos anos cinquenta, o sistema funcionou com sucesso total e conseguiu consolidar o País. Então começaram as funestas guerras coloniais em África; o Governo agarrou-se teimosamente ao ultrapassado ideal de um império que abarcava o mundo e isolou o País do exterior; faltaram meios para os necessários investimentos em infraestruturas; e, assim, Portugal foi ficando sempre cada vez mais para trás.

Chegamos à PRAÇA DO MUNICÍPIO, calcetada a branco e negro. São muitas as cidades europeias cuja praça onde se localiza a sua câmara municipal é a mais importante ou a mais grandiosa; não é o caso da modesta Praça do Município de Lisboa. Tal como muitas praças da cidade, ela foi reconstruída, há já alguns anos, sobre um parque de estacionamento subterrâneo. No seu centro perfila-se uma coluna torcida  encimada por uma esfera armilar, do séc. XVIII: é o pelourinho, símbolo do direito de jurisdição municipal. Num canto, um grande paralelepípedo de mármore, com baixos-relevos que não pretendem revelar bem ao observador o seu sentido, disfarça uma das entradas de peões para o parque de estacionamento. Muito perto um quiosque com a sua esplanada permite-lhe um breve descanso para retemperar energias. Algumas das casas que rodeiam a praça parecem ter sido recentemente restauradas, mas outras, pelas ervas que crescem em rachas dos telhados, fazem com que se deseje que lhes sigam rapidamente o exemplo. Iremos contornar a Câmara Municipal, construída entre 1865 e 1880, e virar à direita na RUA DO COMÉRCIO. Da varanda do salão nobre da Câmara Municipal, que fica por cima das nossas cabeças, foi proclamada a República na manhã de 5 de Outubro de 1910. Do outro lado da Rua do Comércio, no que outrora foi a igreja de S. Julião, é hoje adorado um deus bem diferente daquele a que o mesmo edifício antigamente se dedicava: encontra-se aqui um belo museu do Banco de Portugal, o Museu do Dinheiro.

A Rua do Comércio já pertence à BAIXA, construída em estilo neoclássico pelo Marquês de Pombal, após o terremoto de 1755.

Só este homem único, Pombal – este ditador-mor que subiu ao poder, e governou, não por uma vitória mas por uma derrocada – soube criar e perseverar, delinear um plano e segui-lo sem contemplações, contra a indolência e a passividade oriental que secretamente constituem o solo de Lisboa. Cortando os arabescos e contínuas curvas, em que se comprazia e sentia segura a antiga arte mourisca, traçou os largos riscos das suas ruas paralelas; aumentou inclementemente as redondas pracetas, convertendo-as no geométrico quadrado sobre cuja enorme superfície nua nada se pode esconder e nada se pode sonhar; aqui desfilaram soldados e ostentou a corte a sua pesada e cerimoniosa pompa. Tal como todas as cidades do séc. XVIII, tal como Mannheim e Karlsruhe, é sóbria esta nova zona de Lisboa, cujo plano o déspota, depois de ter rejeitado inúmeros outros, finalmente mandou executar. Sem contemplações de qualquer ordem, forçou a antiga configuração da cidade a englobar esse esquema, ele, esse reformador maníaco a quem chamavam o filho do terremoto. Não foi certamente um encontro casual, o deste homem com a catástrofe: no fundo ele tinha de se sentir em união com a colossal ruína, sobre a qual pudera edificar a cidade e a sua carreira. Será que não deitava abaixo ele mesmo, com o seu braço forte como os de um urso, paredes de casas dos tempos antigos que ainda tinham ficado de pé, quando ia pelas ruas e via como as linhas rectas do seu projecto, lentamente, se iam desenhando nos caóticos escombros da capital destruída?[18]

O plano da reconstrução seguiu regras severas: três tipos de casas, que só se diferenciam uns dos outros em pequenos pormenores, enchem os rectângulos situados entre oito ruas – cinco largas e três mais estreitas, que se dirigem terra adentro a partir do Tejo – e aquelas que as atravessam. Uma espécie de ossatura de madeira de pinheiro bravo importada forma o esqueleto interior das casas. Como este admite oscilações do solo, possibilitou a construção de casas de cinco andares sobre o terreno traiçoeiro. O primeiro andar tem varandas, o segundo e o terceiro têm peitoris de ferro forjado, no cimo de tudo ficam as mansardas. O Marquês de Pombal decretou portas de entrada iguais, indo mesmo até ao ponto de proibir qualquer adorno, floreiras, vasos de flores, canteiros.

Seis dos oito eixos longitudinais foram atribuídos a diversas corporações de artes e ofícios. Ainda hoje o testemunham os nomes das ruas: R. dos Sapateiros, R. dos Correeiros, R. dos Douradores, R. Áurea ou do Ouro e R. da Prata (as dos ourives), R. dos Fanqueiros. A rua principal, situada no meio destas, era – e ainda é – a Rua Augusta, a qual faculta, através do seu imponente arco, uma desafogada vista do Tejo. Não é só no arco da Rua Augusta que o Marquês se encontra perpetuado: um medalhão seu foi instalado também no lado voltado para o Tejo do pedestal que suporta a estátua equestre de Dom José.

Enquanto o nosso olhar volta a cair sobre as torres da Sé, que sobressaem, dominantes, diante de nós, atravessamos a Rua do Ouro, de trânsito intenso, e viramos à esquerda na paralela imediata, a RUA AUGUSTA, vinda do Arco de Triunfo. No primeiro edifício à direita, os baixos-relevos em pedra, de um imponente veleiro e das armas de Portugal e suas colónias, ainda hoje testemunham que até há pouco tempo aqui teve a sua sede o Banco Nacional Ultramarino, o qual abastecia de notas de banco as colónias portuguesas. Hoje, e desde Maio de 2009, encontra-se aqui instalado o MUDE – Museu do Design e da Moda. O aspecto sóbrio do edifício contrasta com o seu interior, aparentemente inacabado. De facto, os trabalhos de recuperação do prédio foram travados repentinamente porque este edifício está classificado como imóvel de interesse público. Ainda assim, ao observar o espaço em bruto, a directora do MUDE pensou que este seria o lugar ideal para albergar um museu que se quer em permanente mutação. As suas paredes, com cimento à vista, contrastam com o luxo das peças apresentadas, representantes de diferentes épocas, perspectivas e linguagens do «design».

Atravessamos agora a Rua da Conceição, na qual ainda passa o famoso carro eléctrico de Lisboa. Na casa de gaveto, à direita, nasceu em 1890 Mário de Sá-Carneiro. Ele publicou em 1915, juntamente com Pessoa, a revista literária «Orpheu», com a qual se inicia em Portugal o movimento literário vanguardista chamado Futurismo. A revista caiu como uma bomba. Ninguém estava preparado para a poesia nela contida, que, no seu ousado modernismo, parecia quebrar com toda a tradição.

Mais adiante, na esquina da Rua Augusta com a Rua de S. Nicolau, não deixe de entrar na «Casa Portuguesa do Pastel de Bacalhau» e provar uma especialidade portuguesa.

Ao atingirmos finalmente a RUA DA ASSUNÇÃO, viramos à direita. No número 58 há de ter tido outrora os seus escritórios a «Olisipo Lda.», à qual Paulo Teixeira dedica um poema.[19]

Olisipo Lda., Rua da Assunção, 58, 2º andar

Feliz de si na solidão
os anos me convocam e anuncio
em quadras abab rimadas
brancos presságios para quem
sobre praias desertas morreu
entre padrões de névoa e os ventos do mar.

Tempo para o verso de escritório
fixado na pauta luminosa
que o espiráculo das persianas
desenha sobre a folha de papel.

Na ficção absoluta do pensamento
ardem as estátuas   arde no alto
o branco círculo lunar   esmagam-se
de encontro à fina teia do firmamento
as estrelas da separação. Ensejo de ser
o deserto ébrio, o exílio da agonia, a sonhada
infância de todos e de cada um a que prendo
a paciência, o infinito sono dos meus dias.

Na RUA DOS CORREEIROS, que nos leva de vez ao centro da cidade, somos envolvidos por fortes odores de comida. Vem--nos à memória o refrão de um fado-canção popular: «Cheira bem, cheira a Lisboa». Se na transversal a seguir olharmos para a esquerda, vemos o Elevador de Santa Justa, uma torre elevatória enfeitada com uma filigrana de ornatos de ferro, que transporta os passageiros ao longo de mais de 30 metros, em duas luxuosas cabinas de madeira, para cima, para a zona alta da cidade, ou para baixo, para a Baixa. Por fim, a Rua dos Correeiros desemboca na enorme PRAÇA DA FIGUEIRA. Na casa da esquina à direita, vale a pena dar uma olhadela à bela loja, em estilo Arte Nova, da «Confeitaria Nacional». Se quiser estreitar relações e provar os bolos, pastéis, doces de ovos, bolachas  ou biscoitos, acompanhamo-lo com prazer ao interior desta instituição lisboeta, que permanece desde 1829 propriedade da mesma família.

No meio da praça encontra-se a estátua equestre do rei D. João I, o fundador da dinastia de Avis, a segunda dinastia portuguesa. Após a morte do rei D. Fernando, o seu meio-irmão bastardo, com a ajuda de Deus e do Condestável D. Nuno Álvares Pereira – como se pode ler no pedestal do monumento – derrotou o rei de Castela, que era casado com a única filha de D. Fernando,[A] alcançando assim a coroa para si e a independência para o País. Até ao grande terremoto de 1755 encontrava-se aqui, desde o séc. XV, o Hospital Real de Todos os Santos, o maior hospital da Europa. Depois erigiu-se neste espaço um mercado. Essa praça gigantesca, com seis cúpulas lacadas de vermelho, só em meados do séc. XX foi demolida.

Em 1780, o íntegro cidadão Joachim Nettelbeck, de Kolberg, mareante de muitos mares, fora convidado para almoçar em casa

---

[A] A única filha legítima, pois teve uma outra filha fora do casamento.

do representante, em Lisboa, da companhia que utilizava os seus serviços de transportes marítimos.

Tinha de passar por uma praça enorme, na qual já de longe pudera notar uma grande aglomeração de pessoas. Pensando que ali estivesse porventura a acontecer uma execução pública, aproximei-me mas depressa me dei conta do meu erro, pois avistei um grande pavilhão em cujo topo, para minha grande admiração, flutuava ao vento a bandeira da Prússia.[20]

Na «História maravilhosa da vida do mareante», descreve depois como no pavilhão estava montada uma espécie de museu de figuras de cera, com o tema «Como o rei da Prússia cultiva a Justiça». A ideia era reproduzir o famoso processo que o moleiro Arnold terá posto, e ganho, contra o seu vizinho de Potsdam, Frederico II. Nettelbeck ainda consegue «arranhar», em português, «*Majestade! Eu sou prussiano!*», e acaba por chegar ao seu destino levando a reboque uma grande multidão, que dá vivas a Frederico II e à Justiça prussiana.[A]

No edifício do lado esquerdo da Praça esteve alojada, desde Março de 1922, a histórica «Pastelaria Suíça», uma das mais

---

[A] Para que um leitor português, não familiarizado com as pequenas histórias da História do reino da Prússia, possa entender melhor este episódio, há que explicar que o moleiro Arnold, tendo queixas contra um seu desconhecido vizinho, as foi apresentar, acompanhado da mulher e filhos, ao seu rei, Frederico II da Prússia. Acontece que o tal vizinho não era outro senão o próprio rei. E que este, com Justiça exemplar, decidiu o pleito a favor do moleiro e contra si mesmo. Este processo foi muito falado em toda a Europa, causando então grande sensação.

Se recordarmos agora que em 1780 os Portugueses, com a subida ao trono de D. Maria I em 1777, tinham acabado de ser libertos do domínio despótico do impiedoso Marquês, exilado para Pombal, não é para admirar que, ao ouvirem Nettelbeck afirmar com orgulho a sua condição de súbdito de um rei tão justo, ainda por cima fazendo-o em português, os circunstantes, a quem um arauto explicara a cena representada pelas figuras de cera, transferissem todo o seu entusiasmo pela Justiça do rei da Prússia para aquele estrangeiro, ajoelhando, erguendo as mãos para ele, louvando e declarando aquele acto como exemplo brilhante a ser seguido por todos os governantes do mundo. E que Nettelbeck, emocionado, tivesse procurado afastar-se mas acabasse por ver, muito espantado, a multidão abrir alas à sua passagem e depois formar atrás de si um cortejo que o seguiu, aos vivas, até à casa onde ia almoçar. Com razão ou sem ela, a veneração dos Portugueses por tudo o que é estrangeiro, portanto, já vem de longe.

tradicionais de Lisboa, que encerrou a 31 de Agosto de 2018, a menos de quatro anos de cumprir um século de existência. Todo este quarteirão do Rossio foi vendido nesse Verão a um fundo imobiliário britânico, cujo dono admitia, em Janeiro de 2019, ainda estar a estudar vários destinos para ele, restaurando o imóvel, que por dentro já estava a cair, mas mantendo as fachadas e a sua componente histórica. Espera-se que o novo edifício não destoe das características locais.

Em frente, na diagonal, ergue-se acima das casas da Praça um edifício de betão armado. O anúncio luminoso instalado sobre o seu telhado proclama «Hotel Mundial». Dirigimo-nos para aí. Este hotel de 4 estrelas era demasiado caro para as posses dos dois artistas americanos do romance de Rui Zink, «Hotel Lusitano», pelo que procuraram outro alojamento.

Ficámos instalados no Hotel Lusitano, uma espelunca de quatro andares situada nas traseiras do Hotel Mundial, onde entráramos primeiro a ver os preços, mas do qual desistimos por razões óbvias. De qualquer modo, estávamos ao pé do centro da cidade, e isso era o mais importante. Em menos de um minuto púnhamo-nos no «Rossio», a praça central. Aliás, o próprio Hotel Mundial ficava por detrás da «Praça da Figueira», que por sua vez ficava atrás do «Rossio». Que era, como foi dito, a praça central, isto é, o centro. À primeira vista, parece complicado, mas in loco vê-se que é fácil. Acreditem. Se não acreditarem, vão lamber sabão.[21]

O «Hotel Lusitano» que dá o título ao romance também existe, só que na realidade se chama «Hotel Portugal». Mas fica de facto atrás do «Hotel Mundial», na Rua João das Regras. E a sua descrição, em tudo o mais, também corresponde perfeitamente à realidade.

Passado o «Hotel Portugal» viramos à esquerda e em breve atingimos uma enorme praça, que durante cinco décadas foi o Largo Martim Moniz. Este foi sempre, desde que em 1946 foram demolidos o palácio dos Marqueses de Alegrete e os edifícios envolventes, uma espécie de centro comercial baratucho, formado por umas filas de lojas, sempre provisórias. E foi também, muitas vezes, estaleiro de obras. Após a construção do centro comercial da Mouraria, em 1989, e do centro comercial do

Martim Moniz, em 1991, os Serviços Municipalizados transformaram o Largo, em 1997, num deserto pedonal de pedra mármore, em cujas entranhas correm as raízes amplamente ramificadas de vários repuxos, e rebaptizaram o Largo como PRAÇA MARTIM MONIZ. Um grupo escultórico recorda a tomada da cidade aos mouros pelos portugueses e o homem que dá o nome à Praça, um capitão de D. Afonso Henriques, o primeiro rei de Portugal. Já se distinguira na batalha de Ourique, contra os mouros, e caiu em combate durante a tomada de Lisboa, em 1147, por ter conseguido meter-se numa frincha entre as portas do castelo e nelas ter ficado entalado, impedindo que as trancassem. Morreu por uma Lisboa cristã – como ficou gravado, perto do fim dos anos 90, numa placa comemorativa.[A]

Depois dessa reconfiguração do Martim Moniz, a que mais tarde se adicionou a instalação na zona norte de dez quiosques de comida rápida, com esplanadas servindo os sabores das múltiplas etnias presentes no bairro, e funcionamento nocturno com animação musical, foi-se verificando a degradação daquele espaço, quer a nível da higiene e da segurança, quer da qualidade de vida em redor, com os moradores nas áreas envolventes, incluindo a administração do Hospital de S. José, a reclamar pelo mau ambiente e pelo barulho fora de horas. A Câmara Municipal decidiu então, em 2018, encomendar um projecto para outra grande operação de requalificação integral daquele local, que deverá implicar o fim do actual modelo de ocupação desta praça.

À direita do Largo, no cimo do monte, o Castelo de São Jorge vigia a cidade; à esquerda deste, mesmo ao lado, avistamos a Igreja e o Convento da Graça. Por baixo destes espraia-se a Mouraria e por fim, pegada à orla direita do Largo, a capelinha da Senhora da Saúde. Os inúmeros fiéis, que aí vão fazer as suas orações, parecem estar mais interessados nos seus problemas de saúde do que no sumptuoso altar e nos belos azulejos com cenas do Antigo Testamento.

Deixando à nossa esquerda a igreja, prosseguimos a direito. RUA DO BENFORMOSO, assim se chama a viela que se segue à

[A] Em 1997, na comemoração dos 850 anos da conquista de Lisboa aos mouros.

pedonal RUA DA MOURARIA e atravessa o bairro da arraia-miúda. Ela vai dar ao LARGO DO INTENDENTE PINA MANIQUE, uma praça bonita mas que foi muito mal-afamada durante décadas, devido à constante presença de mulheres, ditas de vida fácil, e dos seus «protectores». Hoje elas afastaram-se para ruas não muito distantes mas, embora muito menos, ainda são vistas nesta renovada e, durante o dia, fortemente policiada praça, a qual se tornou bem frequentada e local turístico em moda. Diante da antiga residência, ainda bastante estragada e a pedir igual renovação, devida já há muitos anos, do Intendente--Geral da Polícia da Corte e Reino ao tempo de D. Maria I – hoje a sua designação oficial seria a de Comandante-Geral da Polícia de Segurança Pública – mantém-se de pé a bonita e pesada taça de uma fonte. Uma lápide muito suja e desgastada, afixada no edifício, enaltece o seu antigo proprietário como fundador da «Casa Pia», uma instituição de beneficência que, desde 1780, acolhe os pobres e os oprimidos, órfãos e viúvas. O prédio de gaveto, em frente à esquerda, com a sua cúpula e a sua faixa de azulejos arte-nova abaixo do telhado, foi premiado em 1908 com o Prémio Valmor, destinado ao novo edifício de Lisboa, do ano em que é atribuído, com melhor qualidade arquitectónica. Neste está actualmente instalado um restaurante em moda e muito elegante, bem como um hotel cujo nome, «1908», recorda o ano em que o edifício recebeu o prémio.

A fachada de azulejos da loja da fábrica de faianças «Viúva Lamego», com personificações alegóricas do Comércio e da Indústria, é uma obra-prima da arte da azulejaria do início do séc. XX. Num antigo anexo desta, à sua esquerda, encontra-se uma loja especial, chamada «A vida portuguesa», de que em Lisboa há mais três com o mesmo nome: são lojas novas que se preocupam em preservar integralmente os interiores históricos dos locais em que se instalam e onde se vendem mais de 6.000 produtos portugueses da melhor qualidade, alguns com várias décadas de produção, desde os vinhos e as conservas aos bordados e filigranas, desde os sabonetes à pasta de dentes mais antiga, desde as colheres de pau aos cestos de compras, passando pelos cadernos escolares, as tabuadas e os lápis. À direita da loja da fábrica de faianças seguimos, por uma rua muito curta, para a

AVENIDA ALMIRANTE REIS. Aí voltamos à direita, continuamos mais um pouco, e ao chegarmos à estação de Metropolitano dos ANJOS, viramos à esquerda, para a RUA FEBO MONIZ. Pouco depois, caminhando por uma ponte que a atravessa, passamos sobre uma rua que fica a um nível mais baixo. Na Rua de Arroios, que começa logo após a travessia, à direita, cresceu o escritor José Cardoso Pires, também bem conhecido na Alemanha.

De Arroios, pois, de Arroios,
mais precisamente, da lisboníssima freguesia de São Jorge, 4º bairro
fiscal, ou, mais precisamente ainda, duma janela da infância voltada
para uma igreja que já não há e para um largo de bêbados dormentes,
saltitados por pombinhas maneirinhas.
Sou daí, desse largo e dessa janela, ficas a saber. Um pouco atrás (num
quarto da Travessa das Freiras, segundo as biografias oficiais) é que o
romancista Camilo, muito dado a amores de perdição, praticou os seus
erotismos nortenhos com a Dona Ana Plácido; mais abaixo, fim da Rua
de Arroios, ficava o cortiço onde o primo Basílio do respeitado Eça de
Queiroz abelhou entre lençóis a despassarada Luizinha que andava
fugida aos beirais, e por aqui já se está a ver como Arroios, um século
atrás, era um verdadeiro folhetim de alcovas tresmalhadas que a
História passou a escrito. Espero bem que, lá no largo, os bêbados dos
meus anos de menino não soubessem de tanta devassidão, ressonando
em inocência à sombra das palmeiras e dos gatos de telhado.[22]

Seguimos pela RUA JACINTA MARTO, mais ou menos em frente e à direita, a qual conduz a uma das colinas de Lisboa. Nos terrenos do Palácio Real da Bemposta fundou uma jovem princesa da casa Hohenzollern-Sigmaringen, que pagou com a vida o curto sonho de subir a um trono, o hospital para crianças que leva o seu nome, «Dona Estefânia». Do outro lado desta mesma rua fica uma caserna vermelha-sangue-de-boi, a Academia Militar. Era aqui o Palácio da Bemposta, mandado edificar por D. Catarina de Bragança, filha de D. João IV e mulher de Carlos II da Inglaterra, quando regressou a Lisboa, após a morte do seu marido. Antes de o Exército se ter aí alojado, residiram no Palácio, e aí faleceram, D. João VI e o seu filho, D. Pedro IV.

Com a Academia Militar à nossa esquerda, fazemos a curva, entramos na RUA de DONA ESTEFÂNIA e, seguindo sempre a direito, alcançamos finalmente o amplo CAMPO DE SANT'ANA. O jardim situado no seu centro é animado por pombos, galos e galinhas; um pavão faz uma pirueta diante do pequeno lago. Oficialmente, o Campo de Sant'Ana chama-se hoje CAMPO DOS MÁRTIRES DA PÁTRIA, por o marechal inglês Beresford aqui ter mandado executar, em 1817, doze cabecilhas de uma revolta contra o seu domínio ditatorial. Do outro lado da zona verde flutua ao vento, num palacete ao lado do palácio do Patriarcado, a bandeira alemã – a Embaixada alemã e o Instituto Goethe têm ali as suas sedes.

Curt Meyer-Clason, «homme de lettres», incansável tradutor de literatura lusófona para alemão, e Director daquele mesmo Instituto precisamente na altura da portuguesa Revolução dos Cravos, anota no seu diário cinco dias depois:

Manhã no Instituto. Impossível trabalhar como até agora. Uma sensação de descontracção, de cambalear, como se de repente fosse obrigado a andar sem o espartilho que aguentara durante anos. Abro a porta da varanda. O vento sopra sobre a cidade em direcção ao mar, vento de liberdade; vejo ao longe os cardos abanando na margem do rio e penso nos amigos que ainda estão a respirar de alívio sem saber como aquilo lhes aconteceu. Vibra-lhes felicidade nas gargantas, e vibra o telefone na minha secretária – revelação silenciosa no meio de documentos mortos. No parque, os pavões gritam nas copas dos cedros; por baixo delas, sobre a superfície do lago, os cisnes impõem silêncio.[23]

Em 1968 Salazar sofrera um acidente vascular cerebral (AVC), antigamente designado por apoplexia – foi esta a versão oficial. Mas os boatos contam que a lona da sua velha cadeira de repouso articulada, em que o poupado ditador procurava descansar, se rasgou e ele bateu com a cabeça no chão de pedra, sofrendo um derrame cerebral.[24]

Nesse 3 de Agosto Salazar impôs que nada se dissesse. Só passados dois dias o seu médico pessoal soube do ocorrido e ficou preocupado. Mandou que o chamassem ao mínimo sintoma. Apenas em 5 de Setembro o fizeram e o dr. Eduardo Coelho percebeu que o presidente do Conselho teria de ser operado até ao dia seguinte. Internado no Hospital da Cruz Vermelha, uma equipa dos melhores especialistas realizou a operação. Efectuada sob grande tensão, a operação até correu bem, mas a 16 de Setembro rebentou uma artéria no outro lado do cérebro. Embora sobrevivendo à trombose, Salazar nunca mais recuperou. É substituído – contudo ninguém tem a coragem de lho dizer. E assim ele morre, em 1970, acreditando ter dirigido o País da sua cama de inválido. O seu sucessor, Marcelo Caetano, é considerado um reformador, mas as reformas, levadas pouco a peito, chegam demasiado tarde e as guerras coloniais em África devoram cada vez mais recursos do País. Capitães e majores oriundos da pequena burguesia, que só tinham podido alcançar aqueles postos também em consequência da guerra, fartaram-se de ser tantas vezes mobilizados para as várias frentes no Ultramar e fizeram um golpe de estado em 25 de Abril de 1974. O regime desmoronou-se como um castelo de cartas.

Quando Meyer-Clason, da sua janela, olhava para a direita, via a estátua de um estranho santo, um santo por méritos próprios.

O doutor José Tomás de Sousa Martins era um homem progressista, que a fantasia sonâmbula dos seus compatriotas transformou num espírita. Deparei com ele, pela primeira vez, numa montra da Rua da Madalena, cenário adequado para encontros do segundo grau, pois essa rua é o reino das ervanárias e lojas de produtos médicos e dietéticos. Relíquias pavorosas são ali oferecidas ao olhar de quem passa: por exemplo, o separador para dedos dos pés da firma Rathgeber, um repugnante objecto cor-de-rosa, semelhante à pastilha elástica de um gigante; ou um cadavérico pé de cera, cheio de calos e joanetes. Uma mina para nova-iorquinos sadomasoquistas e para os que gostam de ser acorrentados, só que as gargantilhas de níquel e borracha, os espartilhos e suspensórios não se destinam ao prazer sexual mas ao bem-estar da humanidade sofredora.

No meio dessa feira do fetichismo, dessa parada de enfermidades, instalou-se uma loja de artigos religiosos, com Virgens iluminadas a néon, terços e velas grossas como braços, acima dos quais chameja o Sagrado Coração, em vermelho-sangue. E ali o encontrei, o pobre doutor, em gesso, sempre segundo o mesmo modelo, quer em busto quer em estatueta, vestido com um gibão negro, as curtas mangas tufadas fazendo pregas, e com uma peruca ruiva. O seu bigode à mongol, que não era mais largo do que um lápis, pendia-lhe até ao queixo e o olhar com que me fitava era melancólico. A partir de 325 escudos podia levar--se o dr. Sousa Martins, o singular santo, em vários formatos.

Quando alguns dias depois o reencontrei, estava ele diante de mim, em tamanho gigante, sobre um enorme pedestal, no Campo dos Mártires da Pátria, uma estátua de bronze maciço mesmo em frente ao pórtico da Faculdade de Ciências Médicas. Percebi logo que não se tratava de um monumento vulgar. À volta da rotunda havia um ir e vir, um bulício constante, um movimento fervoroso. Do alto da sua coluna o doutor contempla um mar de placas de mármore, nas quais ou apenas está gravada a simples palavra «Obrigado» ou há mais longas inscrições e pormenorizadas histórias de doenças. Fotografias tipo passe e pequenas bonecas testemunham os seus sucessos místicos: é que o dr. Sousa Martins trata todo o tipo de enfermidade, mantém um consultório de clínica geral para casos desesperados. Num cirieiro de chapa de ferro a seus pés ardem dúzias de velas. Uma mão com a palidez da cera,

uma muleta, um peito de plástico, um frasco cheio de cálculos renais testemunham curas milagrosas. Uma robusta senhora, de uns sessenta anos, dirige um próspero comércio de objectos que servem para o culto do doutor.

«Ó espírito do dr. Sousa Martins», leio num dos santinhos que ela vende, «escutai-me, auxiliai-me, tende compaixão de mim! Bendita seja a vossa mãe, dona Maria das Dores, por tal filho ter dado ao mundo!»[25]

À esquerda do Dr. Sousa Martins, tão perto do Instituto Alemão como do Serviço Nacional de Bombeiros e Protecção Civil, viramos para entrar na estreita RUA JÚLIO DE ANDRADE. Antigamente zona residencial da alta sociedade, parece que hoje já só as instituições públicas se podem permitir ter casas neste quarteirão. Uns bons 100 metros adiante, fica-nos à direita o JARDIM DO TOREL, um dos muitos miradouros dos quais podemos gozar um maravilhoso panorama de Lisboa.

Passando ao lado da bela egípcia posta no centro de um tanque circular, admiramos então a cidade a nossos pés. Cada vez mais, luxuosos edifícios de muitos andares, de recente data, orlam a Avenida da Liberdade e cercam, literalmente, as casas mais antigas. Durante quanto tempo mais resistirão elas, ainda, ao cerco?

Abandonamos o jardim e seguimos para a direita, rua fora, mas logo pouco depois viramos à esquerda e depois à direita.[A] Na TRAVESSA DO FORNO DO TOREL paramos diante do arco abatido, adornado com azulejos, do portão que dá acesso ao Ascensor do Lavra, o mais antigo dos ascensores de Lisboa que há mais de um século facilitam a vida aos lisboetas.[B] Depois de termos contribuído com o nosso óbolo, gozamos alguns momentos de descanso nos velhos assentos de couro, enquanto o ascensor rola pela Calçada do Lavra abaixo, entre muros altos e fachadas de casas, até à RUA DAS PORTAS DE SANTO ANTÃO, na zona pedonal. Aí viramos à esquerda[C] e vemos então, do lado esquerdo da rua, em frente ao Teatro Politeama, o Coliseu dos Recreios. O interior deste venerando edifício, encimado por um zimbório, faz lembrar uma tenda de circo. Desde 1890 que aqui se apresentam todos aqueles que têm nome e posição nos mundos do Teatro e da Música. Hans Magnus Enzensberger descreve mordazmente a atmosfera deste local[26] antes da sua renovação, feita em 1993.

[A] Embora o autor o não refira, já que o leitor aqui está, e antes de ir ao Ascensor do Lavra, não deixe de dar um saltinho à TRAVESSA DA CRUZ DO TOREL e de, contemplando o seu n.º 4, recordar Wenceslau de Morais (1854-1929), que aqui nasceu e morou. Foi «oficial da Marinha e escritor português, que longos anos viveu no Japão que muito amou, aí morrendo, saudoso da sua Pátria», revela uma lápide em azulejos aí inserida.

[B] O portão e o seu arco estão inseridos numa simples parede rebocada, sem quaisquer adornos. Os azulejos ficam para além do portão.

[C] No lado direito desta rua, quase por alturas do Ateneu, um pouco antes do Coliseu, dê uma espreitadela ao PÁTIO DO TRONCO e evoque a vida aventurosa (1524-1580) do nosso épico nacional. «A 16 de Junho de 1552 foi preso às Portas de Santo Antão, por se envolver numa rixa, Luís Vaz de Camões, sendo trazido para a cadeia municipal do Tronco». Camões ferira, em Lisboa, um moço do paço.

Quarta Sinfonia
Coliseu dos Recreios, Lisboa

Sons cardíacos, como chocalhos de vacas que se afastam.
O electrocardiograma de Mahler, um vago estertor.
Compassadamente desarmónico – ó Schopenhauer! –
o dó de peito do tuberculoso fagote.
Depois, outra vez ruído estridente, pompa:
o que se perdeu grita mais uma vez
a plenos pulmões, e então, depois do intervalo,
as delícias que se retiram,
o assobiar nervoso da Arte,
à qual lentamente, vagarosamente, vai faltando o ar.

Tudo isso de casaca. Uma revoada
de music-hall sob a decadente tenda,
circo, ópera e teatro de revista. Jóias
em camarotes carunchosos, cheiro a mijo
nas escadas, ao lado
joga-se Bingo. E lá fora,
na Rua das Portas de Santo Antão,
um preto agigantado inspecciona as putas.

Palavras de antigamente, como depressão,
como febre puerperal, vêm-nos à ideia
durante estes suplícios antiquados
que nos libertam,
por alguns minutos,
da idiotice da simultaneidade,
enquanto o século, ligeiro
como o hábil carteirista à nossa porta,
como se nada se tivesse passado,
vai estrebuchando contra o seu fim.

Continuamos o nosso passeio sempre em frente. À igrejinha de S. Luís dos Franceses, um tanto ou quanto desviada para a esquerda da nossa rota, segue-se-lhe, do lado esquerdo também, a «Casa do Alentejo» (n.º 58). A casa dos Viscondes de Alverca na capital, que é do séc. XVII, tornou-se ponto de encontro e clube dos alentejanos que vêm da província situada do outro lado do Tejo. Contudo, o restaurante situado no primeiro andar está aberto também a não-sócios, e a oferta é de aproveitar. De fora, em boa verdade, o edifício não parece grande coisa, mas dentro, no entanto, somos surpreendidos por um pátio interior, em estilo neomourisco, com paredes revestidas de azulejos. No primeiro andar encontram-se espaçosas salas forradas de madeira escura, e duas salas de jantar forradas de azulejos: uma, de azulejos de um azul e branco clássico, com cenas do séc. XVIII; a outra, com imagens coloridas do Alentejo rural do fim do séc. XIX. A cozinha é tipicamente alentejana: simples, boa, e de preço ainda simpático. As pequenas azeitonas, fortemente condimentadas, e o queijo de cabra, ainda não completamente curado, são óptimos como aperitivos. Depois, deve começar-se por uma sopa. Por exemplo, pela «sopa de agrião» (agrião, milho, batatas, um pouco de arroz). A seguir deve escolher uma coisa simples, o que em Portugal é sempre preferível: talvez «perca grelhada».

O último edifício, do lado esquerdo desta rua pedonal, é o vermelho-ferruginoso Palácio da Independência, antigo Palácio dos Condes de Almada.[A] Foi num caramanchão do jardim deste palácio que se decidiu, em 1640, restaurar a independência de Portugal relativamente à Espanha e proclamar Rei o Duque de Bragança. À direita fica o Teatro Nacional de D. Maria II, edifica-do em meados do séc. XIX. A estátua sobre o frontão representa Gil Vicente (1465-1536), o fundador do teatro português.

Antes de irmos para o Rossio, virando à direita, na frontaria

---

[A] O antigo Palácio dos Condes de Almada foi comprado, em 1939, pela colónia portuguesa residente no Brasil, e por ela oferecido ao Estado Português, que nele instalou, a partir de 1940, o Comissariado Nacional da Mocidade Portuguesa e a Sociedade Histórica da Independência de Portugal. Com a extinção da Mocidade Portuguesa, após o 25 de Abril de 1974, passou a ser a Sociedade Histórica da Independência de Portugal a única entidade com legitimidade para ocupar o edifício. Porém, só em 1993 o edifício foi definitivamente abandonado pela Associação dos Deficientes das Forças Armadas, que nele abusivamente se instalara após a Revolução.

do bloco de casas que nos fica em frente fazemos uma visita a «A Ginjinha», que foi em 1840 o primeiro estabelecimento em Lisboa a comercializar a bebida que lhe dá o nome. Num reduzidíssimo espaço, espartanamente mobilado, é vendido o licor de ginja aqui inventado, com receita sugerida ao galego seu proprietário por um frade franciscano da Igreja de Santo António. Faça como os lisboetas, beba de pé um cálice de «ginjinha» – ginjas postas de molho em aguardente moscatel, a que se adicionou açúcar e canela, num frasco de boca larga exposto ao sol durante quatro dias, e depois guardado, para só se servir no ano seguinte. Caso ela lhe suba à cabeça, encontra mesmo ao lado, à direita, a mais antiga chapelaria da cidade. A enorme Igreja de S. Domingos, à nossa esquerda, foi outrora um dos mais sumptuosos templos da capital. Nela se celebraram, em 1858, o casamento do rei D. Pedro V com a princesa Estefânia de Hohenzollern-Sigmaringen, e em Maio de 1886 o casamento do Príncipe Real de Portugal, D. Carlos, Duque de Bragança, com Dona Amélia de Orleães, Princesa de França. Em 1959 ardeu e foi utilizada, durante déca-

das, no estado em que ficou – uma visão profundamente deprimente. Entretanto foram rebocadas de novo as paredes interiores, e pintadas num tom de vermelho escuro, mas as colunas e arcos de pedra, cheios de cicatrizes, continuam a exibir as marcas do incêndio.[A]

Os cafés em torno do ROSSIO foram, outrora, pontos de encontro de intelectuais e homens de letras, uns autênticos, outros a armar em

---

[A] Ainda mais recentemente foram rebocados e pintados, também, o tecto e todos os arcos, excepto um, precisamente aquele que assinala a passagem à zona do altar-mor, cuja visão é, se possível, a mais deprimente de todas. As colunas de pedra mantêm-se ainda como ficaram após o incêndio, talvez propositadamente, para nos recordarmos de como são passageiras as glórias e os luxos deste mundo.

49

tal. Já fechou a «Pastelaria Suíça», que ficava próxima de uma entrada do Metro, no lado esquerdo da Praça, mas sobrevive à passagem do tempo o «Café Nicola», mesmo em frente. No frontão da casa em que este está situado, as letras H e M, entrelaçadas num monograma, referem-se ao «Hotel Métropole»[A] ainda hoje existente. Ele surge em muitos relatos de emigrantes fugidos dos países envolvidos na 2ª Grande Guerra.

20 de Setembro

Um amigo, que chegara pouco antes de nós a Lisboa, vindo de França, apresenta-me.
Estamos no quarto n.º 39 do Hotel «Métropole» em Lisboa, provisório escritório filial do Unitarian Service Committee em Portugal. Vejo uma senhora jovem, bem torneada, de cabelos louros, e um homem baixo, de olhos tranquilos e bondosos. «Madame Talon. – O reverendo Dr. Joy.» Cumprimentamo-nos inclinando as nossas cabeças. Madame Talon está sentada na cama, cruza uma das suas bem nutridas pernas sobre a outra, coloca um bloco de notas sobre o joelho, ergue os olhos e aguarda. Tem um encanto sedutor – é francesa. Tem autoconfiança – é sobrinha de Édouard Herriot, um dos mais conhecidos políticos da França. E fixa-me com objectividade, como um advogado, pois está a tomar notas sobre um caso. O meu caso.
O meu amigo diz o meu nome, desta vez acentuando. Madame Talon já se curvara sobre o seu bloco e pegara na caneta, mas agora, excitada, levanta a cabeça.
«Você é o Scheer?», exclama ela.
«Sim», digo eu.
«Você é o Maximilian Scheer?», repete ela com insistência; e o reverendo pergunta, radiante como ela: «Você é o Scheer?»
«É verdade. Sou eu.», digo sorrindo.
«Está condenado à morte», diz Madame Talon, com objectiva precisão.[27]

A sentença de morte dos nazis é para Maximilian Scheer uma sorte, pois ela ajuda-o a conseguir um visto americano.

[A] Em francês, no toldo sobre a entrada do hotel.

Estamos sentados na esplanada de um café, envoltos em paz.
Diante de nós está a Praça de D. Pedro IV, chamada Rossio, banhada
pelo sol poente. Do outro lado da praça, sobre uma colina, ergue-se
uma parte desta cidade branca. Desfilam portuguesas diante de nós,
parecendo saborear a sua exposição pública como um fruto proibido.
Há homens de pé, cavaqueando à borda dos passeios, ou sentados nos
cafés. Passeiam-se oficiais, como se tivessem acabado de sair da
opereta «A viúva alegre». A multidão aglomera-se diante de dois
edifícios e lê as últimas comunicações telegráficas. Na rua berram as
buzinas dos automóveis; no seu barulho infernal introduzem-se os
incessantes pregões de inúmeros ardinas. Garotos de seis a quinze anos
gritam, grasnam, em turbilhão ininterrupto, os nomes de dois
vespertinos. A maioria dos rapazes está descalça, vestem como camisa
um trapo sujo e umas calças puídas ou rasgadas. Em frente a mim agita-
-se um miúdo de oito anos, o seu cabelo é negro e peganhento, veste
dois calções, um por cima do outro. Onde o de cima tem um buraco,
está inteiro o de baixo. Mas o miúdo curva-se, os calções deslizam um
sobre o outro, e através de dois buracos distingue-se o seu rabiosque.
Há paz em Portugal! ...

Mulheres descalças caminham com aprumo, a passos muito calmos,
sobre o chão do elegante Rossio. À cabeça levam uma larga canastra
cheia de peixe. Uma imagem inesquecível.[27]

Erika Mann também estava, em 1940, «Encalhada em
Lisboa»[A] – se bem que em circunstâncias diferentes das dos
refugiados que aqui encontra. Ela voava de Londres para os
Estados Unidos, via Lisboa.

Um pouco antes das cinco entrei no pequeno café na praça principal.
Tinha de esperar pelo importante e todo-poderoso cônsul. O café estava
a abarrotar de gente. Para ser mais exacta, tudo aqui estava a deitar
por fora. Aqueles que aqui estavam sentados a beber o amargo e
fortemente torrado café, como só no sul da França, Espanha e Portugal
o fazem, depunham muitas vezes sobre as sujas mesas de mármore os

---

[A] Título de uma reportagem enviada, no Outono de 1940, por Erika Mann.

seus últimos escudos. Em boa verdade, eles não podiam permitir-se, de todo, uma vinda a este café. Contudo, continuavam a vir; preferiam privar-se de um jantar quente, à portuguesa, ou de uma dormida no hotel, a perder a oportunidade de tornar a estar com os seus companheiros de destino, que com toda a certeza aqui encontrariam. Pessoas que falavam o mesmo idioma sentavam-se ao pé umas das outras, os franceses com os belgas, os alemães com os austríacos e os checos; os noruegueses e os holandeses, a maior parte dos quais falava francês e alemão para além das suas línguas maternas, falavam uns com os outros noutro idioma que não o próprio. O ar estava cheio de fumo e viciado pela respiração de tanta gente. A maior parte dos refugiados usava o mesmo vestuário com que tinham abandonado o seu país ou o país que lhes dera asilo; as suas roupas estavam gastas e por lavar, rotas muitas vezes. O cheiro a trapos sujos pairava no ar.[28]

Hoje já não existem ardinas nem varinas; o trânsito automóvel é relativamente moderado, principalmente graças às limitações que lhe têm vindo a ser impostas; e os imigrantes já não vêm da Europa Central, mas sim das ex-colónias africanas, do Brasil ou da Europa de Leste. Em tudo o mais pouco mudou.

No lado meridional da praça, o lado oposto ao Teatro, começa a BAIXA. Imediatamente a seguir ao ARCO DO BANDEIRA, no lado direito da Rua dos Sapateiros, abriu em 1907 o primeiro cinema de Lisboa. Os azulejos arte-nova, de um e outro lado da antiga bilheteira, não condizem com os «peep-shows» que hoje em dia aqui têm lugar. Do outro lado da rua, no número 226, teve a sua sede, até ter sido despejado, em 2008, o «Grémio Lisbonense», o mais antigo clube da cidade, fundado em 1842.[A] Nesta rua encontrará ainda, no que outrora foi uma leitaria, «A Camponesa», e é hoje um restaurante (n.º 155), belos azulejos dessa época.

[A] Não se deixe o leitor desencorajar por aquilo que vê, uma manhosa pensão residencial. O «Grémio Lisbonense» ficava efectivamente no primeiro andar deste edifício decadente, preponderantemente ocupado agora pela pensão. Mas as portas de vidro do guarda-vento da entrada, com as letras G e L gravadas, testemunham ainda o seu passado de glória.

2. Lisboa e a sua Alfama

Largo Martim Moniz – Mouraria – Sé – Castelo de São Jorge – Alfama

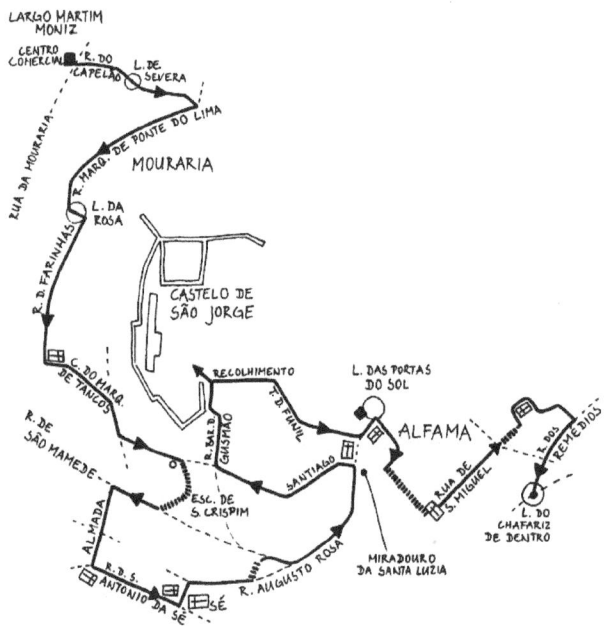

O viajante que sai da sua carruagem do Metropolitano na paragem MARTIM MONIZ é cumprimentado pelos cavaleiros que reconquistaram Lisboa aos Mouros, representados por altos-relevos nas paredes da estação. Retribuímos os cumprimentos e dirigimo-nos para a esquerda, para a saída «Rua da Palma / Rua do Benformoso». Através da entrada no rés-do-chão passamos ao «Centro Comercial Mouraria», que nos faz voltar aos tempos em que Portugal ainda tinha um império colonial. Africanos das antigas colónias portuguesas naquele continente, indianos de Goa, chineses de Macau e malaios de Timor fazem os seus negócios nesta mescla de «souk», bazar e feira[A] – infelizmente, num edifício moderno – com tudo o que os mercados globalizados nos proporcionam. Quanto mais não fosse, só pelo aroma já valia a pena fazer este pequeno desvio antes da incursão pela Mouraria.

Entre o LARGO MARTIM MONIZ e o Castelo, no alto da colina, espraia-se encosta acima a MOURARIA, ou bairro dos mouros. Foi aqui que foi autorizada a viver a população muçulmana, após a conquista de Lisboa aos mouros pelos portugueses e um exército de cruzados, no ano de 1147. Mas a partir do reinado de D. Manuel I, o Venturoso, também em Portugal se desencadeou a fúria da conversão obrigatória ao Cristianismo. Sob D. João III, o seu sucessor, foi tão implacável a perseguição dos suspeitos «cristãos-novos» – os judeus e mouros acabados de baptizar – que milhares de convertidos se viram obrigados a fugir, e dos «cristãos-novos» só ficou o nome. Entre os historiadores, quase ninguém contesta que esta sangria foi uma das razões essenciais da decadência nacional que se lhe seguiu.

Em frente ao multirracial centro comercial, e na diagonal, começa a RUA DO CAPELÃO. Uma placa toponímica especial, bem diferente das habituais em Lisboa, indica «Rua do Capelão – Símbolo da Mouraria – matriz do fado» e há ao nível do chão, marcando a entrada da rua, um bloco de mármore rosa com uma

---

guitarra esculpida em baixo-relevo e a inscrição «Mouraria, berço do Fado».

Este bairro de gente pobre foi realmente o berço do Fado, a canção típica de Lisboa. Em homenagem a este bairro, foi inaugurada em Maio de 2013 uma exposição denominada «Retratos do Fado – Um tributo à Mouraria»: são fotografias de 26 fadistas, impressas directamente em suportes de madeira e gesso aplicados sobre as paredes de edifícios, quer desta rua quer de várias ruas vizinhas, com curtas notas biográficas dos retratados. Trata-se de intérpretes do fado de algum modo ligados a este bairro popular, seja porque aí nasceram, ou viveram (e alguns ainda vivem) ou trabalharam. As fotografias são de uma artista e fotógrafa inglesa, Camilla Watson, há largos anos radicada na Mouraria, onde vive e tem atelier. Eça de Queiroz, o Fontane[A] de Portugal, escreveu um dia, com o cinismo que lhe era próprio, que Atenas teria criado a Escultura; Roma, o Direito; Paris, a Revolução; e Lisboa, o Fado. Apesar de todas as reservas sobre si mesmos, subentendidas nesta observação, a comparação com Atenas, Roma e Paris mostra também, contudo, o indisfarçável orgulho dos Portugueses na sua capital. E desde que o Fado, graças a fadistas tão extraordinárias como Amália Rodrigues, Mariza, Ana Moura e Carminho, conquistou o mundo, tendo sido considerado pela UNESCO, em Novembro de 2011, Património Imaterial da Humanidade, deixou de haver motivo para ser olhado com desdém. O fado não tem uma história particularmente longa, mas em compensação tem uma história bem agitada. A palavra fado deriva do latim «fatum», o destino. A ideia do destino como força implacável, para além da vontade humana, é essencial para a sua verdadeira compreensão. Mas qual seria a origem do estilo musical do fado de Lisboa, radicalmente diferente em estilo, música e letras, do fado de

---

[A] Theodor Fontane (1819-1898), escritor alemão que, tendo estudado Farmácia e chegado a exercer a profissão, veio a dedicar-se a uma actividade jornalística e literária. Foi correspondente em Inglaterra de vários jornais alemães. O seu nome nas letras alemãs deve-se principalmente aos seus romances de costumes. Recorde--se que Eça, licenciado em advocacia, que exerceu, também foi jornalista, director do jornal «O Distrito de Évora», correspondente em Inglaterra, diplomata e escritor de vários romances de costumes.

Coimbra? Alguns pensam que o fado nasceu dos cânticos muçulmanos, marcadamente dolentes e melancólicos. Outros pensam ter a sua origem nos trovadores medievais portugueses. Mas há quem acredite ser, no fundo, o resultado de uma amálgama de África, Brasil e Portugal. Originalmente teria sido uma dança, o «lundum», levada de África para o Brasil por escravos negros. Os dançarinos dirigiam-se ao encontro um do outro com bamboleantes movimentos das ancas e, em boa verdade, de uma forma tal que na Europa teria sido considerada extraordinariamente indecente – como observou um viajante alemão. Estes movimentos de dança podiam ser choques de anca com anca, de barriga com barriga (umbigadas) – como bem registou Carlos Saura logo nas primeiras imagens do seu filme «Fados» – ou da face interna da coxa de um homem com a face externa da coxa de outro, procurando desequilibrá-lo. A dança era executada ao som de música e canto de canções improvisadas. Quando em 1822 o Rei e a sua corte, o Governo e a Administração, passadas as Invasões Francesas, regressaram do Brasil, também com os seus criados negros veio para Lisboa o «lundum». A provocante dança e a música espalharam-se rapidamente nas classes inferiores da capital. A canção autonomizou-se e encontrou acolhimento em todos os estratos sociais da cidade, as guitarras impuseram-se como norma para o acompanhamento, a dança caiu no esquecimento. Na maioria das vezes, o fado tem uma tónica melancólica e trata frequentemente das injustiças da vida, das suas misérias e contradições, da saudade, do amor e do ciúme, mas também da cidade de Lisboa.

Tal como o fado, na primeira metade do séc. XIX, não era música para pessoas finas, também a RUA DO CAPELÃO não era rua para gente elegante[A]. E a lendária fadista Maria Severa Onofriana (1820-1846) que aqui nasceu – facto já só recordado por uma lápide numa casa que mais parece uma casinha de bonecas

---

[A] Nesta rua, para além da casa da Severa, um leitor que seja um verdadeiro apreciador e conhecedor do Fado pode ainda ver, do lado oposto à casa da Severa e só um pouco mais adiante, a casa onde nasceu Fernando Maurício (1933-2003), grande ícone fadista da Mouraria no séc. XX, conhecido como o Rei do Fado. A casa onde ele viveu está na vizinha Rua João do Outeiro, perpendicular à Rua do Capelão perto do seu início.

– não era uma senhora fina, antes pelo contrário, mas era muito bonita. Do edifício original, com três pisos mais sótão e um total de seis fracções destinadas a habitação, já só existe o invólucro exterior, preservado para se manter integrado nas características do bairro. O interior do edifício foi totalmente demolido para o adaptar às necessidades de uma moderna casa de fados que ali foi instalada. O acesso ao restaurante faz-se directamente a partir do espaço público, através de uma escadaria exterior. Acredita--se que os locais de actuação da Severa, em que cantava, tocava e dançava, estariam relacionados com os circuitos da prostituição, em particular do Bairro Alto e da Mouraria, mas também se apresentou em festas aristocráticas. Tornou-se imortal a paixão do conde de Vimioso por ela, mas a história não podia acabar bem: a Severa adoeceu, e morreu com 26 anos, solteira. Nasceu então o «Fado da Severa» [A], um dos fados mais famosos:

Chorae, fadistas, chorae,
Que uma fadista morreu.
Hoje mesmo faz um anno
Que a Severa falleceu.

Morreu, já faz hoje um anno,
Das fadistas a rainha.
Com ella o fado perdeu
O gosto que o fado tinha.

O Conde de Vimioso
Um duro golpe sofreu,
Quando lhe foram dizer:
Tua Severa morreu!

Corre à sua sepultura,
O seu corpo ainda vê:
Adeus, oh! minha Severa,
Bôa sorte Deus te dê!

[A] Deste fado, escrito por Sousa do Casacão (letra e música) e datado de 1848, apresenta-se aqui a sua letra original, recolhida por Teófilo Braga no seu Cancioneiro Popular. A versão do Autor, na edição alemã, difere desta: faltam-lhe as 5ª e 6ª quadras e depois da 7ª tem uma nova que diz: *Mandou fazer um sepulcro / Com dois ciprestes ao lado / E um epitáfio que diz: / Foi a rainha do fado.*

Lá n'esse reino celeste,
Com tua banza na mão,
Farás dos anjos fadistas,
Porás tudo em confusão.

Até o próprio S. Pedro,
À porta do céo sentado,
Ao vêr entrar a Severa
Bateu e cantou o fado.

Ponde nos braços da banza
Um signal de negro fumo
Que diga por toda a parte:
O fado perdeu seu rumo.

Chorae, fadistas, chorae,
Que a Severa se finou.
O gosto que tinha o fado,
Tudo com ella acabou.

Após a sua morte a Severa passou a usufruir de uma fama sempre crescente, até então inédita nestes círculos populares, e surgiu em letras de fados, na peça teatral e no romance, ambos de 1901, de Júlio Dantas, e na adaptação destes para opereta, em 1909, e até para o cinema, em 1931. Pode ser que cantem o Fado da Severa quando, altas horas, aqui, em Alfama, ou no Bairro Alto, o leitor visitar uma casa de fados.

Em Lisboa há várias casas onde todas as noites se canta o fado. Os ouvintes sentam-se, apinhados em torno de minúsculas mesas, de cabeças encostadas, com uma chávena de café ou um copo de vinho diante de si, escutando com uma devoção que nenhum ruído perturba, quer sejam trabalhadores que se reúnem numa tasquinha do labirinto de vielas do Bairro Alto, quer sejam altivos cidadãos que vêm do teatro ou de uma reunião social e que se sentam por um momento no «Retiro da Severa». Entre quem canta há homens e mulheres que adquiriram fama nesta especialidade e que têm, espalhados por todo o mundo, discos com os seus fados. Outros, por seu lado, cantam o fado apenas como profissão secundária; ouvi assim um homem, com uma voz magnífica, que durante o dia é médico, e outro que desempenha as funções de porteiro de um banco. O acompanhamento é assegurado por uma ou várias guitarras portuguesas, instrumentos nervosos e com

59

muitas escalas, capazes de uma grande subtileza. O fadista está de pé
sobre um pequeno estrado, recuado em relação aos músicos. As
mulheres usam um vestido simples, trazendo em volta dos ombros um
xaile de compridas franjas, com o qual frequentemente envolvem os
braços. Os homens apresentam-se de fato de passeio, por vezes também
de jaqueta curta, cinzenta ou castanha, debruada com uma fita preta.
Não têm estes cantores grandes vozes,[4] são frequentemente roucas, mas
de uma extraordinária ductilidade. Um grande fôlego é o segredo do
fado bem cantado. A melodia baloiça sobre as longas vagas da
respiração, derrama-se alongando-se com ela, e volta a concentrar-se
num fôlego profundo, quase interminável. Assim se alcança o
espontâneo, e aparentemente simples, destas melodias, executadas
frequentemente de forma bastante complicada. Elas vêm do fundo do
peito das pessoas, como um gemido que não quer findar, acoplado ao
som. Sempre que a voz se eleva, a alma parece tomar um novo alento;
sempre que se afunda, julgamos ouvir o seu último suspiro. Assim, a voz
peregrina interminavelmente, para cá e para lá, entre o brado e o
sussurro, entre a inspiração e a expiração, entre a vida e a morte,
chorando sobre a beleza da própria melodia e saboreando
voluptuosamente os próprios lamentos![29]

Vir ou não o leitor a encontrar ainda, de facto, uma das típicas
tabernas de fado vadio descritas por Friedrich Sieburg, em que
cantam os amadores da vizinhança, isso será uma questão de
sorte. Mas fica já avisado: pouco há de faltar para a meia-noite
quando o primeiro fado se fizer ouvir. Talvez seja mais seguro
conformar-se com a presença de outros turistas e ir antes a uma
das casas de fado com fadistas profissionais.

Prosseguimos o nosso passeio a direito até encontrarmos o
troço da RUA MARQUÊS DE PONTE DO LIMA que vem da
direita e de cima. Junto ao cruzamento fica o «Coleginho», o
antigo colégio jesuíta de Santo Antão, o Velho. Uma lápide
proclama que aquela foi a primeira casa pertencente à ordem.[B]

[A] Este autor visitou Portugal em 1936 e nesta época ainda nem sequer cantavam
profissionalmente Dª Maria Teresa de Noronha ou Amália, muito menos Mariza,
Ana Moura e Carminho, ou Carlos Ramos, Manuel de Almeida, Carlos do Carmo,
Gonçalo Salgueiro e Ricardo Ribeiro, magníficas vozes dos sécs. XX e XXI.
[B] Ficamos ainda a saber que a casa foi doada por D. João III e que foi o Pe. Simão
Rodrigues, um dos sete fundadores, em 1534, da Companhia de Jesus, quem dela

Em 2015 a Santa Casa da Misericórdia de Lisboa recebeu autorização ministerial para a aquisição do Convento de Santo Antão, o Velho, com o propósito de, com um investimento de dois milhões de euros, reabilitar o imóvel para fazer dele um centro de inovação social e de alojamento turístico, que constitua uma fonte de receitas destinadas ao financiamento das causas sociais apoiadas por aquela Instituição.

A rua é a subir. O «amola tesouras e navalhas» que encontramos é muito mais interessante do que a Igreja de S. Lourenço e o Palácio da Rosa, que se lhe segue, no largo com o mesmo nome. Neste encontra-se um monumento ao poeta Afonso Lopes Vieira, dono e morador no Palácio da Rosa entre 1927 e 1942. Adquiridos o Palácio e a Igreja pela Câmara Municipal de Lisboa em 1970, o seu significativo estado de degradação implicou umas primeiras obras de restauro e consolidação, que puseram a descoberto, no seu subsolo, vestígios da época muçulmana e da primitiva igreja medieval. Não havendo dinheiro para a totalidade da necessária recuperação, decidiu-se vender em hasta pública apenas o Palácio, a um grupo hoteleiro que o recuperasse, usufruindo durante um determinado período de tempo do seu rendimento. Ganhou um grupo madeirense, que projectava fazer ali um «hotel de charme» com cerca de 60 quartos. Porém, passado já mais de um ano sobre a sua venda a este grupo, o Palácio foi classificado como imóvel de interesse municipal, com o objectivo de salvaguardar a estética do edifício que a futura intervenção pudesse afectar. Esta classificação, que devia ter sido feita antes da venda, veio mudar as regras do jogo a meio do mesmo, acabando por tornar ainda mais incerto o futuro do Palácio da Rosa, que já estava ameaçado por ser obrigatória, por lei, a construção de um parque de estacionamento para o hotel, coisa que o Plano de Ordenamento do Território não admite naquele local. Piorando a complicação gerada, a Igreja de S. Lourenço e o

---

tomou posse, com 6 companheiros, em 5.1.1542. Foi a primeira casa própria desta Ordem não só em Portugal mas em todo o mundo. O colégio, o primeiro da Companhia de Jesus em Portugal, só abriu em 1553, sendo seu primeiro reitor o Beato Inácio de Azevedo.

Palácio da Rosa, incluindo toda a área de jardins, passaram em 2012 a ser classificados como Imóveis de Interesse Público. A primeira, apesar de ser património municipal, continua fechada e a degradar-se (em Janeiro de 2019 saíam ramos de árvore de uma das janelas, imagina-se o que estará no interior). Quanto ao Palácio da Rosa, chegou a ser todo arranjado exteriormente mas em Janeiro de 2019 continuava fechado, provavelmente por continuarem sem solução os problemas atrás referidos.

Pelas vielas o amolador vai empurrando lentamente a sua bicicleta, em que está instalada uma pedra de amolar, e tenta atrair clientes para fora das suas casas, com agudos sons de flauta que formam uma frase melódica característica e fazem lembrar o canto de um melro.

Jan Jacob Slauerhoff, um poeta e médico de bordo holandês, fez passar muitas vezes por Lisboa a sua movimentada vida. Infelizmente, da sua vasta obra só está traduzido para português o romance dos navegadores dos Descobrimentos, «O reino proibido», que se pode encontrar na Biblioteca Nacional, mas nenhum dos seus muitos poemas. Cristina Branco, uma conhecida cantora que de si mesma diz não ser uma fadista, canta alguns deles.[30]

Fado

Será que sou lento por ser triste,
Porque tudo julgo inútil e vão,
E em terra nada mais me assiste
Que o refúgio de um navio na imensidão?

Ou será que sou triste por ser lento,
Porque nunca me lanço ao vasto mundo,
E só Lisboa junto ao Tejo é meu intento,
Onde anónimo, como sempre, me afundo.

Não seria melhor seguir à deriva
P'las vielas escuras da Mouraria?
Lá encontro muitos como eu, sem via,
Os que vivem sem amor, fé e alegria ...

No fim da RUA DAS FARINHAS, onde esta, numa curva para a esquerda, desemboca na Rua de São Cristóvão, almoçamos no Restaurante «Tasco do Turra». «Restaurante» é favor, casa de pasto seria mais apropriado. Mobilado com extrema simplicidade, com escasso espaço entre as cadeiras, mas tudo a rebrilhar de limpeza e bom. Quinze euros por um bife de atum, salada, pão, água, vinho e café – o que é que se pode querer mais? Acontece por vezes que o dono, quando tem a casa cheia, especialmente ao jantar, se anime a agarrar na viola e nos ofereça fado amador.

Assim revigorados, basta-nos meia dúzia de passos para atingirmos a Igreja Paroquial de São Cristóvão. Nesta zona da Mouraria já havia, muito antes da tomada de Lisboa aos mouros, uma comunidade de cristãos moçárabes que, embora rezasse a Jesus, vivia em paz sob o domínio dos muçulmanos. Segundo a tradição aceite, a actual Igreja de São Cristóvão está situada no mesmo local onde, ao tempo da chegada de D. Afonso Henriques, existia uma Ermida de Santa Maria de Alcamim, fundada provavelmente no séc. XII mas destruída por um incêndio no reinado de D. Manuel I. Foi reedificada outra, mais ampla, depois intervencionada no séc. XVII, de que só subsistiu a capela-mor, mandada edificar em 1671 pela Irmandade do Santíssimo Sacramento. Reconstruída de novo na primeira metade do séc. XVIII, é um dos poucos edifícios da malha medieval da cidade que resistiram ao terremoto de 1755, o qual apenas lhe causou estragos nas torres. Por tão feliz acaso, ele é hoje um dos raros exemplares do Barroco primitivo português (1580-1756). É uma igreja de nave única, com azulejos do séc. XVII e tecto em madeira ornamentalmente pintado, plano no centro e ligeiramente abaulado nos lados. Os espaços livres das paredes estão revestidos por 34 quadros a óleo sobre tela, emoldurados a talha dourada, atribuídos a Bento Coelho da Silveira, o notável pintor régio de D. Pedro II, ou à sua oficina. Na sacristia encontra-se mais um destes quadros, com uma cena tocante e muito rara, de Jesus abraçando S. José moribundo. Com o passar dos anos, o telhado e as fachadas da igreja, bem como todas as madeiras do tecto, molduras e talhas douradas, danificadas por infiltrações e roídas pelas térmitas, tal como os quadros que revestem as paredes, sujos com pingos de cera ou enegrecidos pelo fumo das velas, estavam a precisar de reparação global que restaurasse o seu antigo esplendor. Orçamentada inicialmente num total de 1 milhão de euros, o mais urgente era a reparação do telhado, que exigia mais de 140.000 €. O restauro das 35 telas de Bento Coelho da Silveira, para as quais em 2018 se procuravam mecenas, custará mais 350.000 € quando se arranjarem fundos. Apesar de estar classificada como Imóvel de Interesse Público, não conseguiu o pároco, durante 3 anos, que qualquer das várias entidades que levou a visitar a igreja, apesar de se terem maravilhado com ela, se disponibilizasse a pagar as urgentemente necessárias obras. Então, no início de 2015, teve a ideia de pedir apenas 1 € a cada pessoa de um grupo de 1 milhão de entusiastas que o apoiassem nesta aventura. Os paroquianos, associações da Mouraria e artistas vários, num total de mais de duas mil pessoas, aderiram a essa ideia e lançaram em Abril o projecto «Arte por São Cristóvão», organizando eventos vários, desde a venda de biscoitos caseiros e de telhas até exposições de arte contemporânea, noites de fados e jantares culturais, visitas guiadas à Mouraria Cristã e às obras em curso, para angariarem fundos com que se financiará a recuperação desta jóia artística nacional. O sucesso destas actividades de «crowd-funding» permitiu que se tivesse dado início, em Junho de 2018, à reparação do telhado, já praticamente terminada. Também foi restaurada uma tela que retrata a Última Ceia, a qual já se encontra, desde meados de 2017, exposta no seu antigo lugar no altar-mor. Faltam ainda a reparação da estrutura eléctrica, o conserto de todos os altares de madeira em talha dourada e a limpeza e restauro de todas as telas, que irão sendo feitos à medida que se consigam juntar as verbas necessárias. O apoio das pessoas particulares superou em muito as expectativas, mas tem- -se notado a falta de colaboração de empresas.

Em frente ao hospital, que actualmente também serve de lar, da Associação de Socorros Mútuos de Empregados no Comércio de Lisboa, instalado num palácio barroco com um pátio decorado com azulejos, de que os mais bonitos e valiosos se situam logo à entrada, continuamos a seguir pela esquerda.

Um edifício de betão, de tamanho desmesurado, constituindo um corpo estranho no bairro, já foi o antigo Mercado do Chão de Loureiro e é hoje um parque de estacionamento, para 195 veículos, em vários andares. O prédio foi recuperado mantendo--se no essencial a sua traça original, mas oferecendo agora outras vantagens: concessionado pela EMEL – Empresa Municipal de Estacionamento e Mobilidade de Lisboa, à qual se deve a recuperação deste edifício, existe no rés-do-chão um supermercado e, a seguir a este, está a entrada de um elevador cuja saída, no 7º piso, dá para o final da Calçada do Marquês de Tancos, já perto da Costa do Castelo. Assim, quem quiser pode subir rapidamente, e sem qualquer esforço, do Largo do Chão do Loureiro à rua que leva ao Castelo. No topo do edifício há ainda um restaurante, que oferece gastronomia portuguesa e moçambicana, uma cafetaria e uma esplanada, com magnífica vista sobre Lisboa e o Tejo, para além da central de energia solar que abastece de electricidade todos os andares, inclusive os locais para a carga de baterias dos automóveis eléctricos enquanto estacionados.

Nós desprezamos o elevador e aceitamos o convite da seta que aponta o caminho para o Castelo, subindo a CALÇADA DO MARQUÊS DE TANCOS, mas apenas ao longo de mais alguns metros, continuando a direito pela COSTA DO CASTELO e Rua do Milagre de Santo António até ao «Chapitô», uma casa da cultura e do espectáculo, com acento tónico no circo e no teatro. No restaurante «Chapitô à mesa» há dois espaços: o panorâmico, no primeiro andar, com uma acolhedora sala de onde se contempla um dos mais belos panoramas de Lisboa; ou a esplanada-terraço, muito agradável miradouro, no exterior. Em ambos se come bem, de segunda a sexta-feira a partir das 12 horas, mas já por um preço médio de 35 € (fim de 2018). Não se admire se uns palhaços lhe fizerem companhia. É que no «Chapitô» também se dão cursos de artes circenses para jovens. Imediatamente a seguir, as ESCADINHAS DE SÃO CRISPIM descem até à RUA DE SÃO MAMEDE. As pirâmides de vidro que daqui se vêem sobre muitos telhados[A] são típicas em Lisboa, constituindo uma fonte de luz para a caixa da escada que fica no interior. Viramos à direita. Em frente à sede da CPLP – Comunidade de Países de Língua Portuguesa[B], cor ocre e com muitos e luxuosos carros no pátio interior, fica um largo semicircular, escavado na colina, com o Chafariz das Moiras.

A TRAVESSA DO ALMADA está desprovida de placa toponímica neste seu início, mas é a que vem logo a seguir à sede da CPLP, e conduz-nos directamente à Igreja de Santa Maria Madalena. No seu harmonioso interior, quase quadrado, com capelas laterais pouco acentuadas e um belo órgão, está sentado um zelador. O homem, em boa verdade, não dispõe de qualquer material de informação para nos dar, mas, solícito para com o visitante que «arranha» mais ou menos a sua língua, escreve numa folha de papel o ano de construção: 1163.[C]

Enquanto seguimos os carris dos eléctricos colina acima, passa de vez em quando por nós, chiando, um dos velhinhos «amarelos». A igreja à nossa esquerda, antes da catedral, é a Igreja de Santo António. Por vontade dos Portugueses, o popular santo, que o resto do mundo conhece como Santo António de Pádua, teria de ser exclusivamente chamado «Santo António de Lisboa», porque ficava aqui, neste largo, a casa de seus pais, e porque aqui nasceu e se criou o monge franciscano.

[A] As claraboias.

[B] Após a extinção do Ministério das Obras Públicas, Transportes e Comunicações está aqui instalada desde 2012, no Palácio do Conde de Penafiel ou Palácio do Correio-Mor, em frente ao Largo do Correio-Mor. O 1.º Conde de Penafiel (1782-1859) foi o 8.º e último Correio-Mor. Repare-se que o magnífico brasão, com quatro campos todos diferentes, indica tratar-se de um «fidalgo dos quatro costados» – isto é, cada um dos 4 avós pertencia a uma casa nobre. Era neste palácio da família, reconstruído após o terremoto de 1755, que estava instalada a sede dos serviços postais. O cargo de Correio-Mor do reino, criado em 1606 por Filipe II de Portugal (III de Espanha) para o fidalgo Luís Gomes da Matta, foi sempre desempenhado por um membro dessa família, havendo vários «palácios do Correio-Mor» em Lisboa e outro próximo de Loures, edificados por diferentes titulares desse cargo.

[C] Ano da construção original, que pouco tem a ver com a actual. Da igreja original, de 3 naves, após o terremoto de 1755 só ficaram os restos das paredes, com cerca de 3 metros de altura. Foi reconstruída, com uma só nave e o actual aspecto quadrático, em 1775.

O 13 de Junho é o dia de Santo António, feriado municipal de Lisboa apesar de não ser este, mas sim S. Vicente, o santo padroeiro da cidade. Na noite de 12 para 13 de Junho, os lisboetas festejam o seu santo em todos os bairros populares, do Castelo até Alfama, e dançam até às primeiras horas da madrugada. Sob um tecto de luminosos balões de papel de várias cores, por toda a parte se assam sardinhas e se oferece vinho regional tirado da pipa – tal como Peter Hamm retrata no seu poema.[31]

Alfama, Lisboa, 13 de Junho
Festa de Santo António

Uma frágil malga
de negro vinho.
Pão e sal.
Cinco sardinhas –
para as crianças, os gatos,
o bem-vindo
estrangeiro.

Manjericos
em honra do santo –
são bons para a fidelidade
e dão alguns escudos.

Aqui brilhou outrora
o ouro dos conquistadores.

Com eles o Mundo foi
à escola.

A cidade, com prática
de morrer, dança
até de manhã
com a Morte.

O seu testamento
contempla todos
os que o aceitam

com fartura de preocupações
e negro vinho.

Em frente à Igreja de Santo António, em diagonal, fica a catedral de Santa Maria, mais conhecida por Sé. Sé é a abreviatura de «sede», sede do bispo, o qual, graças a um generoso donativo, se pode chamar, desde 1716, patriarca de Lisboa. Julien Green visitou a igreja em 11 de Novembro de 1979.

A fortaleza com as duas poderosas torres coroadas de merlões é a catedral. Por dentro está nua, pois não precisa de adornos para se enfeitar. Pesadas colunas românicas e abóbadas de berço, através das quais penetra uma luz suave e forte, são quanto basta. A igreja conserva a sua pureza original, e aqui a missa de Paulo VI é maravilhosamente romana. Atrás do sacerdote, com um belo paramento verde, cantam crianças, vozes encantadoras que ecoam na vasta abóbada. É absolutamente patente que o velho sacerdote, de robusta voz, acredita naquilo em que, no interior destas gigantescas paredes, sempre se acreditou.
Em volta da Sé, as casas, um tanto severas, têm cem ou duzentos anos, mas as suas varandas enfeitadas compensam as fachadas demasiado austeras e sóbrias. Por entre paredes têm-se súbitas perspectivas do Mar da Palha onde, em contraluz, navios se afastam, deslizando como sombras cor de malva na poalha de sol.[32]

Quando os portugueses conquistaram a cidade, em 1147, foi «purificada» a mesquita que existia no lugar da antiga catedral visigótica, e ainda nesse mesmo ano se celebrou aí a primeira missa. Após a consolidação da Reconquista iniciou-se – julga-se que só no século seguinte – a construção da nova catedral. Por ocasião da reparação, no séc. XIV, de estragos causados por tremores de terra, foram acrescentados ao templo, que na sua maior parte é de estilo românico tardio com reminiscências normandas, elementos estilísticos góticos. Posteriormente, especialmente depois do terremoto de 1755, voltaram a construir--se de vez em quando novos edifícios anexos à igreja. No último quartel do séc. XIX despertou em Portugal, como no resto da Europa, o interesse pela conservação e reconstrução de monumentos históricos. No ano de 1899 foi decidido que a Sé sofresse um restauro exaustivo, o qual, contudo, não chegou a restituí-la à sua forma original, antes a reconduziu, tanto quanto possível, àquela que o edifício tinha pelos fins do séc. XV.

Ao entrar na igreja ainda se deleitara com a frescura que reinava por detrás do pesado reposteiro, mas em breve sentira frio.
Um jovem, duas filas à sua frente, rezava.
Não fazia de conta que rezava, como a maior parte dos outros; rezava mesmo.
Na igreja entravam estudantes, para aqui estudarem em silêncio. Era uma imagem que o predispunha à reconciliação: a igreja como um espaço de aprendizagem.
Sempre que ficava sentado na igreja bastante tempo, começava logo a ouvir preponderantemente apenas o exterior – o arrulhar das pombas, o levantar voo dos pássaros, gritos de crianças.
O exterior formava um arco acústico sobre a igreja, abóbada sobre abóbada. Haveria tal coisa, os graus do silêncio?
Depois de algumas horas na igreja, saía dela sempre com renovada cólera.
O andar em bicos de pés na igreja!
Esta tenebrosa sombra perpétua do pecado!
A mania das grandezas, com todo aquele ouro a reluzir!
O afectado da pompa![33]

Ouro a reluzir só no Tesouro da Sé se pode ver. Na antiga sala do capítulo, com decoração barroca, vêem-se custódias de ouro e prata, com vários quilos, cobertas de jóias. No interior da basílica, de três naves, não encontramos a Igreja da sumptuosidade e da ostentação, mas a Igreja das ordens militares. Os dois túmulos góticos, de Lopo Fernandes Pacheco e da sua mulher, D. Maria de Vilalobos, na capela de S. Cosme e S. Damião, localizada no deambulatório por trás do altar-mor, cativam o observador. O claustro, da época do rei D. Dinis, não nos oferece os habituais silêncio e convite à contemplação, mas sim escavações arqueológicas. No quadrado interior removeram-se as várias camadas de terra e diante de nós temos uma calçada romana (séc. II a I a.C.), paredes do românico tardio que intersectam a via, um edifício público de época islâmica (meados do séc. XI) e troços da cerca moura no meio de ruínas de casas medievais. Cada século deixou ali o seu cartão-de-visita.

O Palácio do Aljube (número 42), vizinho da catedral, foi uma prisão até 1974. Cesário Verde, precursor da moderna poesia portuguesa, menciona-o em «O sentimento dum ocidental».[34]

Toca-se às grades, nas cadeias. Som
Que mortifica e deixa umas loucuras mansas!
O Aljube, em que hoje estão velhinhas e crianças,
Bem raramente encerra uma mulher de «dom»! [A]

Foram tempos difíceis para o mulherengo Thomas Lieven, agente secreto contra a sua vontade criado por Johannes Mario Simmel, aquelas semanas que no ano de 1940, em plena II Grande Guerra, aqui teve de passar. Graças ao cozinheiro da prisão chegou à conclusão de que «Nem só de caviar vive o homem.»

Por esse motivo, poucos dias depois Thomas Lieven foi transferido para o Aljube, palácio medieval de cinco andares situado na parte mais antiga da cidade. Por cima do portal estava o brasão do arcebispo Dom Miguel de Castro, que, como todos os entendidos sabem, viveu neste vale de lágrimas entre 1568 e 1625, tendo destinado aquele horrível e velho pardieiro a prisão para todos os eclesiásticos que tivessem cometido algum delito.

«Com certeza que houve uma elevada percentagem de membros do clero português do séc. XVI a merecer castigo», pensava Thomas Lieven aquando da sua transferência para a nova prisão, pois o Aljube era gigantesco!

Aqui metia a Polícia actualmente os seus presos, entre os quais muitos estrangeiros indesejáveis. Mas havia também, pelo menos, outros tantos sujeitos que apenas haviam infringido quaisquer parágrafos absolutamente apolíticos do Código de Processo Penal português. Estavam presos, uns deles em prisão preventiva, outros já sentenciados, em celas colectivas, em celas individuais ou nas chamadas «celas para reclusos com posses».

Estas últimas ficavam nos andares superiores e eram as que estavam mais confortavelmente mobiladas. Todas as janelas davam para o pátio. Anexo ao edifício, tinha um certo senhor Teodoro dos Reis um negócio de fabrico de malas e carteiras, com certos cheiros desagradáveis a ele inerentes, que muito faziam sofrer os presos sem posses dos andares inferiores, principalmente no tempo quente.

[A] Nas cadeias como o Aljube tocam-se as grades quando chega a hora de dormir. Ou então quando os presos pedem comida. O poeta sente-se mortificado ao ouvir este som e tece o comentário de raramente uma mulher de «dom», isto é, de bens, ser encerrada no Aljube enquanto velhinhas e crianças, sim, estão lá.

Lá em cima, entre os que tinham posses, vivia-se melhor! Pagavam semanalmente o aluguer dos seus quartos, como em qualquer hotel. O montante do aluguer era definido consoante o valor da caução que o juiz de instrução havia estipulado. Normalmente era puxado. Contudo, como num hotel normal, também aqui se tratavam os ricos o melhor possível. O pessoal empenhava-se em ler-lhes nos olhos todos os seus desejos. Havia jornais e cigarros, é claro; e, evidentemente, os reclusos podiam mandar vir a sua refeição de casas de pasto próximas, recomendadas pelos guardas.

Thomas, que, já a contar com tão gentis costumes, havia depositado na Administração da cadeia uma enorme soma em dinheiro, no que dizia respeito a refeições fazia o seguinte: todas as manhãs mandava chamar o Francisco, o gordo cozinheiro, e combinava pormenorizadamente com ele a ementa do dia. Depois, por sua vez, o Francisco mandava o seu ajudante às compras. O cozinheiro andava sumamente encantado com o «senhor Jean»: o senhor da cela 519 fornecia-lhe todos os dias novas receitas e novos truques de culinária.[35]

Miguel Torga, conhecido escritor português do séc. XX, pertencia pelo contrário, certamente, ao grupo dos reclusos sem posses. Da janela da sua cela não podia ver mais que «uma nesga do mundo».

Pelo que me dizia respeito, mesmo a perder o sentido de capítulos inteiros, devorava quantos calhamaços em língua cristã me vinham ter às mãos. E escrevinhava também. Poemas, que ficavam a meio, atolados em charcos de torpor, e farrapos de contos, para uma obrinha há muito radicada na intenção e que recebia um facho de claridade sempre que me chegava à única janela de onde era possível ter nos olhos uma nesga do mundo. No primeiro plano, a poucos metros do nariz e a ensombrar um jardinzinho claustral que dois ciprestes entristeciam, erguia-se a mole da velha Sé, vista de cima, com as rugas quase palpáveis e uma rosácea à ilharga a aspirar a luz do dia. Da observação aturada das pombas que lhe povoavam todos os nichos, vãos e desvãos – a catar o piolho, a amar e a procriar, a lutar ferozmente ou a hibernar numa sonolência enchouriçada –, ia-se radicando no meu espírito a determinação de passar ao papel algumas vidas animais, tão estremadas na pureza instintiva que o homem pudesse identificar nelas a sua naturalidade perdida. A ideia, porém, tinha exigências de sintonia cósmica que o tumulto em que me encontrava não permitia. E cada tentativa que garatujava valia apenas

como fiança de um propósito a cumprir. Quando e com que
imaginação? À medida que os dias passavam, tinha a impressão de que
embrutecia irremediavelmente. Que os meus horizontes interiores se
iam pouco a pouco acomodando aos antolhos de ferro que me limitavam
a retina. O ângulo apertado do miradoiro apenas deixava ver, além do
templo, uns metros de calçada, em baixo, os telhados de parte de
Alfama, em escadaria descendente, sempre embandeirados de roupa
branca, os guindastes da doca da Marinha, e uma fatia do rio a espelhar
o sol de inverno e o vulto desmanchado da outra banda ...[36]

Logo a seguir ao Palácio do Aljube, uma estreita escada faz-
-nos subir à entrada inferior de um novo museu. Sabia-se, desde
o fim do séc. XVIII, que estavam aqui, por baixo das casas, as
ruínas do teatro romano de Olisipo, pois foram descobertas em
1798, quando se procedia à reconstrução da cidade após o
terremoto de 1755. Em 1964 começaram finalmente as escavações
e a partir de então a Câmara Municipal de Lisboa seguiu uma
política de compra dos edifícios que pudessem estar sobrepostos
ao monumento para os demolir e, assim, possibilitar a escavação
integral. Desde 2001 começou a poder visitar-se o teatro romano,
enquanto em simultâneo decorriam campanhas arqueológicas.
Esteve encerrado de 2013 a 2015, para renovação do edifício e do
projecto museológico, mas desde Setembro de 2015 voltou a
poder visitar-se o Museu do Teatro Romano que resultou das
intervenções realizadas durante mais de uma década. Só a vista
do Mar da Palha já deve ter bastado, aos 5.000 espectadores, para
tornar um prazer a ida a este teatro, construído ainda no tempo
de Augusto (início do séc. I d.C.). Saímos do museu pela porta de
cima e viramos à direita, retomando o nosso passeio na RUA
AUGUSTO ROSA.

Passando por antiquários, por restaurantes e pela antiga
prisão do Limoeiro, vamos seguindo os carris dos eléctricos,
colina acima, até ao MIRADOURO DE SANTA LUZIA. No muro
do patamar inferior do Jardim Júlio de Castilho, num enorme
painel de azulejos azuis e brancos, típicos de Portugal, foi
perpetuada a vista da cidade tal como ela se apresentava, vista
do rio, em 1939. Além de embarcações típicas do Tejo, surge
também, e com notável dimensão, a imagem de um vaso de
guerra, precisamente por o quadro que deu origem ao painel ter

sido pintado nesse ano de início da II Grande Guerra na Europa. Ao contemplar os intrincados becos de Alfama que ficam logo por baixo desta varanda panorâmica, a Hans-Jürgen Heise, o poeta crítico da civilização, ocorreram associações de ideias que o fizeram reflectir sobre o contraste entre um mundo tranquilo, ainda no seu ambiente próprio, e o «vertiginoso marcar passo na Autoestrada do Progresso». São versos carregados de imagens, que ultrapassam de longe os limites de supostos poemas pastoris e abarcam tanto a excessiva captura de peixe nos oceanos como os megalómanos avanços da exploração espacial nas imensidões vazias do Universo.[37]

Lisboa

Os navios-fábrica exploram o mar
como se fosse uma lata de sardinhas.
Contudo, o último sapateiro remendão
do bairro de Alfama está sentado à porta
da sua loja – encaixado no umbral,
tal qual o cachimbo
metido na cova de um dos seus dentes.

O eléctrico,
velho e trepidante carro de máquina de escrever,
faz tilintar a campainha no fim da fiada de casas
e desaparece, ao dobrar a esquina,
tragado para o século passado / nós,
basbaques de olhar cansado
e carunchosas almas
em segunda mão, esgueiramo-nos
por um nostálgico labirinto de vielas
varrido pela autêntica brisa vespertina
que aqui continua a fazer o papel de
instalação de ar condicionado enquanto
num andar lá por cima os «boys» da NASA
apagam as suas beatas-satélites
na borda do prato do nosso sistema solar.

Ignoramos a seta que, em frente ao miradouro, aponta o caminho para o Castelo e seguimos pela RUA DE SANTIAGO acima, notando como nela se soube conjugar a sobrevivência do arvoredo às necessidades de estacionamento.

Em cima, na zona antiga, entre a catedral e o castelo, brilha por toda a parte o azul do rio; as íngremes vielas parecem precipitar-se, por ali abaixo, para o curso de água e o enorme lago que ele acumulou em torno da cidade. Também aqui se vê que esta é a cidade dos mareantes. Sobre as portas das casas, sob a forma de relevos, há veleiros imóveis; ou então estão em luta uns contra os outros, pelas esquinas, quase livres sobre ondas revoltas. Noutras paredes há santos, em cujos mantos bate o vento como se eles fossem figuras de proa e as casas fossem navios. Aqui os continentes e as eras estão em contacto, numa harmonia jamais repetida: sombrios arcos abrem uma porta na escuridão das vielas, os corredores subterrâneos de lugares que se assemelham a adegas. As casas agacham-se umas contra as outras, os telhados escorregam por ali abaixo, arrastando com eles janelas cujos cantos ficam completamente desalinhados e de cujos parapeitos se derrama a indómita exuberância de viçosas sardinheiras. Todas as linhas oscilaram, como um pêndulo, de um peso que para baixo as puxa a uma leveza que para cima as impele. Torna-se inextricável esta rede, que nos atrai para o seu interior, sempre cada vez mais fundo, cria novas saídas que se tornam outras tantas entradas, e oferece mil possibilidades de por aqui deambular e permanecer. Entre as vermelhas paredes destes desfiladeiros reluzem o violeta e o amarelo da roupa, a qual, peça presa com outra peça, em séries de cinco ou seis, quais gigantescos tapetes orientais, se agita ao vento entre as casas.[38]

No fim do LARGO DOS LOIOS, faça uma pausa para provar o «pastel de nata» da «Pastelaria Santo António» ou para ver, na «Conserveira de Portugal», se já saiu mais alguma novidade em latas de conservas, além das recentíssimas criações de conservas de robalo ou bacalhau. A RUA BARTOLOMEU DE GUSMÃO leva-nos, um tanto ou quanto para a direita, ao Castelo de São Jorge. Bartolomeu Lourenço de Gusmão foi o precursor português do alfaiate de Ulm.[A] Conta a lenda que, cem anos antes

---

[A] Albrecht Ludwig Berblinger, assim se chamava o alfaiate de Ulm que sonhara voar e queria transformar o seu sonho em realidade. Nascido em 1770, este pioneiro dos ares criou, com madeira colada, barbas de baleia e seda, uma máquina para voo

do seu colega da Suábia, este padre jesuíta teria voado, numa espécie de asa delta barroca, do terreiro do Castelo de São Jorge até à Praça do Comércio. É um facto comprovado ter ele feito subir aos céus, perante o rei português e a sua corte, em 1708 ou 1709, balões cheios de ar quente. Quantos foram, e até que alturas voaram antes de se incendiarem, não está bem esclarecido: os relatórios daquela época contradizem-se. Mais tarde, o padre veio a ter problemas com a Inquisição, porque tinha violado o espaço aéreo reservado aos anjos, e morreu esquecido em Toledo, em 1724.

Esquecido, mas não por todos: a história de Bartolomeu Lourenço de Gusmão foi imortalizada por José Saramago, no seu «Memorial do Convento». Este laureado com o Prémio Nobel descreve a fuga do padre aos esbirros da Inquisição. Pouco antes de os seus perseguidores invadirem a oficina secreta onde construíra a sua máquina voadora, a «Passarola», numa quinta em S. Sebastião da Pedreira – que ficava então às portas de Lisboa, ele e um casal amigo descolam na vertical.

A máquina estremeceu, oscilou como se procurasse um equilíbrio subitamente perdido, ouviu-se um rangido geral, eram as lamelas de ferro, os vimes entrançados, e de repente, como se a aspirasse um vórtice luminoso, girou duas vezes sobre si própria enquanto subia, mal ultrapassara ainda a altura das paredes, até que, firme, novamente equilibrada, erguendo a sua cabeça de gaivota, se lançou em flecha, céu acima.[39]

De Lisboa o voo dirige-se para Mafra, onde o padre se some e os seus dois companheiros vão trabalhar nas obras do gigantesco

---

planado. Em 30 de Maio de 1811, Frederico I, Rei de Württemberg, esteve em Ulm, tendo o alfaiate sido então convidado a exibir as suas artes aeronáuticas, atirando--se do cimo de um monte e voando sobre o Danúbio. Em baixo, nas margens do rio, juntara-se uma multidão de espectadores. O valente alfaiate, provavelmente, sabia pouco ou nada de Termodinâmica e não lhe passou pela cabeça que a diminuição da temperatura do ar, provocada pelas frescas águas do rio, transformaria em descendentes as correntes aéreas ascensionais. A façanha acabou mal, com o alfaiate a precipitar-se, como uma pedra, nas águas do Danúbio que pretendia atravessar. A multidão apupou-o e troçou dele, que nunca mais engoliu este vexame e, humilhado, morreu em 1829, tendo sido depositado numa vala comum.

Palácio-Convento, absolutamente desmesurado. No edifício do aeroporto de Lisboa está perpetuada, em azulejos, esta história.

Entretanto chegámos ao Castelo. O anel exterior de muralhas protege um bairro inteiro; o anel interior só protege – desnecessariamente, porque a barreira do preço é suficientemente alta – o restaurante de luxo «Casa do Leão», um café um pouco mais em conta e as instalações sanitárias públicas. O passar dos séculos e o grande terremoto tinham maltratado o castelo, mas as muralhas e torres só nos anos quarenta do século passado voltaram a ser reconstruídas, sem que tenham sido meticulosamente respeitadas as plantas antigas. Apesar da duvidosa autenticidade, é agradável demorar-se por entre as árvores e penhascos, sentar-se num dos bancos e gozar a embriagadora vista sobre a cidade e o Mar da Palha. Se a visibilidade for boa, a vista alcança até ao castelo de Palmela, na serra da Arrábida, a sul.

Ernst Jünger e a sua mulher iniciaram em Lisboa, em Outubro de 1966, a sua viagem a Angola. Antes de o paquete levantar ferro, ainda deram uma volta pela cidade e também vieram ao Castelo de São Jorge.

O valor de tais lugares é definido pela sua situação: ela tem de ser dominadora. Depois um castelo segue-se ao outro, tal como aqui desde o tempo dos Fenícios.

Os bastiões, tornados peças de museu, com as suas torres, seteiras e gárgulas para derrame do pez, estão rodeados por uma cintura de árvores e arbustos subtropicais, nos quais não deixa de marcar a sua presença o hibisco. Apesar de a estação já ir avançada, das pedras ainda ressumavam e gotejavam minúsculas nascentes. Num tanque descansavam cisnes, e nos relvados, por toda a parte, brancos pavões arrastavam as caudas. A sua quantidade dava ainda mais nas vistas por todos eles estarem desgrenhados a ponto de se tornarem feios. Talvez tivessem a missão de manter a relva baixa; eu vi-os a debicá-la.

No sopé do castelo estavam em curso escavações; através do tapume lobrigámos colunas caneladas e traçados de fundações. Estas plantas, obtidas quase como se tivessem sido usadas técnicas da radiografia, encontram-se por toda a parte, na zona de protecção de lugares de antiga fama, como enriquecimento da sua imagem pela arquitectura arqueológica.

Do parapeito dianteiro a vista alcança muito para lá do Tejo, que é transposto por uma ponte sob a qual passam os navios. Víamos a cidade com os seus telhados e o porto, o Mosteiro dos Jerónimos com a sua igreja, junto ao rio a marmórea roda do leme de Vasco da Gama e a famosa Torre de Belém, na outra banda o colossal Cristo-Rei com braços abertos em cruz, que me fez lembrar o do Rio de Janeiro, e uma fábrica a cuja chaminé se agarravam penachos de fumo cor-de-cobre. Navios ancorados e em movimento; o lugar fora bem escolhido para observar o mar e a terra. As baterias ainda estão nas suas posições; crianças, brincando nos seus canhões, faziam deles cavalinhos. Morteiros de bronze que não eram mais fundos que panelas – perguntava a mim mesmo como é que fora possível que, sendo tão curtos, uma bala neles tivesse cabido. Eles fizeram-me recordar um quadro do cerco de Magdeburgo, no qual eu tinha visto pela primeira vez, ainda criança, estas panelas de cuspir fogo. O artilheiro e os seus ajudantes disparavam com elas sobre a cidade em chamas. As trajectórias de voo estavam marcadas sob a forma de curvas finas como delicados fios de teia de aranha; isto dava a essa representação uma nota de leveza e precisão.

A calçada era acidentada; na descida a minha bezerrinha partiu um salto. Embora já estivesse a escurecer, prometi-lhe que o dano em pouco tempo seria reparado e, de facto, encontrámos logo numa das primeiras travessas um sapateiro que, de porta aberta, ainda estava a trabalhar e em breves minutos não só pôs um salto novo como ainda reparou o par deste.[40]

Também nós deixamos o Castelo e, uma vez passada a sua porta exterior, continuamos paulatinamente o nosso passeio, a direito. E mesmo lá no fim, diante do Palácio Belmonte, descemos para a direita. Tendo passado pelo LARGO DO CONTADOR-MOR e Travessa de Santa Luzia, ao chegarmos ao MIRADOURO DE SANTA LUZIA damos alguns passos para a esquerda, até ao LARGO DAS PORTAS DO SOL. Aqui está São Vicente, o padroeiro da capital, tendo a Igreja e o Mosteiro de São Vicente de Fora como pano de fundo. A casa de gaveto, em frente à estátua, é o «Museu-Escola de Artes Decorativas Portuguesas», da Fundação Ricardo do Espírito Santo Silva. Está instalado no Palácio Azurara, edifício datado do séc. XVII, mas com raízes em três casas do séc. XVI, que foi adquirido em 1947 pelo colecionador, filantropo e banqueiro Ricardo do Espírito Santo

Silva para albergar a sua colecção de artes decorativas, recriando o ambiente das casas aristocráticas do séc. XVIII. A colecção, reunida ao longo de vários anos pelo fundador, e doada ao Estado em 1953, inclui mobiliário do séc. XVI ao séc. XX, pintura de artistas portugueses e estrangeiros que trabalharam em Portugal no séc. XVIII, ourivesaria portuguesa do séc. XV ao séc. XIX, porcelanas, faianças, têxteis orientais de encomenda europeia, tapetes de Arraiolos e azulejaria barroca e neoclássica. Exposta em várias salas, nestas se recriam épocas como a de D. José ou de D. Maria I. A fundação, instituída em 1953, para além do Museu inclui escolas e oficinas de restauro, que contemplam artes e ofícios como a encadernação, o douramento e o restauro de azulejos e mobiliário. Se não quiser visitar o Museu, beba uma «bica», como em Lisboa se diz, na sua cafetaria, obtendo assim, ao menos, uma fugidia impressão.

Ao lado da Igreja de Santa Luzia uma escada descendente conduz-nos a Alfama. Este bairro sobreviveu incólume ao passar dos séculos e a diversos tremores de terra. Só viramos à esquerda na segunda possibilidade que se nos oferece, e descemos outras escadinhas até à Igreja Paroquial de São Miguel. Alguns jovens instalaram-se à sua vontade nos degraus diante da igreja, falam, preguiçam e desfrutam a sesta.

Você pode agora ponderar se ainda se quer demorar por aqui mais algum tempo e, depois, cirandar sozinho pelo bairro – não há hipótese de se perder –, ou se nos quer acompanhar pela RUA DE SÃO MIGUEL – suficientemente larga para a passagem de automóveis mas livre deles, e na qual se prepara a instalação do futuro Museu Judaico de Lisboa – até à segunda igreja paroquial de Alfama, a Igreja de Santo Estêvão. Esperamos que a largura da rua, o São Miguel e o Santo Estêvão protejam do «Lidl & Cia.», durante muito tempo ainda, a vendedeira de hortaliças, sentada diante da loja, no meio da sua mercadoria, o padeiro, no seu antiquado posto de

venda de pão, com prateleiras de mármore, e o merceeiro, com a sua enorme oferta de artigos concentrada num reduzido espaço.

O casal que, mão na mão, vem a sair do Beco da Formosa, que desemboca à nossa esquerda, são Karl Faller e a sua misteriosa acompanhante, do romance «Parlando», de Bodo Kirchhoff. Os dois ...

chegaram em breve à rua que ficava por cima da esbranquiçada confusão de vielas de Alfama e no cimo de uma escadaria fortemente inclinada, que levava à barafunda de casas e ruelas, ela disse subitamente «Eu vou por aqui», como se aquele atalho fosse só dela, agradeceu o almoço e logo, logo, desatou a correr escada abaixo. Não pude fazer nada, só pude segui-la com o olhar, até ela, lá em baixo, virar para o interior de um beco, como se nunca ali tivesse estado, e eu arranjar forças ou ânimo para voltar a segui-la. Lancei-me pela escada, a dois ou três degraus de cada vez, corri todo o beco, tão estreito que uma pessoa podia tocar em ambos os lados, mas ela já lá não estava, ali só estavam mulheres que vendiam avulso peixes com formas de serpentes, e eu corri ainda mais para o interior de Alfama – «onde há sempre alguém, em qualquer lugar, a martelar ou a serrar», assim se lê no livro do meu pai, como se o bairro inteiro fosse um nunca mais acabar de pessoas a fabricar ou consertar qualquer coisa (aqueles trabalhos manuais que ele comigo nunca fizera); no cruzamento de duas vielas logo a seguir, uma delas com o nome de «da Formosa», inesquecível nome, apanhei-a finalmente, e ela disse «Pois bem, seja», deu-me a sua mala para que eu a levasse e em troca pegou na minha pasta e na minha mão.

De mão na mão, de forma estranhamente sensata, como se houvesse a modalidade de desporto «andar-de-mão-na-mão», percorremos o tortuoso Beco da Formosa e chegámos a uma praça que era uma espécie de pátio interior com uma igreja lá metida à pressão. Como Alfama inteira, a praça pertencia nesse momento, já ao fim da tarde, a crianças que corriam para cá e para lá e às suas avós, público sereno, todo de preto, empoleirado em bancos de cozinha e cadeiras, e o que eu queria era sentar-me nos degraus da igreja, porque a mala, lentamente, estava a tornar-se pesada, mas nessa altura já ela atravessara a praça e estava a gritar-me por cima do ombro «Temos de ter cuidado e vigiar, cada um o seu.»[41]

No fim da Rua de S. Miguel, o nosso caminho leva-nos para a direita e, logo a seguir, de novo para a esquerda, subindo a estreita escadinha do BECO DO CARNEIRO, até à Igreja de Santo Estêvão.

Os portugueses gostam de pássaros. No bairro de Alfama, a zona mais antiga de Lisboa, são só trinados e assobios nas corcovadas vielas. E lá em cima, no Castelo de São Jorge, ainda se conservam uns poucos de corvos autênticos, tipos inteligentes que falam português e devem tossir melhor do que os lobos do mar desempregados com quem aprenderam a fazê-lo.[42]

Contornamo-la no sentido do movimento dos ponteiros do relógio e viramos à esquerda na RUA DE SANTO ESTÊVÃO, que percorremos pacatamente. Por toda a parte, sempre a mesma imagem: becos, escadinhas, ruas estreitinhas («onde em cada esquina há um bailarico» – como diz a conhecidíssima «Marcha de Alfama») e passagens, casinhas encaixadas umas nas outras, coladas umas por cima das outras, algumas com magníficas vistas para o Mar da Palha, cordas de roupa e gaiolas de pássaros, um galo que canta algures – um bairro habitacional de pequena burguesia incólume, situado «acima dos navios».[43] E por cima de tudo isto erguia-se antigamente a prisão do Limoeiro, hoje Centro de Estudos Jurídicos, uma academia de juízes.

Acima dos navios

Os navios sobem o Tejo e descarregam tesouros.
Entram vestidos. Sai cobre. Por baixo das mangueiras do gasóleo
alastram manchas coloridas.
As mangueiras do gasóleo têm fugas.
O homem vestido de fato-macaco tem de as impermeabilizar.
Tudo isto abaixo das escadinhas de pedra
que correm por toda Alfama.
Passando por portas e cortinas
através das quais tudo se pode ver.
A cama de ferro o crucifixo
o lavatório de esmalte
a mesa com bacalhau em cima da panela
o calcado tapete de trapos a escova

na parede o retrato do português,
do jovem
que em Angola primeiro disparou e depois
foi abatido a tiro.
O fogareiro a carvão diante da soleira da porta.
O meio-dia, hora a que
eles de pé atrás da cama
esfregam na sombra com meiguice
as pernas de um nas do outro.
A chuva o sol em Alfama,
na margem do Tejo bem alto acima dos navios
e dos vigiados arsenais.
Alfama e a prisão
com barras de ferro como num filme de piratas, tão grossas.
Com pessoas por trás delas que suplicam e gritam.
Pela rua abaixo entramos nas tabernas, as pequenas,
que estão embutidas nos prédios como armários.
Atulhadas de homens e de tinto.
Lá mais para baixo gritam por trás das barras de ferro.
As pessoas que talvez tenham roubado um relógio
ou entrado por uma montra
das lojas descaradamente ricas, carregadas de jóias
dos dois lados das ruas.

Se a volta o fatigou, entre numa «tasca», uma qualquer das muitas pequenas tabernas sombrias e frescas, beba um copo de água, uma «bica», ou algo de mais forte, que em Lisboa se chama «um bagaço», e recupere.

Algures nas imediações dessa «tasca» faz Erich Maria Remarque iniciar-se «Uma noite em Lisboa», noite essa durante a qual Schwarz conta a outro fugitivo a história da sua vida. A recompensa que oferece ao desconhecido, apenas por o escutar, é um par de vistos para os Estados Unidos da América e os bilhetes de barco para a travessia, de que já não precisa porque a sua mulher, minada por um cancro, acabara de se suicidar em Lisboa.

Deixámos o táxi e subimos por escadas e ruelas angulosas.
Misturavam-se no ar os cheiros a peixe, a alho e a madressilva, a que
vinham juntar-se os suaves perfumes do sono e de um Sol já morto. Ao
nosso lado, o Castelo de S. Jorge destacava-se na noite, iluminado pela

Lua que ia subindo, e a luz precipitava-se pelos inúmeros degraus abaixo, como uma queda de água em sucessivas cascatas. Voltei-me e olhei lá para baixo, para o porto. Ali estava o rio, e o rio simbolizava a liberdade e a vida, desembocava no mar e o mar era a América.
Fiquei imóvel por alguns instantes.
– Espero que isto não seja uma brincadeira! – disse eu.
– Não é – replicou o homem.
– Refiro-me às passagens. – No cais ele voltara a metê-las na algibeira.
– Não – disse o homem. – Não estou a brincar. – Apontou para um pequeno largo rodeado de árvores. – A casa de que lhe falei é além. Ainda está aberta e ali ninguém reparará em nós. É frequentada quase que exclusivamente por estrangeiros. Vão tomar-nos por dois indivíduos que amanhã seguem viagem. Ninguém nos distinguirá dos outros, que ali festejam a sua última noite em Portugal e amanhã embarcam.
O estabelecimento era uma espécie de bar com uma pequena pista de dança quadrada e uma esplanada, um daqueles locais tipicamente destinados a turistas. Pairavam no ar os acordes de uma guitarra e ao fundo da sala via-se uma fadista. Na esplanada algumas das mesas estavam ocupadas por estrangeiros. Entre eles encontravam-se uma senhora de vestido de noite e um cavalheiro de smoking branco. Arranjámos lugar no fim da esplanada. Dali podia olhar-se lá para baixo, para Lisboa, para as igrejas imersas no pálido luar, as ruas iluminadas, o porto, as docas e para o navio ... que era uma Arca de Noé.[44]

No fim da Rua de Santo Estêvão viramos à direita, a RUA DOS REMÉDIOS leva-nos até ao LARGO DO CHAFARIZ DE DENTRO, à beira do porto. Em frente ao chafariz, do qual os moradores do bairro tiravam antigamente a sua água, o «Museu do Fado», instalado na antiga Estação Elevatória de Águas de Alfama, oferece um périplo pelo fado, que se inicia com a sua introdução em Portugal, no princípio do séc. XIX, até às mais recentes vedetas, passando por Amália Rodrigues. Apresentam--se ainda as principais vias de divulgação, popularização e internacionalização da canção urbana – o teatro, a rádio, o cinema e a televisão, a evolução técnica da guitarra portuguesa, os ambientes das casas de fado, bem como o percurso biográfico e artístico de personalidades do universo fadista. Atrás do Museu apanhamos depois um autocarro para a Praça do Comércio.

3. Lisboa e os seus homens de letras

Cais do Sodré – Rua Garrett – Rua António Maria Cardoso – Rua Ivens – Elevador de Santa Justa – Largo do Carmo – Bairro Alto – Praça dos Restauradores – Rossio

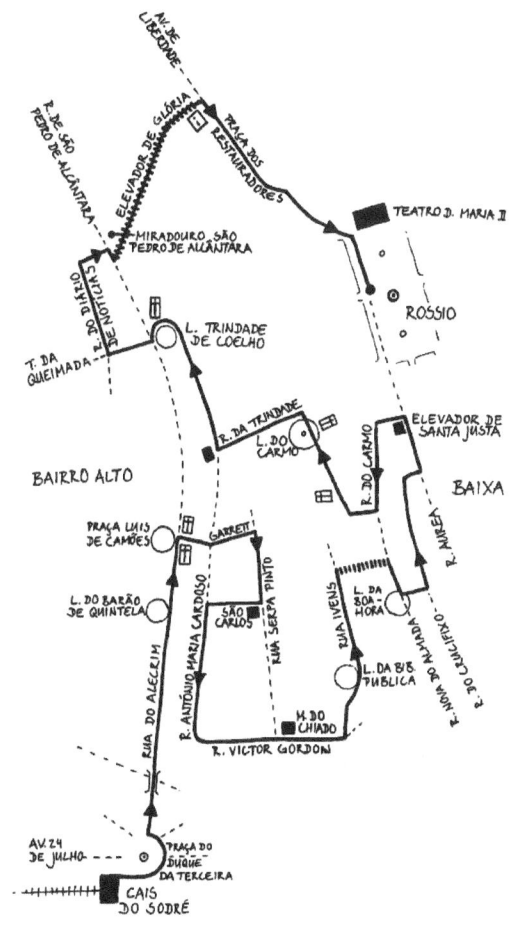

Ao sairmos do edifício Arte Nova da estação de caminhos de ferro do CAIS DO SODRÉ, esperemos um momento, até que se escoe a corrente dos recém-chegados. Na larga Avenida 24 de Julho, automóveis, autocarros e carros eléctricos fazem uma barulheira enorme ao longo da estação. Do outro lado do «Aterro» – como no tempo de Eça de Queiroz se chamava ao início desta avenida que era então a estrada para Belém – fica o monumento ao Duque da Terceira, no meio de uma rotunda. O político e general, à frente das vitoriosas tropas liberais, entrou em Lisboa a 24 de Julho de 1833. Atravessamos o jardinzinho da praceta fronteira à estação, [A] passando pela estátua de um pescador ao leme do seu barco. [45] Neste jardim existem dois quiosques, um dos quais merece destaque devido à peculiaridade da sua arquitectura – apresenta seis painéis de azulejos Arte Nova, datados de 1915. Perto da passadeira para peões, um relógio dá asas à fantasia de Cees Noteboom.

Volto-me para a cidade, que vai subindo lentamente, e sei que procuro aqui qualquer coisa, mas não sei bem o quê. Algo que quero voltar a ver mas que só reconhecerei quando o vir. E, de repente, descubro-o: uma curiosa espécie de casinha que alberga um gigantesco relógio, quase um alpendre de pedra, composto totalmente pelo relógio, grande, redondo, branco, com imponentes ponteiros que marcam o tempo, melhor, administram-no. HORA LEGAL está escrito por cima, com letras grandes, e isso, na movimentada confusão desta praça, soa efectivamente como o texto de uma lei: Que o saiba todo aquele, seja ele quem for e esteja onde estiver, que quiser fazer algum mal ao Tempo, que o queira esticar, deter, deixar correr, paralisar, fazer vergar, que na minha lei não há que mexer: os meus venerandos ponteiros indicam o etéreo, efémero, inexistente Agora, e fazem-no constantemente. Eles não se ralam com as degradantes subdivisões do Tempo, não se preocupam com a promiscuidade do Agora dos sábios; o único Agora real e perpétuo é o meu, que, repetindo-se constantemente, dura sempre sessenta segundos bem medidos. E eu, tal como outrora, agora estou

---

[A] Em Março de 2017 findou a reconfiguração desta zona do Cais do Sodré, de forma a diminuir o espaço ocupado por transportes públicos e veículos, tendo-se tornado o jardinzinho um aprazível lugar para um descanso, antes do arranque para as tarefas do dia ou findas estas. Chama-se «Jardim de Roque Gameiro» – mestre aguarelista, admirável pintor de aspectos e costumes de Lisboa.

aqui, e conto, e contemplo o grande ponteiro negro, de ferro, que sobre o campo branco e vazio, dividido em segmentos, aponta entre 10 e 15, até que, num pulo, salta para o campo vazio seguinte e ordena, determina, diz, que o Agora, agora, é ali. Agora? [46]

No ano de 2001, por ocasião de uma reparação geral, a inscrição «HORA LEGAL» desapareceu, tendo o relógio recebido em troca um mecanismo suíço e ficado ligado, desde então, à globalizada hora universal.

O grande edifício branco do outro lado da Avenida Ribeira das Naus, onde se encontra instalado, entre muitos escritórios, um bar irlandês com restaurante, foi noutros tempos o «Hotel Central», ponto de encontro da boémia lisboeta dos finais do séc. XIX. José Maria Eça de Queiroz fez iniciar-se aqui uma das mais intensas e fatais histórias de amor da literatura portuguesa – Carlos da Maia encontra por duas vezes a bela Maria Eduarda.

Entravam então no peristilo do Hotel Central – e nesse momento um «cupé» da Companhia, chegando a largo trote do lado da Rua do Arsenal, veio estacar à porta.
Um esplêndido preto, já grisalho, de casaca e calção, correu logo à portinhola; de dentro um rapaz muito magro, de barba muito negra, passou-lhe para os braços uma deliciosa cadelinha escocesa, de pêlos esguedelhados, finos como seda e cor de prata; depois, apeando-se indolente e «poseur», ofereceu a mão a uma senhora alta, loura, com um meio véu muito apertado e muito escuro que realçava o esplendor da sua carnação ebúrnea. Craft e Carlos afastaram-se, ela passou diante deles, com um passo soberano de deusa, maravilhosamente bem feita, deixando atrás de si como uma claridade, um reflexo de cabelos de ouro, e um aroma no ar. Trazia um casaco colante de veludo branco de Génova, e um momento sobre as lajes do peristilo brilhou o verniz das suas botinas. O rapaz ao lado, esticado num fato de xadrezinho inglês, abria negligentemente um telegrama; o preto seguia com a cadelinha nos braços. E no silêncio a voz de Craft murmurou:
– «Très chic».
[...]
Mas Carlos não escutava, nem sorria já. Do fim do Aterro aproximava--se, caminhando depressa, uma senhora – que ele reconheceu logo, por esse andar que lhe parecia de uma deusa pisando a Terra, pela cadelinha cor de prata que lhe trotava junto às saias, e por aquele corpo

maravilhoso onde vibrava, sob linhas ricas de mármore antigo, uma graça quente, ondeante e nervosa.[A] Vinha toda vestida de escuro, numa «toilette» de «serge» muito simples que era como o complemento natural da sua pessoa, colando-se bem sobre ela, dando-lhe, na sua correcção, um ar casto e forte; trazia na mão um guarda-sol inglês, apertado e fino como uma cana; e toda ela, adiantando-se assim no luminoso da tarde, tinha, naquele cais triste de cidade antiquada, um destaque estrangeiro, como o requinte caro de civilizações superiores. Nenhum véu, nessa tarde, lhe assombreava o rosto. Mas Carlos não pôde detalhar-lhe as feições; apenas de entre o esplendor ebúrneo da carnação sentiu o negro profundo de dois olhos que se fixaram nos seus. Insensivelmente deu um passo para a seguir. Ao seu lado Steinbroken, sem ver nada, estava achando Bismarck assustador. À maneira que ela se afastava, parecia-lhe maior, mais bela: e aquela imagem falsa e literária, de uma deusa marchando pela Terra, prendia-se-lhe à imaginação. Steinbroken ficara aterrado com o discurso do chanceler no Reichstag[B] ... Sim, era bem uma deusa. Sob o chapéu, numa forma de trança enrolada, aparecia o tom do seu cabelo castanho, quase louro à luz; a cadelinha trotava ao lado, com as orelhas direitas.[47]

Atravessando mais uma rua chegamos ao «British Bar», uma instituição lisboeta. Demos de novo a palavra a Cees Nootebom

Ela olhou para o grande relógio de pêndulo, na sua caixa de madeira, que estava pendurado, de viés, à nossa frente. E a sua cara assumiu imediatamente a expressão mal-humorada das pessoas que não suportam ver quebradas as sacrossantas regras do seu bem ordenado universo. «Pois, pois, isso também eu consigo», disse ela, e olhou para o seu relógio de pulso. «Meu Deus, que parvoíce.» «Ah, essa é também uma forma de encarar o Tempo», disse eu, «Einstein fez dele uma

---

[A] Para poder identificar bem o «Hotel Central» e «o Aterro», nome hoje desconhecido de quem por ali trabalha, note-se que, depois do primeiro encontro no peristilo do «Hotel Central», Eça imagina o segundo encontro do par romântico colocando Carlos da Maia a chegar «ao fim da rua do Alecrim quando viu o conde de Steinbroken». O «Hotel Central», para onde os dois se dirigiam, não é ficção, existiu realmente, e com esse nome, mas fechou em 1919. Ficava onde está agora o grande edifício branco, cheio de escritórios e com o bar irlandês «Hennessy's». O «fim do Aterro», de onde vem Maria Eduarda, é a zona em que a Av. 24 de Julho desemboca nesta praça. O «Aterro», iniciado em 1855, foi uma das maiores obras públicas do país no séc. XIX, que permitiu, aterrando parte da margem do Tejo, sanear a região, lamacenta e insalubre, do Cais do Sodré a Alcântara, e sobre ele construir a Av. 24 de Julho.
[B] Parlamento da Alemanha até 1945.

xaropada, e Dali fê-lo derreter-se, com relógio e tudo.» No relógio que ficava à nossa frente a normal sequência numérica – que nos deve ajudar a passarmos, mais ou menos ordenadamente, pela parte do grande globo que nos foi atribuída – estava invertida: as seis e vinte tinham-se tornado vinte para as seis, com todo o tipo de sensações de desequilíbrio a isso inerentes. Eu perguntara uma vez, ao dono do bar, como é que ele tinha arranjado aquele relógio e ele respondera que viera com todo o recheio da casa. E que não, ele também nunca tinha visto uma coisa assim, mas que um inglês lhe teria dito dever ter alguma coisa a ver com a forma como os autênticos conhecedores servem o vinho do Porto, em sentido contrário ao da marcha dos ponteiros de um relógio.[48]

O famoso relógio, cujos ponteiros avançam andando para trás, está logo à esquerda de quem entra, na parede, acima das torneiras das várias cervejas. Também a questão do bengaleiro é aqui originalmente resolvida: a seu pedido, o «barman» entrega-lhe um cabide para que, enquanto bebe uma cerveja, possa ter o seu casaco pendurado na barra de latão do balcão do bar.

Demos agora um salto no tempo. Estamos no ano de 1935. O grande poeta português Fernando Pessoa já morreu, mas não morreu sozinho. Com ele desceram à terra, também, os seus heterónimos. Em Dezembro de 1928, num artigo para uma revista, Pessoa revelou ter sido o inventor de três poetas que escreviam sob nomes próprios. Ele achara esses três autores tão bons que cada um deles podia seguir a sua vida independentemente dos outros. José Saramago, na sua homenagem «O ano da morte de Ricardo Reis», faz este heterónimo sobreviver à morte de Pessoa e leva o médico Ricardo Reis a retornar a Lisboa, vindo do Brasil. Contudo, seria conhecer mal o Prémio Nobel português querer considerar este romance apenas como um elogio a um ícone literário. Como todas as outras obras de Saramago, este é um livro político: Ricardo Reis, regressado à pátria, é forçado a reconhecer que os seus anelos monárquicos, proclamados nos seus poemas, não são compatíveis com a actualidade; que é exigido empenhamento político em vez de nostalgia. Iniciemos com ele a subida da íngreme RUA DO ALECRIM.

A passagem por duas pontes permite-nos atravessarmos, mas por cima dele, um antigo bairro de prostituição. À esquerda e à direita da rua ainda sobreviveram alguns dos antigamente numerosos escritórios de companhias de navegação e transitários. Muitos prédios, após décadas de desleixo, foram renovados nos últimos anos, ou mesmo totalmente reconstruídos por trás das velhas fachadas. Os apartamentos são muitas vezes alugados a turistas – também Lisboa tem o seu problema Airbnb. Ao fim da primeira ponte, no lado direito, lemos a inscrição sobre a qual medita Ricardo Reis.

Sobe Ricardo Reis a Rua do Alecrim, e mal saiu do hotel logo o fez parar um vestígio doutras eras, um capitel coríntio, uma ara votiva, um cipo funerário, que ideia, essas coisas, se ainda as há em Lisboa, oculta--as a terra movida por aterros ou causas naturais, aqui é somente uma pedra rectangular, embutida e cravada num murete que dá para a Rua Nova do Carvalho, dizendo em letra de ornamento, Clínica de Enfermedades de los Ojos y Quirúrgicas, e mais sobriamente, Fundada por A. Mascaró en 1870, as pedras têm uma vida longa, não assistimos ao nascimento delas, não assistiremos à morte, tantos  *anos sobre esta passaram, tantos hão-de passar, morreu Mascaró e desfez-se a clínica, porventura algures ainda viverão descendentes do Fundador, ocupados em outros ofícios, quem sabe se já esquecidos, ou ignorantes, de que neste lugar público se mostra a sua pedra de armas, não fossem as famílias o que são, fúteis, inconstantes, e esta viria aqui recordar a memória do antepassado curador de olhos e outras cirurgias, é bem verdade que não basta gravar o nome numa pedra, a pedra fica, sim senhores, salvou-se, mas o nome, se todos os dias o não forem ler, apaga-se, esquece, não está cá. Meditam-se estas contradições enquanto se vai subindo a Rua do Alecrim, pelas calhas dos eléctricos ainda correm regueirinhos de água, o mundo não consegue estar quieto, é o vento que sopra, são as nuvens que voam, da chuva nem se fala, tanta tem sido.*[49]

A região torna-se mais respeitável; até a Rua Nova do Carvalho, agora mais conhecida como Rua Cor-de-Rosa[A], que passa por baixo desta mesma primeira ponte, também já tem esplanadas, bares e discotecas mais formais, além dos habituais

---

[A] Nome resultante da cor dada ao chão, no âmbito de um projecto de renovação urbana em 2013.

bares com ambiente mais atrevido (um dos quais, o mais concorrido, foi instalado num antigo bordel, mantendo a decoração erótico-sensual) ou até com «strippers» e danças eróticas. À direita já estão vendidos todos os 13 apartamentos e as lojas de um grande bloco residencial – que em certa medida surge como um corpo estranho no quarteirão. Por fim, fica-nos à esquerda o LARGO DO BARÃO DE QUINTELA. Nos braços da estátua de José Maria Eça de Queiroz, o artista da palavra, o Theodor Fontane de Portugal, foi colocada uma musa despida porque, ao que se diz, o que ele escrevia era sempre a verdade nua e crua.[A] Antes de prosseguirmos, é imprescindível que dê uma olhadela à loja do prédio de gaveto imediatamente anterior.

Maravilhosos azulejos e faiança portuguesa da «Fábrica Sant' Anna», rica de tradições, aguardam um comprador.

Poucos metros depois atingimos a praça seguinte, a PRAÇA LUÍS DE CAMÕES, delimitada por árvores. Com 4 metros de altura e 9.700 quilos de peso, o príncipe dos poetas portugueses, coroado de louros, está de pé, 7,5 metros acima da praça, sobre o seu pedestal. Rodeiam-no, um tanto mais modestamente e a meia altura, oito estátuas de personalidades que viveram na mesma

---

[A] A intenção é revelada pela inscrição na estátua: «Sobre a nudez forte da verdade, o manto diaphano da phantasia». A escultura original em mármore, de Teixeira Lopes e datada de 1903, foi substituída por uma cópia em bronze, após sucessivos actos de vandalismo, em que foram sistematicamente amputadas as mãos à figura da Verdade. O original encontra-se guardado no Museu da Cidade.

época: Fernão Lopes (nascido entre 1380 e 1390-1459) é conhecido pela sua Crónica; Jeronymo Corte-Real (1530?-1588) era poeta e capitão de armadas; Fernão Lopes de Castanheda (1500-1559) escreveu a «História do descobrimento e conquista da Índia pelos portugueses», um relato das viagens dos Descobrimentos; o matemático Pedro Nunes (1502-1578) era o mais importante geógrafo do reino e inventou vários instrumentos de navegação e seus auxiliares, entre os quais o nónio; D. Francisco de Sá de Menezes, 1º conde de Matosinhos (1510?-1583?) e Vasco Mouzinho de Quevedo e Castelo Branco (1570?-1619?) escreveram poemas; Gomes Eanes de Azurara (nascido entre 1410 e 1420-1474?) era arquivista e cronista; e, finalmente, João de Barros (1496?-1570) era feitor da Casa da Índia e foi historiador, escritor e autor de uma «Cartilha para aprender a ler» e uma gramática portuguesa.

Viramos à direita para entrar no LARGO DO CHIADO, ladeado por duas igrejas. À nossa direita fica a Igreja da Encarnação; à esquerda, a seguir à Igreja do Loreto, antiga igreja da colónia italiana, fica a loja da «Vista Alegre», a luxuosa marca portuguesa de porcelanas. Descanse, que não é obrigado a comprar nenhuma, mas deve atrever-se a dar-lhes uma olhadela.

A multidão que percorria o Chiado – a Tiffany's Street de Lisboa – era, como é natural, constituída pelos mais diversos tipos fisiológicos; mas

o modelo predominante era indubitavelmente o atarracado--baixote, tanto nos homens como nas mulheres. Roupagens escuras, azul-escuras, pretas, cinzentas, castanhas, estados de espírito da mesma cor estampados no rosto, com ou sem sacos de plástico numa mão e malinha na outra, era um divertido espectáculo vê-los a andar de um lado para o outro, como carrinhos de choque numa feira de província.[50]

Num banquinho, bem acima das cabeças dos transeuntes, está sentado no fim do largo aquele que lhe deu o nome, António Ribeiro Chiado, um poeta popular do séc. XVI. Um pouco mais adiante, onde o Largo do Chiado já desemboca na RUA GARRETT, encontramos o próprio Fernando Pessoa, à frente do famoso café «A Brasileira» com a sua bela fachada Arte Nova. De frio bronze, está sentado no meio dos clientes do estabelecimento, com as pernas descontraidamente cruzadas.

Muito próximo deste café, à sua direita, encontra-se a entrada do «Hotel Borges». É neste que Bodo Kirchhoff, em «Parlando», história da iniciática viagem da descoberta de um pai pelo seu filho, faz hospedar-se o seu herói, Karl Faller.[A]

A quem, na sua condição de viajante solitário, procura um hotel, não muito caro mas de boa qualidade, que fique perto do Bairro Alto, é de aconselhar o Borges, na Rua Garrett. Recomenda-se ainda o quarto duzentos e treze, situado numa esquina virada a Sul e a Leste, com vista para uma bela calçada à portuguesa e uma igreja, quarto com duas camas sem dar a impressão de quarto de casal, por cima de uma pastelaria famosa, a «Benard», e de uma livraria (aroma de pão e bolos quentes frequentemente misturado com o cheiro de papel velho). E tudo isso no mesmo edifício do ainda mais famoso café «A Brasileira». A única coisa a evitar é o pequeno-almoço no Borges, mesmo que a sala de jantar, à primeira vista, nos pareça inigualável, como a de um luxuoso transatlântico que se afundou. Mas, logo que ali se tiver sentado, quem muito em breve se sentirá a ir ao fundo é você mesmo. Tome antes o pequeno-almoço no mencionado café «A Brasileira», onde em boa verdade não há pãezinhos nem ovos, mas há em compensação o melhor café da Europa; e não deixe de se sentar com as costas viradas para a porta, como o fazem os autênticos clientes

---

[A] Karl Faller, o herói de «Parlando», visita as cidades descritas por seu pai numa série de livros especiais, que formam «O guia turístico Faller para quem viaja sozinho». O muito jovem pai Kristian Faller, metido nas confusões dos movimentos estudantis de 1968, abandonara o filho num colégio interno e, logo a seguir, a mulher. Muito mais tarde Karl quer reencontrar o pai, e visita essas cidades convencido de que, seguindo os caminhos do pai por vielas, casas, restaurantes e hotéis, encontraria também as mulheres vítimas do amor egoísta de seu pai ou, pelo menos, os caminhos para o amar ele. O filho segue assim, com grande curiosidade, as pegadas do progenitor, afastado dele, sim, contudo dele demasiado próximo, pela sua idade.

habituais do estabelecimento, ou ponha-se ao balcão, concentrado na leitura de um jornal local, para disfarçar (há um quiosque de jornais, semelhante a um confessionário, à entrada de «A Brasileira»). Um conselho a propósito: não se deixe tomar de amores por este local, com os seus folhadinhos e a sua «bica» – irmã mais pequena e mais aromática do «expresso», em chávena minúscula – e com os seus autores consagrados e todos aqueles presumidos, que bem gostariam de o ser e como tais se consideram, diante dos seus diários; frequente--o simplesmente, como se este fosse o seu café da esquina.[51]

Antes da Basílica dos Mártires viramos à direita, entramos na RUA SERPA PINTO e por ela seguimos até à Ópera de Lisboa, o «Teatro Nacional de S. Carlos», construído em 1792/93. Ao fim da rua vemos brilhar o azul do Mar da Palha e, de vez em quando, deslizar um transatlântico. Diante do teatro, cuja construção neoclássica, com a sua encantadora decoração rococó, se inspirou no «Scala», de Milão, e no «Teatro San Carlo», de Nápoles, deambulamos por uma praceta. No quarto andar do prédio à nossa direita nasceu, em 1888, Fernando Pessoa[A]. No canto do Largo de São Carlos à nossa esquerda instalou-se, em Maio de 2018, o «Museu da Filigrana», de entrada grátis, em cujo primeiro piso se podem admirar 150 peças desta arte típica do Minho, feitas por distintos artesãos, e beneficiar de uma visita guiada às diferentes fases do processo de manufactura, com demonstração por um dos artífices. Em baixo fica uma loja onde se podem comprar réplicas de algumas das peças em exposição. Mais adiante subimos alguns degraus e ficamos nas traseiras de um segundo teatro, o S. Luís. Num estreito largo, mesas e cadeiras de um restaurantezinho convidam a uma paragem. Subimos lentamente pela Travessa dos Teatros e viramos depois à esquerda, entrando na RUA ANTÓNIO MARIA CARDOSO. No fim da rua, do lado esquerdo, tinha a sua sede a PIDE, a

---

[A] À frente dessa casa e de costas para ela voltadas, foi colocada uma estátua de bronze de um homem bem alto, de mãos atrás das costas, que tem no lugar da cabeça um livro meio aberto, em cuja capa se lê «Pessoa» e na contracapa «Lisboa». Foi comprada pela Câmara Municipal de Lisboa a um artista belga, chama-se «Hommage à Pessoa», mas dificilmente rivalizará com a estátua do poeta em frente à «Brasileira» do Chiado.

famigerada polícia política de Salazar. O médico e escritor português Miguel Torga descreve o que ali viveu:

Entregue na sede da PIDE, horas depois só por dentro continuava a ser gente. Por fora, fiquei reduzido a uma cara fotografada de todos os ângulos lombrosianos, a umas mãos esborratadas que deixavam impressões identificadoras numa ficha, a um nome sem senhoria e sem título, a um monte de ossos que o arbítrio alheio fazia mover.
– Volta a cara ... Espalma agora aqui a pata ... Levanta-te ...
Conhecia já de nome, até bem de mais, a casa, que uma legenda negra celebrava. Contavam-se por toda a parte horrores dos suplícios a que eram submetidas nos cubículos do sótão – os famigerados «moinhos» – as vítimas renitentes à confissão. Dias e noites a fio de pé, sem dormir, ou, mal fechavam os olhos, acordadas a cachação pelos «macaquinhos», os guardas que a rendição frequente mantinha sempre em forma. Havia casos de alucinação por esgotamento, como o de um operário que cuidou ver a mulher violada e o filho único estrangulado e ia matando a sentinela com o escarrador de ferro fundido a que lançara mão. Mas, sem mesmo subir a essas celas de tortura, qualquer consciência livre encontrava no rés-do-chão razões de sobra para se envergonhar da existência legal no mundo de semelhantes infernos de aviltamento. Mais do que as sevícias sofridas e o seu destino ali decidido, importava o massacre da personalidade de cada condenado, a perdição da sua alma tentada de todas as maneiras. De uma criatura digna que dava entrada no covil saía muitas vezes, dias, semanas ou meses depois, um trânsfuga, um traidor, um covarde – um ser psicológica, quando não fisicamente, desfigurado, que a si próprio se desconhecia.[52]

Então, a 25 de Abril de 1974, chegou o fim da PIDE. Uma placa relembra quatro lisboetas que, na tarde desse dia, foram mortos por balas disparadas do edifício. Um dia depois, o telefone tocava em casa de Curt Meyer-Clason.[A]

[A] Exactamente no mesmo dia em que este cidadão alemão, que então dirigia o Instituto Goethe, em Lisboa (colaborando, com algumas actividades, para ajudar o avanço da revolução e os intelectuais de esquerda) visitou a PIDE onde, porém, nunca esteve preso, escreveu o nosso Miguel Torga (esse sim, ex-preso político dessa mesma PIDE), no volume XII do seu «DIÁRIO», ed. Coimbra, Julho 1986, págs. 59 e 60: «*Coimbra, 27 de Abril de 1974 – Ocupação das instalações da Pide. Enquanto, juntamente com outros veteranos da oposição ao fascismo, presenciava a fúria*

93

José Cardoso Pires ao telefone: «Venha amanhã, às nove horas, à «Brasileira». Vamos visitar a PIDE.» O café fica situado na zona mais alta da cidade, junto ao Chiado, com o seu Camões, um colosso de bronze, e ainda hoje, tanto quanto nos tempos de Eça de Queiroz, ponto central para compras e passeatas de nativos e turistas, com as suas lojas de modas, joalharias pomposamente aristocráticas, as suas casas de chá da viragem do século e os seus bares, mais recentes. No famoso café, habitualmente frequentado pelos homens de letras, estão reunidos à hora marcada, demasiado matutina para portugueses, vinte intelectuais, entre os quais os romancistas Fernando Namora e Augusto Abelaira, o poeta Herberto Helder, os dramaturgos Sttau Monteiro e Bernardo Santareno. Eu sou saudado com efusivos abraços, como depois de um naufrágio a que tivéssemos sobrevivido juntos, como depois de termos passado a salvo o Purgatório. José Gomes Ferreira, o laureado poeta de cabelos brancos de neve, aperta levemente o meu braço, e isso significa: «Você tornou-se merecedor de compartilhar da nossa alegria.»

A polícia de defesa do Estado do tempo de Salazar fica a poucos passos, ao lado do Teatro São Luiz, num antigo palacete da Rua António Maria Cardoso: o nome da rua é há décadas sinónimo de Pide, lugar de todos os medos e horrores. Somos guiados por jovens oficiais em uniforme número três. Será que este tipo de militares nasceu de um dia para o outro? Em vez de tortos são diplomáticos, têm bonitas barbas que inspiram confiança, são homens corteses, atenciosos, amáveis como Brecht deseja que as pessoas sejam. Será que com esta madrugada, com estes homens, está a começar algo de novo que poderia vir a modificar este país, criar um novo mundo?

Examinamos minuciosamente as repartições, arrumadas à pressa após uma curta troca de tiros sem derramamento de sangue, as casamatas, as celas individuais, os instrumentos de tortura, os corredores e pátios interiores gradeados dos quais não há fuga possível, os caixotes dos ficheiros com centenas de milhar de dossiers, os álbuns de fotografias com centenas de pessoas consideradas politicamente suspeitas; ...[53]

---

de alguns exaltados que reclamavam a chacina dos agentes, acossados lá dentro, e lhes destruíam as viaturas, ia pensando no facto curioso de as vinganças raras vezes serem exercidas pelas efectivas vítimas da repressão. Há nelas um pudor que as não deixa macular o sofrimento. São os outros, os que não sofreram, que se excedem, como se estivessem de má consciência e quisessem alardear um desespero que jamais sentiram.»

Também Ricardo Reis, que retornado do Brasil não pretendia dar nas vistas, foi vigiado pela PIDE e intimado a comparecer para ser interrogado. O medo, que a situação política do Brasil lhe tinha incutido e o fizera sair de lá, toma-o de novo, agora de uma forma totalmente distinta.

Apesar de tudo isso, 45 anos depois do 25 de Abril e do que tanto se disse e escreveu sobre a PIDE, já não subsiste aqui qualquer memória do lúgubre edifício nem desse tenebroso passado. Neste local existira o Paço do Duque de Bragança em Lisboa, construído no séc. XV e destruído em grande parte pelo terremoto de 1755. Por testamento, de 1962, da última rainha de Portugal, a viúva de D. Manuel II, todo o seu património foi destinado à criação de uma instituição particular sem fins lucrativos, de assistência social, educacional e cultural, que é desde 1968 a Fundação D. Manuel II – Casa Real Portuguesa. Desse património fazia parte esse edifício, que fora arrendado no séc. XX, primeiro à Embaixada do Brasil e depois ao Ministério do Interior, tendo sido por essa via que a PIDE lá foi parar. Depois de 1974 continuou a ser pago à Fundação o aluguer desse edifício, mas agora com a Assembleia da República como responsável, situação que durou até 1990. Nessa altura já o edifício estava muito degradado pela má utilização dada pelos sucessivos ocupantes e, não havendo dinheiro para as obras, a Fundação vendeu grande parte dele à GEF – Gestão de Fundos Imobiliários, que investiu para ali criar um condomínio de luxo. O que não se fez sem que a coligação de esquerda, que então governava a Câmara Municipal, tivesse sido alvo de grande polémica por aprovar a substituição das instalações da antiga polícia política de Salazar por um condomínio de luxo. O novo edifício retomou a traça do Paço do Duque de Bragança aqui existente até 1755 e, em vez de calabouços e celas de tortura, tem agora lojas, escritórios, apartamentos para habitação, lugares de estacionamento e até um «hostel», que em 2015 já estavam quase todos vendidos.[A]

[A] A placa que perpetua a memória dos quatro únicos mortos da Revolução teve uma história acidentada: foi afixada por um grupo de cidadãos em 25.4.1980, ainda no antigo edifício; desapareceu nas obras para o condomínio, o que originou uma

A rua curva para a esquerda e torna-se a RUA VÍTOR CORDON, guarnecida de antigos e belos palácios e casas da alta burguesia. Percorremo-la, sempre a direito e a descer. Na segunda transversal à esquerda, a Rua Serpa Pinto em que já estivemos, fica o «Museu Nacional de Arte Contemporânea», que tem ainda o nome secundário, também oficial, de «Museu do Chiado», pelo qual aliás é mais conhecido. Agora voltamos a subir. Junto ao palácio amarelo-limão, em cujo segundo andar se instalou desde 1974, o ano da Revolução dos Cravos, a CGTP-In-tersindical, abandona-nos o carro eléctrico, que se dirige, colina abaixo, para a esquerda, enquanto nós subimos, colina acima, a rua fronteira, que fica ainda mais para a esquerda, em direcção à »Academia Nacional de Belas Artes». No largo com o seu nome ficam não só autênticos solares, belos e antigos, como também, à direita, o parque de estacionamento privado com a mais bonita vista da cidade e dois dos restaurantes incluídos no Top-10 dos que beneficiam também dessa vantagem. O primeiro, logo a seguir ao parque, fica onde outrora esteve a «Casa do Algarve», inaugurada em 1930 e encerrada em 2007, mais de 75 anos a divulgar a boa gastronomia daquela zona de veraneio. Passados 11 anos durante os quais esteve neste local um negócio diferente, voltou a haver aqui um restaurante, inaugurado em Maio de 2018. Continua a ter duas salas com azulejos na zona inferior das paredes e janelas com deslumbrantes vistas sobre a zona ribeirinha de Lisboa, mas nele oferecem-se agora, só a bolsas bem abonadas, os prazeres da degustação das iguarias (quatro, seis ou oito pratos, aqui chamados «momentos») que o francês «chef» Vincent Farges preparará. «Degustação» é a palavra usada, no meio de tão finos clientes, para a nova moda de «apenas provar», servindo-se doses altamente minimalistas em pratos enormes quase vazios, a preços gigantescos. Curiosamente, entre a entrada e as salas, o cliente passa primeiro ao lado da cozinha, podendo ver nela a actividade dos ajudantes do «chef» no empratamento – um risco que os restaurantes com menos autoconfiança não

---

chuva de protestos e o reaparecimento da placa; em 2014 foi roubada, voltou a haver queixas e, não se tendo recuperado a placa original, dela se fez uma réplica, agora afixada no luxuoso condomínio.

costumam assumir. Um pouco mais abaixo o restaurante seguinte, igualmente caro mas oferecendo, só ao almoço, uma alternativa bem mais acessível, tem uma história de vida muito mais longa. Terá aberto em 1950 como restaurante e «boîte» onde actuaram os artistas estrangeiros de maior craveira internacional da década de 50-60 do séc. XX (como Aznavour ou Bécaud) a par dos melhores cançonetistas portugueses de então. A «Tágide» era a melhor das «boîtes» bem frequentadas de Lisboa nessa época em que ainda não havia discotecas, e a música era servida ao vivo por um conjunto. Amália Rodrigues e Ricardo Espírito Santo, com o seu grupo de amigos, eram clientes assíduos. Deste nível só havia alguns estabelecimentos famosos, sempre cada vez mais longe de Lisboa, desde o «Mónaco», em Caxias, passando pela «Choupana», o «Wonder-Bar» do Casino Estoril, a «Ronda», até ao «Palm-Beach», em Cascais. Com o tempo e a chegada das discotecas, o conceito de restaurante dançante alterou-se, muitos encerraram, raros sobreviveram como tais, e os outros tiveram de se reconverter em restaurantes de luxo, mas sem pista de dança. Foi o que aconteceu com a «Tágide» em 1970, mas só reabriu em 1973. Aqui também há um menu de degustação mas pode-se escolher o «menu à la carte», ambos baseados no melhor da cozinha tradicional portuguesa. Ao almoço, a um preço muito mais democrático, há ainda o menu do dia, composto de sopa, prato do dia, sobremesa (creme queimado ou salada de fruta), uma bebida pré-definida e café. Há mesas também no exterior, numa varanda coberta, com vista espectacular para o miradouro de Nossa Senhora do Monte e o Castelo de São Jorge. Com uma refeição completa a preço ainda muito acessível e gozando uma vista deslumbrante, escusado será dizer que uma marcação prévia é imprescindível.

Agora já nos encontramos no início da RUA IVENS, do lado direito da qual, e a meio, fica o «Grémio Literário», fundado em 1846 por Almeida Garrett e um dos mais antigos e distintos clubes da capital. Logo a seguir, as escadinhas da CALÇADA NOVA DE S. FRANCISCO, no meio da qual há árvores que nos brindam com a sua sombra, levam-nos, para baixo, até à RUA NOVA DO ALMADA. Na sua fúria destruidora, um grande incêndio na Baixa de Lisboa, no Verão de 1988, alastrou até este preciso lugar. [A] Dirigimo-nos para a direita, até vermos, percorridos cerca de cem metros, o LARGO DA BOA HORA. No convento que se encontrava neste local e que, como todos os conventos, ficou vazio após a expulsão das ordens religiosas em 1834, tiveram lugar, no tempo de Salazar, os processos mais mediáticos do regime. Hoje, no Tribunal da Boa Hora, faz-se uma Justiça diferente.

Descemos mais uma vez, levando-nos a Rua de São Nicolau à RUA DO CRUCIFIXO, na orla da Baixa pombalina. Até ao grande incêndio esta rua era um desconsolo; a estação de Metropolitano «Baixa-Chiado» e as lojas que aqui se estabeleceram deram-lhe um novo impulso. Subimo-la e, após uma curva para a direita, desembocamos na RUA ÁUREA. Aqui viramos à esquerda, e à esquerda nos mantemos, alcançando em breve o Elevador de Santa Justa. O construtor desta obra-prima da técnica, que a boca do povo, erradamente, atribui a Gustave Eiffel, foi o engenheiro Raoul Mesnier de Ponsard, seu discípulo, nascido no Porto. Aliás, ele foi também o responsável pelos três ascensores ainda existentes na cidade[B]. O «Elevador de Santa Justa» – monumento nacional cujo nome oficial, pouco conhecido, é «Elevador do Carmo» – funcionou de 1902 a 1907 a vapor. No lugar hoje ocupado pela esplanada estavam alojadas as máquinas a vapor de accionamento. A partir de 1907 passou então a operar com energia eléctrica, sempre com total segurança, pois que o dramático incêndio de 1988 destruiu muitos edifícios desta zona comercial mas não afectou o elevador.

Para ir ao miradouro no seu topo ver a soberba vista sobre a cidade, terá de usar uma das duas enormes cabinas. No seu romance «Memórias duma Nota de Banco», Joaquim Paço d'Arcos toma para heroína da sua história uma nota de quinhentos escudos – cerca de dois euros e meio actualmente, mas uma enorme maquia no ano em que a história começa, e uma

---

[A] Tendo começado nos «Grandes Armazéns do Chiado», consumiu, além destes, o «Grandela», a «Perfumaria da Moda», o «Martins & Costa», a «Discotecas do Carmo», «Custódio Cardoso Pereira» e a «Valentim de Carvalho», , a pastelaria «Ferrari», a «Casa Batalha», e tantas outras lojas, ícones da Lisboa antiga, atingindo ainda o «Jerónimo Martins» e a «Casa José Alexandre», já na Rua Garrett.

[B] São os ascensores do Lavra, da Glória e da Bica.

importância ainda considerável no ano de 1962 em que o livro saiu. A nota de banco, que vê a luz do dia pela primeira vez em 29 de Setembro de 1942, circula de mão em mão nos seus 18 anos de existência e vai obtendo informação sobre a sorte de muita gente. Faz comentários sobre os seus sucessivos donos e descreve as experiências que tem, mais o que vai observando, no decurso da sua viagem por algibeiras, porta-moedas, latas de folha, bolsas, porta-notas, caixas de bares, bancos e agências de viagens, pastas de cobradores, uma metálica mala de transporte de notas de um casino, e até um saquinho, cosido no forro de um colete, e assim guardado bem junto ao peito, de uma velha senhora judia que acaba por morrer num campo de concentração. Um dia perde-se a carteira em que se encontrava, e a nota, velha e cansada, irá avistar, deste local, o sítio onde a sua existência terminará.

O condutor dum autocarro encontrou essa carteira debaixo dos bancos da viatura, quando esta recolhia ao hangar. Entregou-a escrupulosamente, sem lhe espreitar sequer o recheio, na secção dos objectos perdidos da Carris. Daí passaram-me para o alto do elevador de Santa Justa, onde se restituem os referidos objectos a quem provar ser deles possuidor.
Do local alcandorado dominava-se o estuário largo do Tejo e o casario mesquinho da Baixa. Estrangeiros apressados relanceavam o quadro citadino e gordos provincianos extasiavam-se perante o prodígio da velha construção metálica que ali os guindara. Entre duas praças rectangulares e amplas, os telhados e mansardas dos prédios pombalinos assinalavam o traçado geométrico das ruas estreitas e tristes. E pela primeira vez voltei a enxergar, ao fim de longos anos, e de muito alto, a coluna cinérea que a chaminé do Banco de Portugal lançava para o céu onde os fumos se perdem, e as almas, e a matéria, em fumo transformada, das notas de banco.[54]

Para chegar ao Convento do Carmo, o trajecto mais curto seria pelos vinte e cinco metros do passadiço metálico que vai da saída do elevador aos Terraços do Carmo. Mas siga esta sugestão: desça, noutra cabina, ao nível da Rua do Ouro de novo e a seguir suba a RUA DO CARMO. Depois do incêndio, toda esta rua ficou destruída; em quase todos os edifícios só as fachadas ficaram de pé. A reconstrução arrastou-se durante anos por causa de várias situações complicadas quanto à propriedade de cada edifício, e o resultado destas complicações foi uma enorme demora na reconfiguração do que fora destruído. As fachadas exteriores foram restauradas com fidelidade às fachadas originais, mas os interiores foram adaptados às exigências modernas. Visto por este prisma o incêndio até foi um bem, pois que a Baixa, na sua luta, com os gigantescos e modernos centros comerciais da periferia, pela preferência dos clientes, perdera terreno; mas voltou agora a ganhar atractivos. No ponto mais alto desta rua voltamos à direita, entrando na RUA GARRETT, e pouco depois tornamos a fazer o mesmo, para entrar na CALÇADA DO SACRAMENTO.

Uma última subida e alcançamos o LARGO DO CARMO, uma das praças mais harmoniosas da cidade. No seu centro há uma fonte de 1771, coberta por quatro arcos, enquanto no lado direito do largo as ruínas do gótico Convento do Carmo nos recordam o grande terremoto. Os pilares e arcos que ficaram de pé formam uma filigrana de pedra que nos alerta para a dura realidade de tudo nesta vida ser passageiro.

O mais característico desta cidade são as ruínas: acima do Rossio, a praça de maior movimento, cuja aparente modernidade não consegue esconder a sua idade, elevam-se os destroçados pilares do Convento do Carmo, como garras estendidas para o ar, lançando sobre o centro desta metrópole singular as bizarras sombras de uma despedaçada Idade Média, de uma romântica perfeição inacabada, sombras como as que só em solitários vales de desertos montes se encontram. Apenas subsistiram uns quantos pares de pilares a unir-se num arco, cujo vazio evidentemente nada mais tem a que possa servir de apoio; os restantes pilares não são mais que relíquias e é isso, só isso e nada mais, que devem continuar a ser. Deve ser imediatamente visível que esta cidade foi açoitada por uma das mais horríveis catástrofes de todos os tempos, que se perdeu o melhor, o mais esplêndido, e que aqui, agora, só há que chorar e fazer o luto. Tudo o que esta cidade ainda oferece não é nada em comparação com o que ela perdeu; dos escombros, de fragmentos dispersos, deve poder apreender-se o que ela foi outrora, pouco mais ou menos como a partir da contemplação do reconstituído braço de uma figura desaparecida se pode ter ainda a fugidia mas comovedora impressão da beleza de todo o corpo. Será isto uma desculpa, será o perturbador reconhecimento de um juízo amargo, será mais do que isso? Talvez estas ruínas denunciem também um enorme orgulho: Vede, esta é a metrópole a que coube a honra de ter sido atingida pela maior desgraça que a História conhece, a cidade contra a qual se enfureceram o céu, a terra e o mar porque ela se lhes tinha tornado demasiado forte. Não fostes vós, não foi nenhum mortal, a Fortuna é que lhe arrancou o poderio, mas o manto real da desventura não pesa menos do que o ouro das coroas derrubadas. Admirai e guardai silêncio, vós não tendes qualquer direito a pôr isto aqui em ordem!

Mas este Convento do Carmo – onde o sono do velho Condestável D. Nuno Álvares Pereira (séc. XIV), o sono do maior cavaleiro português, que alcançara para Portugal a sua independência da Espanha, situação que depois se manteve por séculos, foi perturbado pelo terremoto, sendo para sempre dispersado o pó em que ele se tornara, como se não só o presente como também o passado devesse ser aniquilado – proclama muito mais do que o orgulho de ter resistido, do que a trágica confraternização com um destino desumano: tal como estes pilares, foi também destroçada aquela força de vontade que, ao longo do interminável cortejo das gerações, mourejara na criação desta cidade.[55]

À direita da igreja, na qual está actualmente instalado o «Museu Arqueológico», os Terraços do Carmo, inaugurados em Junho de 2015, fazem parte do projecto global de reabilitação do Chiado elaborado pelo arquitecto Siza Vieira, e permitem, por um lado, aceder ao miradouro do Elevador de Santa Justa, entrando por aqui e evitando as longas filas que se formam, na entrada situada na Rua de Santa Justa, para comprar o bilhete para subir no Elevador. Por outro lado, permitem ainda aceder a um novo elevador, alternativo ao Elevador de Santa Justa, mas gratuito, explorado pela Câmara Municipal de Lisboa, que assegura a ligação daqui à Rua do Carmo. Concebidos para serem espaços públicos de lazer oferecendo também uma bela vista do Rossio e do Castelo de São Jorge, nos Terraços do Carmo um bar presta apoio a uma simpática esplanada.

Lawrence Ferlinghetti, o poeta americano da «beat-generation» e co-fundador da famosa livraria «City Lights», em São Francisco, dedicou a José Cardoso Pires, alguns meses depois do incêndio, o poema «Os elevadores de Lisboa». É pelo elevador de Santa Justa, também pelo poeta erradamente atribuído a Eiffel, que ele manda Salazar para o Inferno.[56]

O homenzinho com olhos de peixe
tomou o famoso elevador de Monsieur Eiffel
para subir e baixar e baixar e subir
mas segundo os arquivos da cidade
carregou no botão errado
e em vez de subir desceu, desceu sempre, cada vez mais,
até ao Inferno do senhor Dante
e nunca mais se soube dele
e também nunca mais tornou a ser visto
o homenzinho com olhos de peixe
desapareceu para sempre, para toda a eternidade,
apesar de curiosamente ainda cheirar a peixe morto
em muitos dias ...

À esquerda da igreja, de espada desembainhada, pavoneia-se uma sentinela diante do Quartel-General da Guarda Nacional Republicana. Aqui se refugiou em 25 de Abril de 1974, com os restos do seu poder, o Presidente do Conselho de Ministros português, Marcelo Caetano. O edifício fora cercado por tropas e na praça juntara-se, em grande efervescência, uma enorme multidão. Antes que ocorresse derramamento de sangue o chefe do Governo rendeu-se e partiu para o exílio no Brasil. Embora abandonado por todos os seus fiéis, não perdera o gosto pelos procedimentos com classe. Teve de ser um general, António de Spínola, a aceitar a capitulação, não o simples capitão Salgueiro Maia, que comandava as tropas colocadas diante do edifício. Um poema de Sophia de Mello Breyner Andersen[57] recorda aqueles tempos

25 de Abril

Esta é a madrugada que eu esperava
O dia inicial inteiro e limpo
Onde emergimos da noite e do silêncio
E livres habitamos a substância do tempo

Quanto ao carro eléctrico que noutros tempos por aqui passava, já só os carris no-lo recordam. Seguimo-los pela RUA DA TRINDADE acima, passando em frente da casa com a mais bonita fachada de azulejos de Lisboa, um tanto ocultada agora pelas esplanadas de dois dos muitos restaurantes que por aqui proliferam. Nela se representam a Terra e a Água, o Comércio e a Indústria, a Agricultura e a Ciência. Em frente ao «Teatro da Trindade», inaugurado em 1867, e que se vangloria de possuir a melhor acústica do País, viramos à direita.

A «Cervejaria da Trindade», inaugurada em 1836, foi instalada no refeitório do antigo Convento da Santíssima Trindade e tem por endereço Rua Nova da Trindade, 20. Os americanos de Rui Zink almoçaram aqui; se puder arranjar as coisas, seja para um almoço ou para um jantar, faça como eles.

Almoçámos por aquelas bandas, numa cervejaria das redondezas. Larry pediu um bife com ovo, lado do sol para cima, cavalgando as batatas fritas e o molho. Eu optei por algo menos substancial, uma omoleta. Tenho um estômago mais desconfiado e xenófobo do que eu, que é o que hoje torna mais desconfortável a minha actual estada neste nova-iorquíssimo hotel. Mas quem não arrisca vai ao mar, popular «diktat», e arrependi-me da opção, pois o prato de Larry era mesmo saboroso. Não que fosse a primeira asneira de que me tivesse arrependido, nada disso, sempre foi um dos meus desportos favoritos arrepender-me das asneiras que faço.
Tarde de mais, quase sempre.
Regámos o almoço com cerveja, a bebida obrigatória no salão inteiro. O ambiente, convenhamos, era agradável. Nas paredes havia grandes painéis de azulejos representando os vários elementos vitais, a água, o amor, as estações do ano, a terra, o ar, o fogo, os rios, as lixeiras nucleares. Todos eles interpretados por figuras femininas seminuas – o clássico ideal da beleza. Deviam ter um bom par de anos, o que contribuía para dar peso de tradição ao sítio.
Deixámos de gorjeta o equivalente a um dólar. Como não sabíamos se isso era costume no país, espreitámos sorrateiramente uma mesa vizinha, de onde se levantara um sujeito largo que estivera mandibulando uma coisa parecida com uma lagosta, armado com um martelo de juiz. Sobre a mesa, ao lado de uma chávena de café e um cálice de bagaço, duas gordas notas espalmavam-se sobre um pires. In Lisbon be a lisboner.[58]

A «coisa parecida com uma lagosta» chama-se «lavagante» e recomendo-lha vivamente – porque, para o tipo de marisco que é, ainda tem um preço suportável. Uma cerveja grande, chamada «caneca», completa a refeição.

Seguimos rua acima até ao LARGO TRINDADE COELHO, o da sumptuosa Igreja de São Roque, aquele santo a quem um cão lambeu as chagas provocadas pela peste.

Eis também, na diagonal de dois quiosques que vendem tabaco, lotaria e aguardentes, a marmórea memória mandada implantar pela colónia italiana por ocasião do himeneu do rei D. Luís, tradutor de Shakespeare, e D. Maria Pia de Sabóia, filha de Verdi, isto é, de Vittorio Emanuele re d'Italia, monumento único em toda a cidade de Lisboa, que mais parece ameaçadora palmatória ou menina-de-cinco-olhos, pelo menos é o que faz lembrar às meninas dos asilos, de dois assustados olhos, ou sem a luz deles, mas informadas pelas companheiras videntes, que de vez em quando aqui passam, de bibe e debaixo de forma, arejando a catinga da camarata, ainda com as mãos escaldadas do último castigo.[59]

Junto à base do medalhão de mármore existe, embutido nas pedras do chão, um minúsculo tanque rectangular, de escassa profundidade, no qual os cães que por ali passam sempre encontram um pouco de água para ma-  tar a sua sede. E o cauteleiro de bronze também está sempre pronto, mas esse é para vender uma dessas multicolores promessas de sorte grande.

Da Igreja de S. Roque, igreja de uma só nave mandada construir pelos Jesuítas no terceiro quartel do séc. XVI, o grande terremoto destruiu apenas a fachada. Merece uma visita o incólume interior, pelo extremamente largo e totalmente plano tecto de madeira (ao qual uma pintura enganadora confere uma conseguida perspectiva de abóbada), pelos preciosos mármores e pelos seus azulejos. Devido às suas grandes dimensões, à sua extraordinária qualidade e à sua bem-sucedida inserção na arquitectura, eles são considerados como as obras mais importantes da arte da azulejaria dos finais do séc. XVI. Num medalhão da capela dedicada ao santo patrono, «O milagre de S. Roque» está tão magistralmente representado que parece uma pintura a óleo. Entre as oito capelas laterais, sumptuosamente decoradas, conta-se a de S. João Baptista, a mais importante, à frente, do lado esquerdo, com as suas colunas de lápis-lazúli. Ela foi totalmente concebida e realizada em Roma pelos mais famosos mestres italianos daquele tempo. Niccolò Salvi, o que fez a fonte de Trevi, assumiu todos os trabalhos em mármore. Após a bênção pelo Papa, a capela – que só pôde ser paga graças ao copioso fluxo de ouro brasileiro para Portugal – foi desmontada, embalada, embarcada para Lisboa e voltada a montar no seu lugar em 1748.

No palácio do Conde de Tomar, à mesma altura da igreja mas no lado oposto da rua, encontra-se hoje a secção de publicações periódicas (hemeroteca) da «Biblioteca Municipal Central». O porteiro autorizá-lo-á, certamente, a dar uma vista de olhos à magnífica escadaria interior.

Por trás do palácio estende-se o BAIRRO ALTO. Este bairro, que em certa medida escapou ileso ao terremoto, foi mal-afamado até à década de 70 do século passado. Na década de 80, porém, com restaurantes abrindo uns atrás dos outros, e bares, alguns com pista de dança, tornou-se o palco mais mexido da vida nocturna «alfacinha». Afinal, na década de 80, ainda não existiam as Docas nem os renovados Cais do Sodré e Largo do Intendente tal qual os conhecemos hoje – e que visitamos em outros dos nossos itinerários. Retrocedemos um pouco e entramos no Bairro Alto pela TRAVESSA DA QUEIMADA. A transversal imediata é a RUA DO DIÁRIO DE NOTÍCIAS.

Na Rua do Diário de Notícias, uma voz feminina, rouca e chorosa, saía de uma cave. «Nunca estive numa casa de fados», disse eu. «Em verdade, acho que já é mais que tempo de ir ouvir essa coisa. Eras capaz de vir comigo?»

Lourenço fitou-me de olhos arregalados, como se eu o tivesse ameaçado com uma faca. «Nem pensar», exclamou. «Não me podes pedir isso. Considero meu dever», prosseguiu ele solenemente, «defender-te dessa contagiosa pretensão. Aqui» – e a lengalenga que se segue foi por ele debitada disfarçando a voz –, «aqui encontra a alma portuguesa a sua expressão musical, no Fado, que tão magnificamente faz entristecer. Yes, Sir! O vício da dor que nunca mais acaba, o gozo de uma desventura inexprimível, a esperança no desespero. – Estou apenas a citar o que qualquer guia turístico jamais escrito sobre Portugal te segreda ao ouvido. E na linha seguinte vem então a famosa palavra, da qual apenas uma coisa se sabe ao certo: é que é impossível traduzi-la. Saudade! A essência da alma portuguesa! É isso que as fadistas vão lamuriar diante de ti na Adega Mesquita, com os olhos fechados em êxtase. Melancolia! Destino fatal! O gosto de ser triste![A] E tens de escutar isso em silêncio respeitoso, e ai de ti se não chorares acompanhado pelas guitarras. Que profundidade! Que estupidez! Ainda havemos de beber um copo a isso!» Tínhamos ido parar a um bar que estava às moscas. Além de nós só havia um casal de namorados a cochichar nesse antro escuro, forrado de pelúcia vermelha, que parecia um sepulcro.

Lourenço ainda não acabara a sua tirada. «Portugal é o único país do mundo em que pessoas adultas se comprazem com a sua própria insignificância. Até choram! Já sei o que vais dizer! Todos os povos têm a sua piroseira típica e adoram-na. Mas ninguém acredita tão ardentemente nesse disparate como nós. O pimba é a nossa religião. E porquê, se me é permitida a pergunta? Porque ninguém necessita tanto dele como nós. O fado, eis a auréola para a nossa ignorância, o resplendor com que coroamos a nossa miséria. Não admira que não se possa traduzir a palavra saudade. Em todo o mundo, ninguém, a não ser nós, se orgulha de estar na fossa! À tua saúde!»[60]

No fim da Rua do Diário de Notícias viramos à direita e em poucos passos chegamos à RUA DE SÃO PEDRO DE ALCÂNTARA, a qual tem um trânsito intenso e fica perto do MIRADOURO com o mesmo nome.

No Miradouro de São Pedro de Alcântara abrandou a passada e sentou--se na extremidade de um banco livre. Deixando aquele vasto espaço desocupado convidava-me a que me sentasse também. Tínhamos ao fundo as colinas ofuscadas por um sol violento que lhes incidia frontalmente. Algumas janelas pareciam gargantas de um incêndio.

[A] Assim mesmo, em português, no original alemão.

Nuvens vermelhas, sem um estremecimento, recortavam o casario. O conjunto das torres das igrejas, dos prédios com medo de crescer, das ruelas talhadas a pique, do castelo ao alto, das árvores imóveis, dir-se--ia um fantástico presépio iluminado por um fogaréu que lhe rebentasse das entranhas. Como contraste, era agradável o repuxo fresco que sentíamos por detrás do banco. Suavizava-me uma secura que me vinha à boca.[61]

Perto da balaustrada, uma faixa de azulejos pintados mostra a cidade como ela era pelos anos cinquenta ou sessenta, antes da grande explosão imobiliária. No topo de uma coluna, no meio de um canteiro, está o busto de Eduardo Coelho, o fundador do jornal «Diário de Notícias», que ainda hoje existe. O atrevido ardina em tamanho natural, com o seu barrete, faz o monumento destacar-se de tantos outros.

Ao avistar Lisboa daqui, Artur Corvelo começa já a entusiasmar-se. Ele é um estudante da província, sem vintém mas com ambições literárias, que tendo recebido uma pequena herança quer ir à conquista d' «A capital» mas nada mais consegue do que ser explorado até ao tutano por todos.

Foi então descendo ao acaso o Moinho de Vento,[A] *e ao passar por S. Pedro de Alcântara, penetrou sob as árvores e foi encostar-se às grades. A cidade cavava-se em baixo, no vale escuro, picado dos pontos de luz das janelas iluminadas, e, na escuridão, os telhados, os edifícios, faziam um empastamento de sombras mais densas. Aquelas luzes, debaixo daqueles tectos, que fermentação de vida! Quantos amores, quantos mistérios, crimes talvez! Ali, jornalistas compunham artigos, oradores preparavam discursos, estadistas conferenciavam, mulheres aristocráticas, nas suas salas, falavam de amores, e nos pianos ricos gemiam as cavatinas apaixonadas. Que grande, Lisboa!*[62]

Antes de baixarmos ao centro da cidade no amarelo ascensor da Glória, à direita do Miradouro, visitamos ainda, no prédio nº 45 do lado oposto da rua, o «Instituto do Vinho do Porto»,

---

[A] Corresponde à actual Rua D. Pedro V. Toda esta zona do cimo da Colina de São Roque, desde a Patriarcal (no actual Largo do Príncipe Real), era chamada Alto dos Moinhos de Vento.

aberto do meio-dia à meia-noite. A tarefa desta instituição estatal, fundada em 1933, é controlar a qualidade do vinho do Porto, o qual é produzido numa região estabelecida, já desde 1756, no norte do país, ao longo do rio Douro. Há sempre um vinho do Porto adequado a toda e qualquer ocasião. No bar, situado no rés--do-chão, pode provar-se um cálice deste vinho. Ou vários. O preço é aceitável. Desde o vinho do Porto corrente, de recente data, até ao vinho do Porto com alguns séculos, poderá dispor de tudo. Complete este prazer com o caro mas delicioso «Queijo da Serra», cremoso queijo de ovelha originário da Serra da Estrela, uma montanha com cerca de 2.000 metros de altura que se estende até quase à raia de Espanha. O edifício em que está sediado o Instituto foi construído em meados do séc. XVIII, para casa da sua própria habitação, pelo arquitecto Ludovice. Quando baptizado, este arquitecto ainda recebera o belo nome bávaro de Johannes Friedrich Ludwig mas, após anos de aprendizagem e peregrinação por Itália, estabeleceu-se e fez carreira em Portugal, tendo-se naturalizado português, com ligeira alteração do seu nome. Entrou na história da Arquitectura pela construção do Convento de Mafra, uma colossal e caríssima imitação do espanhol Escorial, situada a nordeste da capital.

Descemos agora com o ascensor da Glória, «high-tech» do séc. XIX ainda em funcionamento. Um automóvel estacionou quase em cima da única via, mas temos aos comandos, claramente, um bom profissional, pois o ascensor passa sem problemas. A meio do caminho os carris desdobram-se, um veículo idêntico sobe ao nosso encontro.

À esquerda da paragem começa a Ave-nida da Liberdade. Foi aqui mesmo que esteve situada, até ao fim do séc. XIX, a entrada do Passeio Público, uma espécie de parque muito arborizado e ajardinado, que se estendia do Largo do Passeio Público (a actual Praça dos Restauradores) à Praça da Alegria. Este daria lugar à Avenida da Liberdade, inaugurada em 1886, a qual se viria a tornar depois os Campos Elísios de Lisboa. Pode ter sido por essa altura que Alexandre O'Neill versejou:[63]

Avenida da Liberdade

Subamos e desçamos a Avenida,
enquanto esperamos por uma outra
(ou pela outra) vida.

Hoje a Avenida perdeu o seu encanto e já só é uma das zonas mais importantes e caras da cidade. Muitas das residências do tempo dos primeiros proprietários foram substituídas por edifícios de vidro e betão ou hotéis e lojas de luxo, para comprar e para contemplar já ali há muito pouco.

No avermelhado palácio Foz, junto à paragem e à sua direita, está sediado o Turismo. Aqui são-nos dados mapas, prospectos e informações. Infelizmente não se podem visitar as alas mais bonitas deste palácio da PRAÇA DOS RESTAURADORES, edificado em 1758 e radicalmente remodelado em 1870. Os Restauradores são recordados pelo obelisco erigido em 1866, situado na calcetada placa central entre as faixas de rodagem. O século das Descobertas esgotara Portugal. O jovem rei D. Sebastião, que não tinha filhos, pôs em jogo as suas derradeiras tropas e a própria vida na batalha de Alcácer Quibir, na tentativa de conquistar Marrocos. O seu corpo nunca foi encontrado. Portugal tem desde então mais um mito: D. Sebastião regressará quando perigar a sorte da Nação e reconduzi-la-á a uma nova grandeza – pensa-se logo em Frederico Barba Ruiva em Kyffhäuser.[A] Foi repescado um tio-avô, que tinha atingido uma avançada idade ao serviço da Igreja. Ele, de facto, ainda pôde governar o país durante dois anos, mas um sucessor é que ele, cardeal, não podia gerar. Entre os parentes mais próximos Filipe II de Espanha era o mais poderoso, e foi por isso que se tornou mais um dos reis de Portugal, aqui designado por Filipe I. O destino do país parecia estar traçado, seria integrado no reino

---

[A] Estabelece-se aqui um paralelo entre a lenda de D. Sebastião e a de Frederico Barba Ruiva em Kyffhäuser. O rei alemão (1122?-1190) foi coroado em 1155, pelo Papa Adriano IV, como primeiro imperador do Sacro-Império Romano-Germânico. Kyffhäuser é um maciço da Alemanha Central, a sudeste do Harz inferior. Diz a lenda que numa das suas grutas dorme Frederico Barba Ruiva, com todos os seus fiéis seguidores, para um dia acordar, restaurar o Sacro-Império Romano-Germânico e reconduzi-lo a um novo esplendor.

de Espanha, como o tinham sido já os outros estados da Península Ibérica. Mas em 1640, passados mais dois Filipes, os catalães rebelaram-se contra a soberania espanhola e as tropas castelhanas ficaram muito ocupadas a repor a ordem na Catalunha. Os portugueses aproveitaram esta ocasião favorável e proclamaram rei o Duque de Bragança, restaurando assim, embora por uma linha lateral, a sucessão da antiga dinastia. Os locais e datas inscritos no obelisco assinalam as frustradas tentativas espanholas de regressar à situação anterior.

Ao lado do Palácio Foz ficava o cinema «Éden», dos anos 30. Dele só restaram a escadaria interior e a fachada que agora, liberta de todos os seus antigos vidros, surge com três enormes vazios, como que perfurada. Atrás desta nova versão da antiga fachada desenvolve-se, em arco de circunferência, uma parede toda em vidro que constitui a fachada de um «aparthotel». Cortinas protegem a intimidade dos quartos, e também os defendem da luz. Entre as duas fachadas, palmeiras tornam a construção ainda mais interessante. Felizmente tinha sido votada em 1992 uma lei que proibia a demolição de fachadas históricas.

À nossa frente está o «Avenida Palace», hotel de luxo construído ao mesmo tempo que a neomanuelina «Estação do Rossio». Fronteiro à estação, o edifício com um pórtico de colunas é o Teatro Nacional D. Maria II, inaugurado em 1846. Ficava nesse lugar, antigamente, o «Paço dos Estaus», o palácio da Inquisição, destruído em 1836 por um incêndio. E depois temos frente a nós o ROSSIO, que na realidade se chama Praça D. Pedro IV. Mas até mesmo os lisboetas têm de puxar pela cabeça quando a chamamos pelo seu nome oficial. Mantém-se teimosamente o rumor de que a estátua de bronze, no cimo da coluna de 23 metros de altura situada no meio da praça, não seria de todo do rei D. Pedro IV, mas sim do imperador Maximiliano do México. Depois de este membro da casa de Habsburgo ter sido fuzilado pelos seus súbditos rebeldes, as primeiras coisas a deixarem de ser necessárias foram quaisquer estátuas suas. A encomenda feita por Lisboa teria assim oferecido a Elias Robert a oportunidade de se desfazer com vantagem de um mono que tinha em armazém. Afinal de contas, as duas Altezas Reais eram parentes e ambas tinham barba. Além disso, coincidiam também as suas alturas e idades. O pobre Pedro está agora lá no alto, bem acima de uma praça que, tendo o seu nome, não é por esse nome conhecida, sem poder fazer frente com eficácia a dúvidas que teimam em se manter sobre a sua identidade, apesar de este mito urbano ter sido desmascarado como falso quando, subindo ao cimo do muito alto pedestal, se constatou que a estátua erigida no Rossio foi mesmo talhada à semelhança de D. Pedro IV, estando presentes na escultura as insígnias do antigo Império Colonial Português e não as do México. Famoso é o padrão ondulado, a preto e branco, do pavimento da praça. Desde a visita de «Felix Krull», no início do séc. XX, pouco mudou por aqui.[64]

Então, quando cheguei mesmo ao «Rocio», com as suas duas fontes de bronze, a sua coluna monumental e o seu pavimento em calçada, que formava um mosaico de originais ondulações que para aquela se dirigiam, tive ocasião de obter, junto dos transeuntes ou daqueles que, ociosos, estavam sentados nos muretes das fontes tomando banhos de sol, muito mais informações: sobre os edifícios que, bem acima das casas que rodeavam a Praça, apontavam, merecendo um quadro, para o azul do céu; sobre as ruínas góticas de uma igreja; e sobre um edifício mais recente, que lá para cima se içara e que resultou ser o «Município», ou seja, a câmara municipal. Cá em baixo, a fachada de um teatro rematava um dos lados da Praça enquanto dois outros estavam cheios de lojas, cafés e restaurantes. E então, quando já abundantemente satisfizera, a pretexto da vontade de aprender, o meu gosto por tomar contacto com todo o tipo de naturais desta terra desconhecida, abanquei numa mesinha diante de um dos cafés, para descansar e tomar o meu chá.[A]

[A] Um lisboeta reconhecerá facilmente, neste trecho, uma flagrante incorrecção ou então uma deliberada fantasia de Thomas Mann: o edifício da Câmara Municipal, que já vimos no cap.1, nem fica num alto, nem sequer se vê do Rossio. Se há quem afirme que Thomas Mann terá visitado Lisboa várias vezes há também quem isso conteste, apoiado em erros de toponímia de Lisboa e mesmo fantasias inexistentes, como um certo funicular que ligaria a Rua Augusta a uma tal Rua João de Castilho, que de facto existe em Lisboa mas … fica na Ajuda!

4. Lisboa e o seu «eléctrico»

Largo Martim Moniz – Graça – São Vicente de Fora – Estrela – Cemitério dos Prazeres

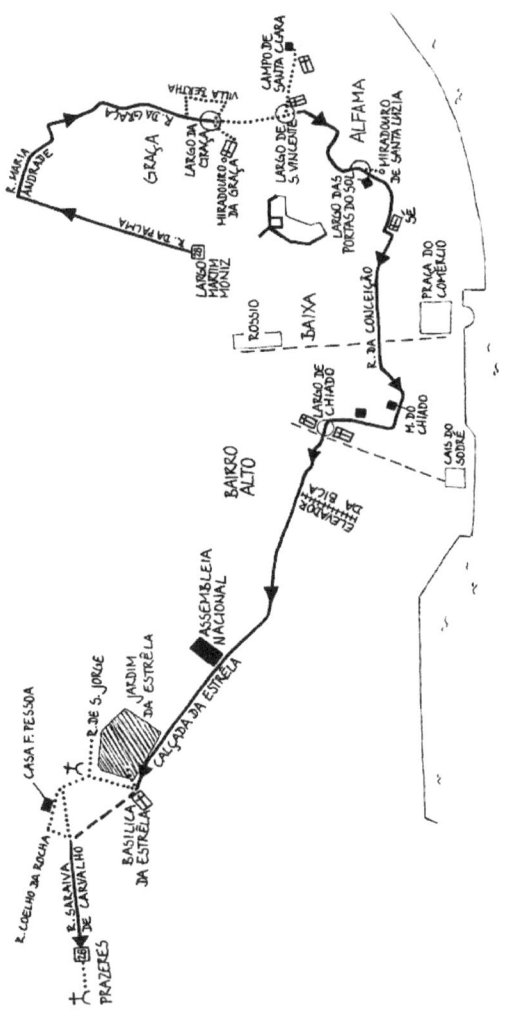

No LARGO MARTIM MONIZ, na paragem do eléctrico do lado do Castelo já está formada uma bicha. Se diante de muitas bilheteiras e balcões de atendimento se continua a praticar, ainda hoje, uma luta anárquica por um lugar, até à cotovelada, os ingleses, antigos proprietários da empresa de transportes, conseguiram domar a clientela há muito tempo. Tal como em Londres, faz-se bicha nas paragens de eléctricos e de autocarros, cada um no seu lugar, e algum turista que tente passar à frente recebe as manifestações de desagrado dos que já lá estavam à espera. Chega então «o eléctrico n.º 28» e nele entramos seguindo Hans Magnus Enzensberger, que nos descreve um eléctrico dos anos cinquenta a sessenta, como já se não encontram em circulação outros iguais.

Pondo um pé num estribo firme, subimos à plataforma, protegida por uma grade de lagarta, e abrimos depois as portas de correr. No interior do eléctrico aguarda-nos um conforto que não tem nada que se lhe possa comparar: janelas de guilhotina, de madeira cor de mel, que se podem abrir quando o tempo está bom; estores de oleado castanho, que se enrolam ou desenrolam fazendo-os subir ou baixar consoante a incidência dos raios solares; braços dos assentos em carvalho maciço e assentos forrados de tela verde. Um cabito de couro, que corre por olhais de latão, permite-nos avisar o condutor de que queremos descer na próxima paragem.

De pé, direito como um fuso diante da sua manivela de manobra, hoje como desde há mais de uma geração, ele fita atentamente os carris, de bitola 65 cm, bem como o limpa-trilhos situado à sua frente, o qual, em caso de necessidade, pode remover obstáculos imprevistos, desimpedindo a passagem do veículo. Na tampa de níquel do quadro de distribuição está a lista das patentes a que devemos esta maravilha eléctrica, com as correspondentes datas (1889 a 1916). A firma construtora também se fez aqui perpetuar: The British Thomsen & Houston Co. Ltd., Rugby, England. Aquilo que ela produziu demonstrou ser indestrutível. O seu valor utilitário sobreviveu à queda do Império Britânico e, assim, com ele sobreviveu também a tradicional «influência» dos ingleses, que no séc. XIX trataram Portugal como se fosse quase uma colónia sua.

Finalmente, alguém toca a campainha para descer. «Rodar a manivela das velocidades para a direita (a partir do ponto-morto) provoca um andamento do carro a velocidade cada vez maior; rodar para a esquerda tem como consequência uma frenagem eléctrica de intensidade crescente.» Assim rezam as instruções de funcionamento, nas quais, além do tambor de comando, do tambor auxiliar e da manivela de manobra, também os freios de ar comprimido, o manómetro, o manípulo de comutação de faróis contra o encandeamento e o pedal da campainha de aviso vêm descritos pormenorizadamente.[65]

A viagem leva-nos, através da RUA DA PALMA, até à AVENIDA ALMIRANTE REIS, uma larga avenida que foi rasgada na viragem do séc. XIX para o séc. XX, quando a cidade se desenvolvia e nasciam novos bairros. Em parte, muitos dos seus imponentes prédios dessa época têm um aspecto bastante decadente: alguns estão vazios; mas felizmente, desde há alguns anos, e cada vez mais, têm vindo a ser renovados e destacam-se então como autênticas jóias. Pelo meio disto tudo, há vários edifícios novos, dos últimos quarenta anos. A responsável pelo péssimo estado de muitas casas em Portugal é, pelo menos em certa medida, uma política errada quanto ao aluguer de habitações. Nos primeiros anos do «Estado Novo» de Salazar, as rendas, em Lisboa e Porto, foram fixadas, não podendo ser aumentadas, para que se mantivesse baixo o custo de vida nestas cidades. Só bastante depois da Revolução do 25 de Abril se tornou possível aumentá-las, mas apenas em muito modesta escala. Isto é uma boa coisa, sem dúvida, mas só quando os preços e a moeda se mantêm estáveis. Porém o primeiro «escudo», de 1914, era uma moeda do tamanho de um «táler», e também era de prata, como este, enquanto o último «escudo», de 2001, era uma moeda de cobre e estanho do tamanho de um «pfennig» – e valia tanto como ele.[A] Que alternativas se ofereciam, então, ao proprietário de um prédio que tivesse um andar com oito assoalhadas, na melhor zona da cidade, alugado por 400 escudos (cerca de 2 euros)? A solução mais comum era deixar o prédio

---

[A] O «táler» era uma antiga moeda alemã contendo 16,67 g de prata pura , enquanto o «pfennig» era, antes da introdução do euro, a centésima parte do marco alemão, o qual valia então cerca de 100 escudos. Logo, em 2001, 1 pfennig = 0,01 marcos ≈ 1 escudo ≈ 0,005 €.

degradar-se até cair, vendendo depois o terreno, com lucro, para nele serem edificados lojas ou apartamentos bem mais pequenos.

Viramos agora acentuadamente para a direita; começa a íngreme subida para o bairro da GRAÇA, uma zona habitacional de classe média-baixa, que tem sido mantida intacta. Muitas fachadas são revestidas com os típicos azulejos. Aqui, ainda se reparam máquinas de costura; ali, logo ao lado, vendem-se géneros alimentícios; à porta de uma pequena «tasca», no prédio a seguir, uma toalha de papel transformada em cartaz anuncia que hoje há «carne de porco à alentejana». Três cruzamentos mais adiante começa a RUA DAMASCENO MONTEIRO. Neste bairro popular viveu outrora António Tabucchi – um italiano, casado com uma portuguesa, cujos romances frequentemente se desenrolam em Portugal. No seu «A cabeça perdida de Damasceno Monteiro», o autor descreve a suposta investigação jornalística de um crime, ocorrido de facto em 1996 numa esquadra da Guarda Nacional Republicana, em Sacavém, nos arredores de Lisboa. Mas, para disfarçar, o autor transferiu a acção para o Porto. Em frente desta rua o eléctrico vira à esquerda e logo a seguir vira de novo, agora para a direita. Passando por uma pequena papelaria, continua a subir até à RUA DA GRAÇA. Nesta Colina de Santo André, que se prolonga até ao Mar da Palha através do outeiro do Castelo, ficam a Igreja e o antigo Convento da Senhora da Graça, o qual, lá de baixo, certamente já lhe terá dado nas vistas. E que em 2019 foi decidido ser convertido em mais um hotel de luxo. Aqui, onde a rua se transforma num largo, descemos do carro eléctrico, depois de uma viagem que durou uns escassos dez minutos.

Nos tempos da industrialização, pelos finais do séc. XIX, imigrantes vindos da província instalaram-se provisoriamente na Graça, em palácios quase em ruínas e conventos abandonados. A RUA DO SOL À GRAÇA, à esquerda, desce para a «Villa Bertha», um bairro operário do tempo da revolução industrial. A seguir à «Cervejaria Sol Graça» entramos numa rua sossegada, através de um portal em arco guarnecido de azulejos. As fileiras de casas, à esquerda e à direita, foram mandadas construir para os seus operários pelo arquitecto e industrial Joaquim Francisco Tojal, proprietário de uma metalúrgica que ficava mesmo por trás das casas. Ainda hoje se moraria de bom grado numa daquelas lindas moradias em série, amarelas, de varandas debruadas com verdes gradeamentos de ferro forjado. No fim do bairro operário, a íngreme TRAVESSA DA PEREIRA leva-nos de volta ao cimo da colina. Do outro lado da zona de inversão de marcha do eléctrico, uma escadinha conduz a um pequeno largo nas traseiras do que foi o Convento da Graça, do qual os frades foram expulsos pelos militares, que o tornaram, até hoje, um quartel. Contornando o edifício, dirigimo-nos para a esquerda, para a entrada da igreja. À nossa esquerda, um antigo palácio nobre seiscentista, de cinco andares e revestido de azulejos azul-cobalto, é a «Villa Sousa», outro exemplo paradigmático de adaptação, nos finais do séc. XIX, para habitação operária. O seu nome e o ano de construção, 1890, distinguem-se sobre a entrada para o espaçoso pátio interior. As casas correspondem à hierarquia dos seus inquilinos: à frente, casas com 14 assoalhadas para os directores; atrás viviam os operários num quarto e uma cozinha.

Muitos dos portugueses, até mesmo lisboetas, nascidos em meados do século passado, inclusive os mais interessados em política dos tempos de antes e depois da Revolução do 25 de Abril, não saberão que foi aqui, no número 79 do rés-do-chão da Villa Sousa, que Natália Correia, a poetisa, dramaturga, romancista, grande activista política e depois deputada, para além de outras coisas, fundou em 1971 o famoso «Botequim». Foi neste bar que ela e um grupo de intelectuais – escritores, políticos e militares, cineastas e actores – durante as décadas de 70 e 80 do século passado se reuniram e conspiraram. O «Botequim» foi centro de tertúlias políticas, literárias e artísticas; foi palco de conspirações e acesos debates na presença de figuras como Sá Carneiro, Snu Abecassis ou Ramalho Eanes; e acabou por ser uma extensão da actividade política da poetisa, de Helena Roseta – sua sócia neste bar e depois deputada também, e dos seus muitos amigos. O futuro do país foi ali, como em nenhuma outra parte, festivamente esperado ou até previsto – nunca mais haverá nada igual. Após a morte de Natália em 1993, esse espaço, tão importante para a chegada da Revolução dos Cravos e sua posterior evolução, deixou de ter razão de existir e encerrou em

1995.[A] Foi nesse espaço de liberdade, já com tradição histórica, que mais tarde se instalou a «Associação José Afonso» até à sua mudança para Setúbal. [B] Entre 2005 e 2007 aqui esteve uma livraria dedicada às crianças, cujo nome, «Pequeno Herói», se inspirou na personagem do único romance infantil escrito por Natália Correia. Voltou a fechar – até que em 2010 ressuscitou de novo como «Botequim», recuperando o espírito do passado com noites de poesia e concertos, acompanhados por petiscos, chás e cocktails.

A «Associação José Afonso» foi criada em 18 de Novembro de 1987, nove meses depois da morte do cantautor, com o objectivo de ajudar a realizar as suas ideias. José Afonso foi um poeta, músico e cantor, conhecido para além das fronteiras de Portugal, cuja proibida canção sobre Grândola, a vila morena do Alentejo, queimada pelo sol, constituiu o sinal com que em 1974 se desencadeou a revolução de que o «Schwerenöter»[C] de Hanns--Josef Ortheil foi testemunha.

De manhã cedo fui acordado por um enorme alarido. Fui à janela e notei que o Gabriel falava acaloradamente com vários empregados da casa, entre os quais se encontrava também o jardineiro. Vesti-me a correr e apressei-me a sair. Quando me viram baixaram imediatamente a voz mas, ao contrário do que era meu costume, não me deixei ficar por um ligeiro cumprimento, antes pelo contrário, juntei-me ao grupo. O Gabriel, que só me tratava ainda, quase sempre, por «senhor», correspondeu excitado ao meu cumprimento. «Senhor, ninguém consegue entender isto.» – «O que é que se passa, Gabriel?» – «A Rádio Renascença deu o sinal, hoje de madrugada.» – «Que sinal?» – «Grândola, vila morena ... É uma canção do Zeca Afonso ... Grândola, vila morena, terra da fraternidade ... Era uma canção proibida até agora.» – «Proibida?» – «Há muitos anos. Nenhuma rádio a podia transmitir.» – «E tens a certeza?» – «Eu mesmo a ouvi, há poucos minutos.» – «E o que é que isso quer dizer?» – «Isto quer dizer uma

---

[A] Se quiser saber mais sobre Natália Correia, o «Botequim» e muito do que lá se passou, Fernando Dacosta publicou, em Setembro de 2013, edição de Casa das Letras, «O Botequim da Liberdade».

[B] A «Associação José Afonso» é actualmente um dos residentes da Casa da Cultura de Setúbal.

[C] Engatatão.

revolução, senhor, isto quer dizer a liberdade. O Governo caiu, o
Movimento das Forças Armadas tomou o poder.» – «Gabriel, isso é
impossível. Uma revolução não rebenta de um dia para o outro, uma
revolução tem de ser longamente preparada, precisa de um bom
aparelho partidário ...» – «Senhor, isto é uma revolução à portuguesa,
acho eu.» – «E como é que é uma revolução à portuguesa?» – «É uma
revolução civilizada, sem grande derramamento de sangue...» –[66]

Depois de termos visitado a Igreja da Graça e de termos visto
Lisboa, sob uma nova perspectiva, do miradouro Sophia de Mello
Breyner Andresen que lhe fica em frente, atravessamos o Jardim
da Graça – agora animado por uma esplanada, com 40 mesas
cheias de turistas, um coreto e uma pequena casa de madeira
onde se vendem rosas e orquídeas – e seguimos os carris do
eléctrico, descendo ao longo da RUA DA VOZ DO OPERÁRIO.
O jornal «Voz do Operário», fundado em 1883 por operários da
manufactura de tabaco, foi o núcleo de cristalização de uma
associação de operários, que chegou a ter 70.000 sócios na sua
época áurea e prestava serviços sociais e culturais.[A]

Foi também por estes sítios, mais concretamente no actual
Campo de Santa Clara, que D. Afonso Henriques, o primeiro rei
de Portugal, assentou arraiais durante o cerco de Lisboa. Foi
apoiado por cruzados normandos, flamengos e alemães
participantes da segunda cruzada, que interromperam em Lisboa
o seu caminho para a Terra Santa, e aproveitaram logo, aqui, a
oportunidade de lutar contra os infiéis. Mais tarde, agradecendo
a vitória, o rei ergueu neste lugar um mosteiro consagrado à
Virgem Maria e a São Vicente, o santo patrono da cidade. Ainda
hoje o templo é conhecido por «São Vicente de Fora», pois que só
no séc. XIV – quando a Cerca Moura, a muralha mais antiga de
Lisboa de que se tem conhecimento, passou a ser substituída, nas

---

[A] Pouco se sabe, hoje em dia, que nos finais do terceiro quartel do séc. XIX a indústria
tabaqueira era em Lisboa, segundo o historiador Armando de Castro, a que maior
interesse despertava junto dos investidores, tendo dado origem a quase uma vintena
de fábricas. O consumo, porém, não cresceu proporcionalmente, e em 1879 a
indústria tabaqueira foi atingida por fortíssima crise, a qual está na origem da
criação, primeiro, do jornal, para dar voz às difíceis condições de vida dos operários
tabaqueiros, e, posteriormente, da «Sociedade Cooperativa A Voz do Operário»,
para assegurar actividades sócio-culturais e formas de sobrevivência para o jornal.

118

suas funções defensivas, pela Cerca Fernandina – a nova muralha passou a englobar a igreja e o mosteiro. O barroco arco de porta no lado norte da muralha, através do qual passaremos de aqui a pouco para o Campo de Santa Clara, substituiu uma das portas da cidade, que eram então 49.[A]

As estátuas da fachada do templo cumprimentam-nos com um sorriso cordial, um tanto cândido. Forrado de mármore branco, o interior da igreja renascentista, de uma só nave, com capelas laterais comunicantes e coberta por uma abóboda de berço em caixões de madeira, felizmente não está muito sobrecarregado e dá uma sensação de harmonia. Por ocasião do grande terremoto, a cúpula desabou e foi substituída por um tecto plano de madeira. Não é só o baldaquino do altar, com as suas colunas coríntias, que faz lembrar a Basílica de S. Pedro, em Roma; também as imagens junto ao altar foram inspiradas pelas da igreja do Papa. Sob o altar mais pequeno, situado à direita, ao pé do altar-mor, jazem os ossos da mãe de Santo António. Na parede ao lado, na lápide tumular do cavaleiro cruzado Heinrich, de Bonn, embutida na parede, pode ler-se: «*Ossos do cavaleiro Henrique, alemão que morreu ajudando a tomar esta cidade aos mouros, em cuja sepultura nasceu uma palma que deu um cacho. Da palma se valiam muitos enfermos e saravam. O cacho está no santuário deste mosteiro.*» A Rua da Palma, pela qual passámos no início deste itinerário, deve a esta palmeira o seu nome. Nela se domiciliavam de preferência os comerciantes alemães estabelecidos em Lisboa, todos devotos do seu glorioso patrício Henrique e romeiros da sua palma.

Reinhold Schneider descreveu, em prosa e em verso, a Igreja de São Vicente de Fora, que também é conhecida por Panteão Real da Casa de Bragança, devido à capela funerária da última dinastia portuguesa que ali se encontra.

[A] A igreja original de D. Afonso Henriques, em estilo românico, com posteriores alterações góticas, veio mais tarde a ser arrasada. Felipe II de Espanha mandou reconstruí-la logo no primeiro período do domínio filipino, entre 1582 e 1629, caracterizado pela acalmia política e uma melhoria da situação económica. Ela constitui o mais importante monumento português do barroco filipino.

Silenciosas, como um grito petrificado, as brancas torres de São Vicente
de Fora estão banhadas de luz. E, no entanto, elas albergam o horror
dos túmulos reais, abertos, da Casa de Bragança, tenebrosa imagem da
putrefacção, que está exposta tal como se exibe, numa loja, um objecto
interessante; ...[67]

O Panteão[68]
Lisboa, São Vicente de Fora

Vida boa e regicídio; mal embalado em caixões,
o real descanso eterno ali está enfileirado.
Um rico veludo o cobre, em azul obscuridade.
Lá dentro a coroa recorta um certo brilho dourado.

Enquanto que, sem se ver, rachas os túmulos abrem,
O tempo lá vai passando por esqueletos que apodrecem.
Magnificência imponente nos letreiros com seus nomes;
Por trás, pó e argolas pobres, sem ornatos, entristecem.
Como que esquecidos já, ali jazem sem remédio,
E como se não tivessem alcançado a meta humana;
Nem na terra nem no céu, antes num reino intermédio

Onde a nobreza da alma à do sangue não se irmana;
Libertos de mundanismos e em lenta transformação –
Despenhai-vos, ó caixões! Abre-te a eles, ó chão!

Compramos uma entrada para visitar o antigo convento de
frades agostinhos. O seu refeitório foi convertido, a partir de
1855, em capela funerária de muitos dos monarcas e príncipes da
quarta e última dinastia portuguesa. Quem, depois de ler o
poema de Reinhold Schneider, tivesse ficado à espera de se
deparar com uma exposição como a dos «Mundos dos corpos»[A]
iria ficar desiludido – os túmulos das Altezas da Casa de
Bragança, semelhantes a gavetões, alinhados horizontalmente ao

---

[A] A exposição itinerante de corpos humanos preservados, aqui mencionada e
organizada em muitos países por Gunther von Hagens, inventor da técnica
chamada «plastinação» dos corpos, não foi a que se pôde ver em Lisboa, de Maio a
Setembro de 2007, embora tivessem conteúdos semelhantes. A de Lisboa era de
origem americana e chamava-se «O corpo humano como nunca o viu»
(originalmente, «Bodies – the exhibition») e deveu-se ao Dr. Roy Glover, professor
emérito de Anatomia e Biologia Celular.

longo das paredes laterais, foram entretanto fechados, de acordo com as disposições legais. No meio da sala estão os túmulos do rei D. Carlos e do príncipe herdeiro Dom Luís Filipe, vítimas de um atentado na Praça do Comércio, e o da Rainha D. Amélia. No túmulo de seu filho D. Manuel II, que em 1910, com dezanove anos de idade, teve de partir para o exílio em Londres, foram inscritas frases conciliadoras: «*Aqui descansa em Deus el-rei D. Manuel II que morreu no exílio. Bem serviu a Pátria.*»

Os painéis de azulejo na Portaria, para além de alguns reis de Portugal que traçam as origens da Casa de Bragança, mostram as tomadas de Santarém e de Lisboa aos mouros pelos portugueses, enquanto nos painéis dos claustros estão representadas paisagens, cenas de corte, cenas de caça, vistas marítimas, assuntos pastoris e campestres, bem como um conjunto de várias fábulas de La Fontaine, num total de 81 painéis com 14.521 azulejos de autor desconhecido, assentes em 1737. A escada leva ao terraço do telhado, do qual se tem uma bela vista sobre Lisboa.

... mais abaixo flutuam as ameias da catedral, amarelecidas pelo tempo, das quais o povo, no séc. XIV, precipitou um bispo; aquilo é uma fortaleza e não um templo, o ódio e as hostilidades cimentaram cada uma das suas pedras, é um monstro que se perdeu na suavidade destas latitudes meridionais e por cá morreu. Abaixo dela a adormecida confusão do casario preenche o vale e trepa depois, de má vontade, até à cúpula, demasiadamente branca por fora e vazia por dentro, da Basílica da Estrela, cuja pompa viria a dar testemunho, imediatamente a seguir ao terremoto, de uma fé que não fora abalada e que, aparentemente, se mantivera com um vigor que não diminuíra. Mas esse fausto é uma fútil ostentação de túmulos, parece feita de gesso essa cúpula da Fé, tal a sua brancura suspeita, tão próxima de estalar parece. Por cima de baixos telhados estendem-se, amplamente, copas de isoladas palmeiras; no alto da colina mais distante, já no início do deserto que se segue à cidade, ciprestes estreitamente alinhados vigiam o estéril campo de lápides do cemitério. Acompanhando a corrida do rio para o mar, estende-se perto das praias da margem o resplandecente mosteiro de Belém, petrificado projecto de um santuário da nação. Lá bem de longe relampeja nos ares o brilho do mar, como uma borrasca que paira permanentemente sobre a cidade, que a pode aniquilar se quiser, e que o fará quando lhe aprouver.[67]

Por trás do mosteiro, no CAMPO DE SANTA CLARA, realiza-se às terças-feiras e aos sábados uma feira que, remontando ao séc. XII, se instalou definitivamente, a partir de 1882, no Campo de Santa Clara: é a «Feira da Ladra». Não se deixe induzir em erro por este nome, não andam bandidos por ali; desde aqueles tempos Lisboa tornou-se manifestamente bastante honesta, embora convenha estar sempre atento à sua carteira. Mas, para não ser roubado de outra forma, regateie sempre o preço que lhe pedirem pelo artigo que lhe interessar. A Feira da Ladra é um popular mercado de rua, como os famosos mercados de Londres e de Paris (Portobello Road e Marché aux Puces), onde se oferece uma vasta gama de artigos novos e usados. Deambulando lentamente por entre as tendas onde se vende vestuário, produtos têxteis baratos, ferramentas e CDs, vamos descendo. No grande largo que fica em frente ao que em tempos foi um mercado, encontramos depois os amadores, os vendedores de pechinchas. E chocamo-nos, devido à frequente pobreza da oferta, com a miséria que a cidade encobre.

É mais interessante a volta que se segue, pelo sítio do antigo mercado.

Lisboa era uma pérola imunda, mas, não obstante, de uma vitalidade contagiante. Os ciganos autênticos, as pedintes com pernas amputadas no mercado do centro histórico da cidade, davam-me a sensação de que a miséria lhes dava vida. Rosy descreveu-me as galinheiras que, cobertas de penas da cabeça aos pés, depenavam galinhas patinhando no sangue.[69]

O Mercado de Santa Clara foi desactivado em 2005 e fechado para restauro, mas não voltou a recuperar as suas antigas funções. Já aqui não há bancas de pedra, nem as vendedeiras de peixe e hortaliça, nem, muito menos, as galinheiras; do antigo mercado só resta a estrutura em ferro fundido, que suporta a cobertura. Hoje encontramos, neste novo espaço para exibição das indústrias culturais e criativas, o «Centro das Artes Culinárias» (exposições de artefactos, conferências, cursos de cozinha e demonstrações, etc.); lojas de antiguidades, mobiliário, livros e outros artigos; uma chocolataria, etc. E no andar de cima há um restaurante especializado em cogumelos, aberto só ao jantar, mas onde ao sábado também se pode almoçar gozando a bela vista do Tejo. No exterior, por todo o Campo de Santa Clara e na vizinha Rua do Paraíso, encontram-se ainda outros novos empreendimentos (restaurantes, cafés, bares e tascas) onde retemperar as suas energias.

Uma ruela leva-nos à branca Igreja de Santa Engrácia, cuja cúpula, lá das alturas, já há muito nos vem acompanhando. Por a construção, em estilo barroco italiano, ter começado na primeira metade do séc. XVI mas só em 1966 ter terminado, a expressão «obras de Santa Engrácia» adquiriu o significado de qualquer coisa que nunca mais acaba. Conta-se que a culpa pelos sucessivos atrasos da construção teria sido da praga que lhe terá rogado um jovem cristão-novo, condenado ao suplício da fogueira pelo roubo de hóstias. Diz-se ainda que teria sido Reinhold Schneider, gozando, no seu livro sobre Portugal, com o facto de os Portugueses nunca levarem nada até ao fim, quem

acabara por forçar Salazar à construção da cúpula que faltava, mas desta vez em betão, conforme aos novos tempos.[A]

A igreja chegou a ser consagrada, mas em 1916 foi escolhida para «Panteão Nacional». Desde então é neste edifício que se depositam os restos mortais dos maiores da nação. Os túmulos na nave da igreja estão vazios e são, na realidade, cenotáfios, isto é, memoriais fúnebres erguidos para homenagear alguma pessoa ou grupo de pessoas cujos restos mortais estão noutro local ou em local desconhecido.

Vasco da Gama jaz, ao que se julga, no Mosteiro dos Jerónimos, em Belém, e Luís de Camões, embora também ali tenha, de facto, um túmulo, na realidade foi enterrado numa vala comum. Pedro Álvares Cabral está sepultado em Santarém, na Igreja da Graça. A sepultura de Afonso de Albuquerque encontra-se noutra Igreja da Graça, a de Lisboa. O Condestável Nuno Álvares Pereira está enterrado no Convento do Carmo e o Infante D. Henrique na Batalha, a norte de Lisboa. Em salas contíguas repousam alguns Presidentes da República (Joaquim Teófilo Braga, Manuel de Arriaga, Sidónio Pais e Óscar Carmona), os que se distinguiram pela difusão da língua portuguesa (os escritores João Baptista de Almeida Garrett, Abílio Guerra Junqueiro, João de Deus, Sophia de Mello Breyner Andresen, bem como a fadista Amália Rodrigues) e finalmente dois dos opositores ao regime de Salazar (o escritor Aquilino Ribeiro e o marechal Humberto Delgado, um homem que, tendo deixado de aderir à situação, concorreu em 1958 a Presidente da República contra o candidato de Salazar, perdeu as eleições provavelmente por falsificação dos resultados, e em 1965 foi atraído a uma emboscada e assassinado pela polícia política, a PIDE). Mais recentemente, o Panteão também já recebeu, por aprovação no Parlamento, os restos mortais do futebolista Eusébio, símbolo do desporto português que alcançou fama

---

[A] A primitiva igreja, fundada em 1568 por iniciativa da infanta D. Maria, filha de D. Manuel I, foi demolida depois de ter sido profanada em 1630 pelo cristão-novo ladrão de hóstias. A capela-mor foi reconstruída mas ruiu em 1681, danificada por um forte temporal. Em 1683 foi aberto concurso para uma nova e mais sumptuosa igreja, que corresponde à actual e cuja construção apenas findou em 1966, com a construção da cúpula.

mundial. A Sociedade Portuguesa de Autores também propôs que o mesmo se fizesse com os restos mortais de Zeca Afonso, mas a família rejeitou a trasladação para o Panteão, lembrando que se devia manter a vontade do cantor de ser enterrado em campa rasa, sem honras oficiais, em coerência com a sua vida e pensamento.

Também aqui o terraço que circunda a cúpula oferece uma vista que vale a pena.

Descemos a ampla escadaria em frente à igreja, dirigimo-nos para a paragem do eléctrico que fica em frente a São Vicente de Fora e retomamos a nossa viagem.

Depois seguimos atroando os ares pelas vielas de Alfama, pavimentadas com negros paralelepípedos de pedra, até que uma frenagem brusca nos atira de encontro às costas do banco fronteiro. O carro tem uma boa razão para parar: é impossível a circulação dos

eléctricos por dupla via, em sentidos contrários, em ruas onde o eléctrico passa a rasar as varandas. Por isso, uma administração cautelosa instalou neste ponto uma guarita. Um antigo funcionário, que o peso dos anos já corcovou, está ali de atalaia e, logo que se aproxima em sentido contrário, sem que o possamos ver, um eléctrico que ameaça esbarrar com o nosso, estende um pequeno bastão vermelho para fora do  *seu abrigo, para avisar o guarda-freio do nosso carro.*

Cheira a bacalhau e a café torrado e, como Neruda viu um dia, vêem--se «em muitos recantos, em muitos prédios cheios de humidades, em hospitais de cujas janelas voam ossadas, em muitas oficinas de sapateiro-remendão nas quais cheira a vinagre, em vielas que metem medo como fendas no solo», sacos cheios de farinha e milho miúdo, enquanto caixotes cheios de tâmaras, nozes e azeitonas atravancam o estreito passeio. Das profundezas do armazém de secos e molhados, que parece uma caverna, vem uma música estranha. Julgamos estar em

Nápoles, em Istambul, em Jerusalém. Aqui, o Oriente está sempre próximo.
Umas quantas casas mais à frente, o eléctrico pára de novo. O consciencioso guarda-freio tira, de uma espécie de bengaleiro à sua direita, uma alavanca de aço, enfia-a na correspondente abertura no chão, faz a agulha, volta a subir e continua viagem, enquanto o revisor vai furando uns minúsculos bilhetes verdes e fazendo desaparecer na sua mala as notas gastas, as quais, ano após ano, valem cada vez menos.[70]

O revisor desapareceu, vítima da racionalização de despesas, e o antigo funcionário foi substituído por um conjunto de semáforos. Mas, tirando isso, a viagem pela CALÇADA DE S. VICENTE, RUA DAS ESCOLAS GERAIS e RUA DE S. TOMÉ continua tão exótica como Hans Magnus Enzensberger a descreveu. Já muito velhinhos, os eléctricos da linha 28 lá vão chiando pelas estreitas vielas, subindo e descendo as colinas, enquanto os passageiros espreitam as camas e os tachos dos que habitam nas casas que lhes vão passando à frente dos olhos. No LARGO DAS PORTAS DO SOL voltamos a encontrar São Vicente, o patrono da cidade. A estátua, erigida em 1970, sustenta na sua mão esquerda o brasão de Lisboa, uma nau sobre  a qual poisam dois corvos. Vicente, arcediago do bispo de Saragoça, morreu mártir no ano de 304, em Valência, no reinado do imperador Diocleciano, quando este reabilitou as velhas tradições romanas e proibiu o culto dos cristãos. Reza a lenda que um corvo teria impedido que o corpo do mártir, atirado às feras, fosse devorado. Vicente passou a ser venerado como santo, em Espanha. Durante a invasão da Península pelos mouros, estes, em 713, meteram o corpo de São Vicente num barco que abandonaram à deriva no mar. O barco que trazia o corpo veio dar a Portugal, ao cabo mais a sudoeste da Europa, o

«Promontorium Sacrum» (de que resultou o nome da vila de Sagres), o qual desde então se chama Cabo de São Vicente. Os cristãos que viviam na região de Sagres, então sob o domínio dos mouros, recolheram o corpo e guardaram-no numa ermida, erguida em sua homenagem. Quatro séculos mais tarde, D. Afonso Henriques resgatou aos sarracenos o corpo de São Vicente e mandou que fosse levado para Lisboa, encontrando-se actualmente sepultado na catedral. Diz a tradição que, durante toda a viagem do corpo para Lisboa, dois corvos o acompanharam no barco, a velá-lo.

Mesas e cadeiras em volta do largo convidam a demorarmo--nos um pouco por aqui. No seu lado ocidental encontra-se o «Museu-Escola de Artes Decorativas Portuguesas».

À esquerda fica-nos o MIRADOURO DE SANTA LUZIA, um dos mais bonitos miradouros da cidade. O Tejo corre lentamente para o mar e Marie Luise Kaschnitz compôs o poema seguinte[71]

Tejo

Nenhum sítio onde resida é, para mim,
terreno em que não possa semear
levístico e goivos brancos.
Muito menos os doirados bancos de areia
junto à foz do Tejo,
à qual as enormes ondas chegam marulhando,
pela qual vão passando os navios de aço.
E terra adentro Belém.
Ali oram as mãos de pedra
dos mareantes exterminadores salteadores.
E terra afora o Oceano.
Assim rebenta um oceano,
e lança sobre o meu terreno,
o meu banco de areia,
o brilho nacarado dos teus olhos.

Agora desce-se para a Baixa, passando pela Sé. A segunda transversal é a Rua dos Fanqueiros. O número 122 dessa rua era o fictício «Hotel Glória», no qual se encontravam, no Outono de 1940, Alfred Döblin e a sua família, aguardando o visto para os Estados Unidos da América.

Em linguagem industrial, Lisboa é uma fábrica moderna, e das grandes, destinada à produção de ruído. À cabeça vêm os eléctricos, que circulam quase colados uns atrás dos outros, com ou sem passageiros. Chiam nos carris, matraqueiam sobre os trilhos, até conseguem pôr os vidros das janelas a tinir. O condutor de um eléctrico dispõe pelo menos de uma campainha, provavelmente até terá duas. O guarda-freio português consegue, quando as pisa, que elas soem como três. E ele pisa-as constantemente, é uma alegria! É um condutor «toca-campainhas».[A] O seu carro tem à frente uma forte estrutura de protecção, o limpa-trilhos, com forma semelhante à de uma pá. Quando o veículo assim equipado dobra as esquinas, tem-se a impressão de que ele está apostado em ceifar transeuntes. Os eléctricos de Lisboa gostam de dobrar esquinas, têm mesmo um gostinho especial pelas esquinas, e por isso Lisboa está cheia delas, porque contornar esquinas permite obter uma incrível multiplicidade de ruídos.

No cimo, o eléctrico lisboeta está equipado com um trólei, que provavelmente serve para lhe fornecer a corrente. Ou melhor, por aquilo que se vê, serve. Porque, por aquilo que se ouve, faz outra coisa: o trólei rola, salta, crepita, estala. A electricidade junta-se à festa com faíscas e explosões. Os lisboetas já estão habituados a isto, não se amedrontam.

Com os carros em andamento, saltam-lhes para cima garotos da rua, ardinas de pés descalços, em calças e casacos esfarrapados. Numa das colinas pode ver-se a original estátua de um destes rapazes. Eles bem merecem um monumento – talvez um dia também lhes pudessem comprar casacos e calças. Quando saltam para os carros, os garotos gritam. Em primeiro lugar, porque isso, desde pequenos, lhes está na massa do sangue. Em segundo lugar, porque isso é agora, ainda por cima, a sua profissão, é assim que apregoam o seu jornal. Uma vez vi um desses miúdos, de cigarro na mão, a correr atrás de um eléctrico; tinha topado lá dentro um homem a fumar. De um pulo, o garoto saltou para o eléctrico em andamento e ficou pendurado do lado de fora, agarrado ao carro. O senhor deu-lhe lume, o miúdo agradeceu, gritou o seu pregão, saltou para o chão e continuou a apregoar rua fora. Fumar ficava-lhe bem.[72]

[A] Em português perde a graça o trocadilho de Döblin no texto original. É que a palavra alemã aí usada, «Klingelfahrer», que aqui se traduz por «condutor toca--campainhas», dado o contexto, designa em alemão a pessoa que, na altura de planear um assalto a uma habitação, fica encarregada de se certificar, tocando a campainha, se está alguém em casa.

Já a Baixa nos fica para trás, o eléctrico volta agora a subir. A rua mudou de nome, chama-se agora CALÇADA DE S. FRANCISCO e, depois de uma curva, RUA VÍTOR CORDON. À nossa direita fica o «Museu Nacional de Arte Contemporânea – Museu do Chiado», fundado em 1911 e reaberto em 1994, com a sua colecção de pintura e escultura portuguesas do século que vai de 1850 a 1950.

Contudo é impossível concentrarmo-nos nos pontos de interesse turístico. É certo que, lançando o olhar por sobre o Terreiro do Paço, com as suas fachadas cor-de-rosa, é magnífica a vista do largo rio; que são notáveis as pastelarias e as lojas de artigos em ferro. Mas estamos constantemente a ser apanhados com a nossa atenção a ser desviada pela «musique concrète» do eléctrico, um concerto comparado com o qual o «Pacific 231», de Honegger [A], não parece mais que a música de

um pobre realejo. A triunfal cantoria do motor fica abafada no meio do matraquear, chiar e ranger do chassis ao passar por cima das bifurcações dos carris; a campainha ladra e tilinta o seu aviso aos peões, o compressor rosna e suspira, os freios bufam, enquanto o intrépido condutor, ora com toda a cautela, ora com o brio de um «virtuose», ataca a subida de novas, colossais ladeiras, passando pelo antigo quartel-general da polícia secreta ...[73]

... e pelo Teatro S. Luís. O eléctrico atinge, logo depois, o LARGO DO CHIADO, acima do qual, sentado num banquinho e sorrindo maliciosamente, está

[A] Arthur Honegger (1892-1955) foi um compositor franco-suíço. A peça sinfónica «Pacific 231» data de 1923 e inspira-se nos ruídos feitos por uma locomotiva a vapor, desde a sua tranquila respiração em repouso, passando ao esforço do arranque e ao aumento progressivo da velocidade até ao seu máximo, traduzindo-os em sons musicais. Pacific era o nome de uma firma de comboios e 231 era o número de um dos modelos de locomotivas da firma. O compositor disse um dia que sempre fora um apaixonado por locomotivas e que, para ele, eram seres vivos.

aquele que deu o nome ao largo e a todo o bairro, António Ribeiro Chiado, o frade folgazão e poeta popular do séc. XVI. À direita fica a Igreja de Nossa Senhora do Loreto e à esquerda a Igreja de Nossa Senhora da Encarnação. O eléctrico atravessa a Rua do Alecrim, que vem do Cais do Sodré, e pára, chiando, na PRAÇA LUÍS DE CAMÕES.

Na zona alta e mais frequentada da cidade deverá ser erguido um monumento a Camões. Na praça já foram plantadas árvores e flores; o pedestal já ali foi colocado, mas ainda falta a estátua – a sua primeira configuração foi rejeitada e está a ser feita uma nova.
Perguntei: «Então e o escravo de Camões? Também ali vai ter o seu lugar?» Tinha-o imaginado sentado no pedestal, de mão estendida, tal como se sentara pelas ruas de Lisboa, quando Camões ainda era vivo, a pedir esmola para o seu amo, pobre e abandonado, quase a morrer de fome.[74]

À pergunta que Hans Christian Andersen coloca, temos que responder que não, não foi concedido no monumento qualquer lugar ao escravo que, mendigando, granjeara o mínimo indispensável à sobrevivência do épico nacional enquanto este estava a morrer, totalmente desprovido de recursos. Contudo, Ludwig Tieck, na sua novela «A morte de Camões», ergueu um monumento literário a esse companheiro de largos anos do poeta. No trecho seguinte descreve os serviços incalculáveis que o escravo prestou a Camões depois de um naufrágio no delta do rio Mekong.

Mas até mesmo agora o perseguia a desgraça e eu fui-lhe companheiro de infortúnio. A nossa nau naufragou e perdi tudo aquilo que durante anos juntara: dinheiro, bens, nada escapou, nem o que era meu nem o que era do meu amigo, o qual também perdeu todos os seus haveres e apenas conseguiu salvar a muito custo, nadando, os papéis em que estava escrito o seu poema. Escapámos ao mar tempestuoso agarrados a umas tábuas que nos levaram para terra. Por ali vagueámos como mendigos, e sem o auxílio do preto, que foi incansável em nos granjear sustento, estaríamos perdidos. Quando por fim encontrámos pessoas amigas, conseguimos com o seu apoio, mas a muito custo, chegar a Goa.[75]

Num edifício situado ao lado da estação dos CTT, no topo da Praça, encontrava-se, antes de se ter mudado para a Rua António Maria Cardoso, o consulado do Brasil. José Maria Ferreira de Castro, o autor neorealista português, descreve o destino dos emigrantes durante a crise económica dos anos que se seguiram à 1ª Grande Guerra.

– Há bicha, senhor Manuel! Temos obra até à noitinha – afirmou Custódio, ao ver o cortejo que se formara na escada, desde a rua ao andar onde funcionava o consulado. Homens e mulheres comprimiam- -se em mancha escura, transbordando pelos degraus e esperando, esperando que se desse mais uma volta à chave da porta por onde deviam sair do país. Quando a vista se habituava à penumbra da escada, assinalavam-se as expressões: eles, de grandes bigodes, como já não se usavam na cidade, tez queimada pelo sol em geórgicas paisagens, as mãos largas, calejadas, e rústico todo o perfil; elas aninhando os filhos no colo, umas de seios embutidos em róseas boquitas, outras comprometidas, estranhas ao meio – os olhos incertos sob os lenços de ramagens que lhes desciam para as testas.[76]

Escassos vinte anos depois, de novo se formavam longas bichas à porta do consulado do Brasil. Desta vez tratava-se de desesperados fugitivos da Europa Central, que procu- raravam refúgio na- quele país sul-ame- ricano.

O eléctrico trepida ao longo da RUA DO LORETO, passando pelo Ascensor da Bica, que conduz ao porto, à esquerda, e pela Igreja dos Paulistas, com a sua fachada classicista, à direita.

Na RUA DOS POIAIS DE SÃO BENTO, depois de uma curva para a direita, voltamos a subir. No Palácio de S. Bento, um gigantesco palácio conventual construído no tempo dos reis espanhóis, reúne-se a Assembleia da República, o Parlamento português. O palacete situado no meio do parque contíguo é a residência oficial do Primeiro-Ministro português.

A seguir, o eléctrico dá tudo o que pode para subir a íngreme CALÇADA DA ESTRELA e, decorrida apenas uma escassa meia hora depois de abandonarmos a cúpula de São Vicente de Fora, vemos à nossa esquerda, erguendo-se ao céu, a branca cúpula da Basílica da Estrela. Os eléctricos que se dirigem aos «Prazeres» continuam viagem depois desta paragem; os que tinham a «Estrela» como destino acabam-na aqui.

O sumptuoso edifício sacro deve-se a um voto daquela que mais tarde veio a ser a rainha D. Maria I, a qual desejava ter um filho. Entre 1776 e 1789 foi construído, por dois mestres construtores da escola do arquitecto Ludovice, de origem alemã, este edifício do barroco tardio com elementos classicistas. No seu interior, a igreja, de uma só nave, é revestida quase totalmente por pedra de lioz e mármore. Há mármores brancos de Pero Pinheiro, azuis de Sintra, rosa de Negrais, amarelos de Lousa e negros de Cascais em riquíssimos jogos de cor. Se sobre tanto mármore não estivesse depositado o pó de bem mais de dois séculos, o ambiente seria mais jovial. Num branco monumento fúnebre, situado no transepto direito, está situado o túmulo, em mármore negro, da infeliz rainha. Encerrado numa sala ali perto, existe um extraordinário presépio formado por mais de 500 figuras de cortiça e terracota, de Machado de Castro, um dos maiores e mais famosos escultores portugueses.

Do outro lado da rua estende-se o JARDIM DA ESTRELA, com um coreto tipicamente português no meio, talvez o mais belo parque da cidade, ao qual Peter Hamm dedica um poema.[77]

Jardim da Estrela, Lisboa

Os felizes
não sabem nada
da felicidade –

eles não ouvem
a gravilha gemer
sob os seus passos,
eles não vêem
o lago tremer
sob o seu olhar –

O cauteleiro cego,
diante da Basílica da Estrela,
promete a todos
aquilo que ele próprio
não conhece:
sorte grande
             sorte grande
                      sorte grande.

Atravessando o Jardim atinge-se uma rotunda onde desemboca a RUA DE SÃO JORGE. No seu nº 6, através de um grande portão verde que tem por cima as armas da velha Albion, entra-se no Cemitério Inglês, no qual o britânico escritor Henry Fielding encontrou a sua última morada. O seu túmulo branco com uma chama estilizada, que lhe foi dado 101 anos após a sua morte, está situado à esquerda, mais ou menos a meio do caminho até à igreja do cemitério.

O poema de Cyrus Atabay[78] diz-nos que Pessoa não anda longe.

Estrela-Freire

Neste pequeno bosque onde já caíram as folhas
brilha de novo o sol:
Clark Gable sorri-nos de um cartaz,
com a sua gravata verde de pintas brancas,
recomenda-nos um Winston,
o genuíno sabor americano,
tendo por fundo, a navegar no rio,
um barco do Mississipi –
isto não é a fria serenidade da América,
como a descreveu Lenau,
isto é a lantejoula arrastada pelo vento,
a inocência dos prazeres do La-lezar [A],
reencontrada na Lisboa
dos anos oitenta –
os eléctricos devoram-se pelas ruas,
como lagartas amarelas;
num deles, sonhando acordado, vai Ricardo Reis
tecendo um casulo do qual,
na paragem Estrela-Freire,
se liberta o poema.

Se tiver tempo, dê então uma saltada à Casa Fernando Pessoa. A RUA DA ESTRELA leva-nos à casa onde outrora morou o poeta, na RUA COELHO DA ROCHA, em Campo de Ourique. Este bairro, edificado no final do séc. XIX, com prédios de vários andares e uma quadrícula de arruamentos perpendiculares uns aos outros, foi outrora uma das zonas residenciais mais procuradas e ainda hoje transmite uma sensação de bem-estar e serenidade.

Saindo da Casa Fernando Pessoa, reencontramos o eléctrico na RUA SARAIVA DE CARVALHO e após uma viagem de uns bons 5 minutos chegamos à estação terminal PRAZERES.

O Jardim dos Prazeres, situado bem acima do rio Tejo, e rodeado de altos muros brancos, é a necrópole de Lisboa. O cemitério é a cópia topográfica exacta, em miniatura, de uma capital, com todos os seus

---

[A]La-lezar é o nome de uma cadeia internacional de restaurantes turcos.

edifícios, ruas, igrejas, praças, palácios, bem dividida em bairros, mas escassamente povoada. Só aqui e além se vê uma velha, um jardineiro ou um gato perdido. No frontão dos jazigos ou mausoléus está muitas vezes escrito jazigo ossuário.[A] Construídos em pedra de cantaria de boa qualidade, aparentemente para durarem uma eternidade, eles dão, em todo o caso, a impressão de irem durar mais do que as moradas dos vivos, a cair aos bocados, a ameaçar ruína. É impressionante a sua variedade arquitectónica. Lado a lado podemos encontrar uma pirâmide e uma capela, um castelo ao pé de um templo, uma mansão junto de um pagode. Muitas destas casas para os mortos, francamente, parecem estar habitadas. As janelas, com vitrais coloridos, estão guarnecidas com cortinas de renda; as portas, de bronze, ferro fundido ou latão, têm fechaduras de segurança. No interior, o olhar bisbilhoteiro entrevê um oratório cheio de vasos de flores, colocados sobre paninhos bordados. Às vezes a sala de visitas dispõe até de cadeiras para os raros visitantes ou para os fantasmas amigos. Mas vislumbram-se sempre, à esquerda e à direita, prateleiras de mármore dispostas umas sobre as outras em andares, como os beliches nos quartos das crianças. Ali jazem os caixões faustosamente adornados. Quase todos os mausoléus têm ainda alguns lugares vazios. Os jazigos mais antigos mantêm-se nos estilos neogótico, neomanuelino ou neorenascentista; contudo, os mais recentemente construídos assemelham-se antes a postos de transformação ou a cofres de bancos. Raramente se encontram estátuas. Parece reinar aqui uma espécie de proibição das imagens. As lascivas deusas, os génios e as musas, que encontramos em outros cemitérios, estão aqui totalmente ausentes; em compensação, os epitáfios revelam uma retórica inflamada, recheada de superlativos, por entre os quais se perde. Não sei como é que este lugar pode ter conseguido o seu nome de Prazeres, mas a comunidade dos esqueletos comprova, em resumo, que o culto dos mortos, aqui, goza de uma enorme vitalidade.[79]

Passamos o portão e, ao contrário do Ricardo Reis de José Saramago, em «O ano da morte de Ricardo Reis», não temos de ir perguntar ao guarda...

... onde estava sepultado Fernando António Nogueira Pessoa, falecido no dia trinta do mês passado, enterrado no dia dois do que corre,

---

[A] Em português no texto original. «Ossuário» é ainda melhor que «ossário».

recolhido neste cemitério até ao fim dos tempos, quando Deus mandar acordar os poetas da sua provisória morte. O funcionário compreende que está perante pessoa ilustrada e de distinção, explica solícito, dá a rua, o número, que isto é como uma cidade, caro senhor, e, porque se confunde nas demonstrações, sai para este lado do balcão, vem cá fora, e aponta, já definitivo, Segue pela alameda sem nunca se desviar, vira no cotovelo, para a direita, depois sempre em frente, mas atenção, fica-lhe do lado direito, aí a uns dois terços do comprimento da rua, o jazigo é pequeno, é fácil não dar por ele. Ricardo Reis agradeceu as explicações, tomou os ventos que do largo vinham sobre mar e rio, não ouviu que fossem eles gemebundos como a cemitério conviria, apenas estão os ares cinzentos, húmidos os mármores e liozes da recente chuva, e mais verde-negros os ciprestes, vai descendo por esta álea como lhe disseram, à procura do quatro mil trezentos e setenta e um ...[80]

O jazigo é, de facto, muito discreto e, apesar do aviso do guarda do cemitério, também Ricardo Reis, à primeira, começa por passar pelo número 4371, do lado direito da rua I, sem dar por ele. Possivelmente acontecer-nos-á o mesmo, já que o aspecto insólito deste lugar, de início, desnorteia.

De um lado e do outro os jazigos têm as portas fechadas, tapadas as vidraças por cortininhas de renda, alva bretanha como de lençóis, finíssimas flores bordadas entre dois prantos, ou de pesado crochê tecido por agulhas como espadas nuas, ou richeliâ, ou ajur, [...]
Ricardo Reis andou já metade do caminho, vai olhando à direita, eterna saudade, piedosa lembrança, aqui jaz, à memória de, iguais seriam do lado esquerdo se para lá olhássemos, anjos de asas derrubadas, lacrimosas figuras, entrelaçados dedos, pregas compostas, panos apanhados, colunas partidas, se as farão já assim os canteiros, ou as entregarão inteiras para que as quebrem depois os parentes do defunto em sinal de pesar, como quem solenemente, à morte do chefe, os escudos parte, e caveiras no sopé das cruzes, a evidência da morte é o véu com que a morte se disfarça.[80]

Ao contrário de Ricardo Reis, chegamos demasiado tarde. No pequeno jazigo de D. Dionizia de Seabra Pessoa há outra vez, desde 1985, um lugar livre. O caixão do seu neto, por ocasião do cinquentenário da morte do poeta, foi trasladado para o Mosteiro dos Jerónimos.

5. Lisboa e o seu Pombal

Praça Marquês de Pombal – Rato – Rua da Escola Politécnica – Alto de Santa Catarina – Museu de Arte Antiga

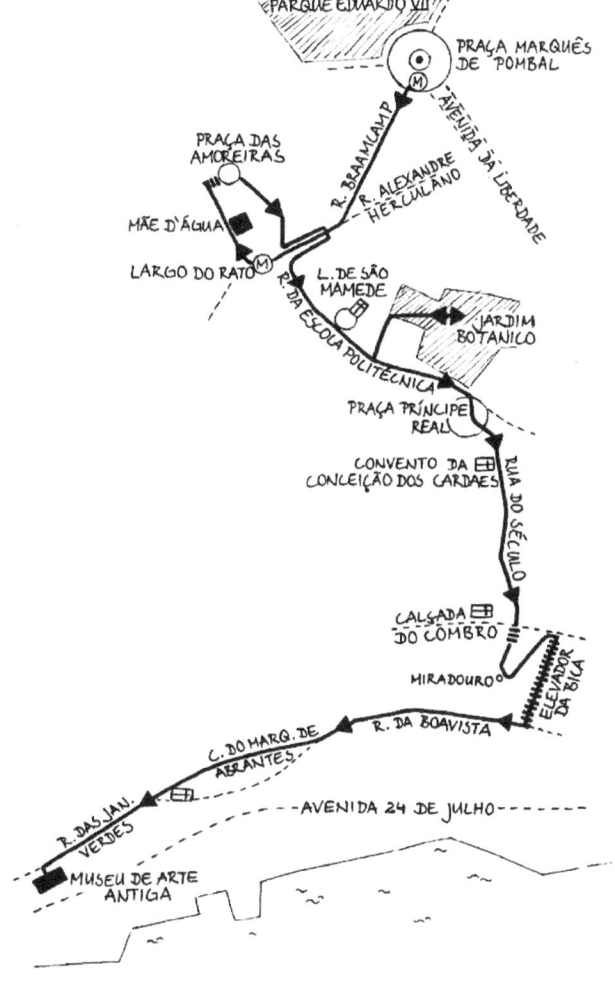

Este itinerário ocupa-se principalmente do Marquês de Pombal[81], uma figura incontornável da História de Portugal.

Sebastião José de Carvalho e Melo, que a História só tardiamente haveria de admitir nos seus tenebrosos e muito procurados arquivos, não com um título qualquer, desses da baixa fidalguia, nem sequer com o de Conde de Oeiras, mas sim, antes de tudo o mais, com o de Marquês de Pombal, de triste reputação, atingira, já depois do seu quinquagésimo aniversário, progressos sem par na oposição à alta nobreza do seu país. É verdade que ele regressara ainda sem qualquer nomeada de Londres onde, durante alguns estéreis anos, defendera os interesses do seu país; contudo, depois de ter conseguido casar em Viena, em segundas núpcias, com uma condessinha da linhagem dos Daun, sobrinha do marechal, e de, na corte de Lisboa, ter passado a exibir a seu lado – homem pesadão, quase gigantesco, que era – a figurinha elegante e delicada da aristocrata, começou finalmente a ficar cada vez mais próximo o destino em direcção ao qual ele já passara cinco décadas da sua vida.

Pois que embora mal existissem relações entre ele e a graciosa senhora, que não podia levar pelo braço sem se curvar, ela ganhou-lhe a protecção da imperatriz Maria Teresa e a da rainha-mãe, [A] que pertencia aos Habsburgos; ...[82]

A 1 de Novembro de 1755, no Dia de Todos-os-Santos, Lisboa foi assolada por um forte terremoto. Começou às 9 horas da manhã e durou nada menos que nove minutos. Muitas pessoas se encontravam nas igrejas, para a missa. Aqueles que não ficaram logo soterrados aí, sob os escombros das paredes e telhados que se desmoronaram, saíram precipitadamente de lá para fora e fugiram em direcção ao Tejo, procurando aí a

---

[A] Sebastião José de Carvalho e Melo estava como diplomata em Viena, mediando um grave problema da imperatriz Maria Teresa com o Vaticano, quando aí conheceu, em 1745, a condessa de Daun, sua segunda esposa. Maria Teresa foi arquiduquesa da Áustria, rainha da Hungria e Croácia, única mulher, e última, a chefiar a Casa de Habsburgo (também conhecida por Casa de Áustria), pois ao casar com Francisco Estêvão de Lorena originou a nova dinastia Habsburgo-Lorena. Mais tarde, também em 1745, o seu marido foi eleito imperador do Sacro-Império Romano-Germânico, e Maria Teresa tornou-se imperatriz-consorte. A rainha-mãe referida é a viúva de D. João V, D. Maria Ana de Áustria, pertencente por nascimento à Casa de Habsburgo.

salvação. Mas uma onda gigantesca vinda do Mar da Palha, o «tsunami», abateu-se sobre as ruas da cidade e levou tudo à sua frente. Sobre Lisboa pairou uma nuvem negra de poeira, através da qual irromperam as primeiras línguas de fogo das labaredas. As velas, que tinham sido acendidas nas igrejas e nos altares domésticos para celebrar o dia, foram as responsáveis pelo início do incêndio da cidade destruída. Para os lisboetas chegara o fim do mundo. Acreditava-se que Deus tinha castigado a cidade – como outrora fizera a Sodoma. Casas e palácios, igrejas e conventos, hospitais e teatros, fortes, todo o fausto que fora financiado com a riqueza das colónias, tudo ruíra. A catástrofe e a interrogação – face à existência de Mal no mundo – sobre qual seria a justificação de Deus originaram fortes réplicas literárias na Europa. Kant[83] e Voltaire[84] ocuparam-se deste tema, e nos nossos tempos ainda se pode encontrar o terremoto como um dos temas literários mais apreciados, por exemplo na obra de Franz Werfel ou em «A montanha mágica», de Thomas Mann.

O terremoto destrói principalmente a Baixa, atingindo menos as zonas da cidade situadas nas colinas, como porventura Alfama, Mouraria, Madre de Deus ou os novos bairros do Rato ou Arroios.[A] Entre 5.000 e 60.000 pessoas[85] encontram a morte neste dia. O caos começa já a ameaçar estabelecer-se e os primeiros saqueadores estão a caminho de enriquecer, apropriando-se dos bens que ficaram sem dono, quando o Marquês de Pombal entra em cena. Em vez de fugir da cidade nesta hora de perigo, como os outros ministros, fica no seu lugar e assume o comando. Manda fechar os portos, tratar dos vivos e enterrar os mortos.

Durante o terremoto o rei encontrava-se em Belém, que permaneceu intacto. D. José, que não tinha talento nenhum para governar, já antes da catástrofe concedera ao seu ministro total confiança. Enquanto o rei ia à caça e se divertia, era aquele quem

---

[A] Saberá o leitor que é o terremoto que está na origem da expressão «Foi resvés Campo de Ourique», que se equipara a «ia sendo mas não foi», «escapou por um triz»? O Grande Terramoto de Lisboa, que teve o grau 9 da escala de Richter e ao qual se seguiu o «tsunami», destruiu toda a cidade de Lisboa, ainda muito circunscrita nesse tempo às zonas baixas próximas do Tejo, mas não chegou ao bairro de Campo de Ourique, que deixou intacto.

dirigia os assuntos do Governo. Agora, o terremoto tornara-o absolutamente insubstituível e ele aproveitou a favorável oportunidade para eliminar qualquer tipo de oposição aos seus planos, até mesmo quando a oposição veio do rei.

O Marquês começou por impor uma proibição de toda e qualquer reconstrução até que estivesse concluído um plano global. A seguir, os proprietários foram obrigados a mandar demolir, à sua custa, as ruínas, e a reconstruir as casas, segundo os novos regulamentos, dentro de cinco anos. Quem isto não cumprisse era expropriado, sendo o terreno vendido a cidadãos que tivessem capacidade financeira. Ora isso aconteceu frequentemente às famílias nobres, que por dificuldades económicas não eram capazes de voltar a construir as suas casas, ao passo que havia comerciantes e mercadores que dispunham de capital para investir. O Marquês de Pombal contribuiu assim para o reforço da burguesia com fartos cabedais.

No topo de uma larga avenida encontra-se um monumento de uma vivacidade tremenda, cheio de arabescos alegóricos e excessos barrocos, próximo de um belo parque ainda inacabado. O homem que colocaram lá em cima, bem alto, sobre um pedestal, é o marquês de Pombal, o autoritário estadista português de finais do séc. XVIII.

Quando, há alguns anos, me dispus a retratar a ascensão e queda da república jesuíta do Paraguai, também esbarrei com Pombal. O marquês ascendeu ao poder pela mão de uma rainha-mãe, enquanto no trono se sentava um monarca-fantoche, e apressou-se a encostar à parede, com a brutalidade que lhe era própria, a família real inteira, incluindo a rainha-mãe. Explorou falsas questões para liquidar os nobres que se lhe opunham, lançando-se igualmente contra os Jesuítas. Destes, expulsou uma mão cheia deles; encarcerou outros tantos, para o resto das suas vidas, em masmorras subterrâneas junto ao mar; e tratou de queimar vivo, com grande cerimonial, um outro padre jesuíta, alegadamente envolvido num atentado contra o rei. Este último mencionado jesuíta era um missionário velhíssimo, já fraco de espírito, regressado dos trópicos atacado de febres, que a Inquisição, presidida pelo irmão do Marquês de Pombal, condenara. O marquês era um déspota iluminado, como tantos que aquela época produziu em série. Desenvolveu a indústria, e por esse motivo, bem como por ter afastado os Jesuítas, lhe ergueram aqui um monumento.

Um monumento adequado àqueles tempos. Os déspotas daquela época eram, sem dúvida, iluminados. Os de hoje atêm-se a ideias místicas; pregam talvez a raça e o conceito de nação. Mas, por muitas voltas que a história mundial dê, os tiranos acabam sempre por encontrar instrumentos para exercer a sua tirania. O marquês de Pombal só conseguiu manter-se no poder enquanto teve por trás o seu rei-fantoche. Depois foi escorraçado. Ele, porém, preparara-se para essa eventualidade, tendo posto no estrangeiro toda a sua fortuna, da qual continuou a viver ainda durante uma boa temporada.

Todos estes Pombais, quer se sentem, vamos lá, no trono, quer se lhe ponham à frente – dá mais gozo colocar-se-lhe à frente: para além de se obter de mão beijada a legitimação, ainda por cima se desfruta do prazer de andar com um rei vivo à trela –, limitam-se a executar ideias que acompanham as tendências da época, vindo a surgir depois como reformadores. O marquês de Pombal foi, portanto, um homem progressista, um voltairiano e um patrono da indústria.

Mas o povo, esse, e a atribulada época que viveu conheceram-no também como homem. Estavam familiarizados com os seus «processos judiciais». O povo estava consciente de que, apesar da expulsão dos Jesuítas e da indústria recentemente nascida, estava a ser oprimido e privado de direitos. E por isso, quando finalmente surgiu a oportunidade, escorraçou o tirano. Para eles, ele fora mesmo um tirano. Por fim, passados dois séculos, vai então uma pessoa a passear pelas ruas de Lisboa, com outro tirano também às voltas no pensamento, e não é que se dá de caras, em Lisboa, no Parque, sobre um pedestal de mármore guarnecido de uma inscrição laudatória, com um tal Marquês de Pombal, aquele mesmo Marquês de Pombal que em tempos desprezaram e baniram, Pombal agora, outra vez, o benfeitor da humanidade?!

E se com isto se admirarem e quiserem saber o local onde ele, na realidade, está, ainda se espantarão mais: na Avenida da Liberdade. Porque assim é a história universal, a que alguns humoristas chamaram o Juízo Final.[86]

Também o dramaturgo português Luís de Sttau Monteiro acha singular a atribuição deste nome.[87]

Desço a Avenida da Liberdade.
Há nisto qualquer coisa de ridículo e irónico.
Porque é que esta avenida não tem um outro nome qualquer?

O monumento que Alfred Döblin descreve, erigido de 1926 a 1934, fica sobre uma ilha no mar do trânsito, no centro da PRAÇA MARQUÊS DE POMBAL, diante do PARQUE EDUARDO VII. Este, nascido como Parque da Liberdade no princípio do séc. XX, quando se rasgou a Avenida do mesmo nome, foi rebaptizado em 1903, em honra de Eduardo VII do Reino Unido, que no ano anterior viera a Portugal para reafirmar a antiga aliança luso-britânica. Só em 1942 seria inaugurado com a sua configuração actual, o que explica estar ainda inacabado quando o neurologista e escritor prussiano o viu, em 1940, antes de emigrar para os Estados Unidos da América.

A Praça sofreu em 2012 uma significativa alteração, com o intuito de diminuir o trânsito e melhor o distribuir. A poluição atmosférica criada pelo intenso tráfego rodoviário vinha excedendo, há muito, os limites legais e tinha de ser reduzida. As cinco faixas rodoviárias, antigamente num só conjunto, foram divididas por dois anéis: o interior, com três vias, distribui o tráfego para as duas avenidas principais (a da Liberdade e a Fontes Pereira de Melo) e a Rua Joaquim António de Aguiar; e no exterior, só com duas faixas, circulam os transportes colectivos e o tráfego para a Rua Braamcamp e Avenida Duque de Loulé. Entre os dois anéis há relvados, uma ciclovia e passeios para os peões circularem. Para aceder ao monumento já não há as antigas passagens subterrâneas, que um certo tipo de criminalidade tornara perigosas e cujas entradas foram tapadas por grelhas. Agora há, à superfície, três passagens para peões, junto aos semáforos que controlam o tráfego do anel interior. Mas atravesse-as com a maior cautela, pois nenhuma está marcada no chão como passadeira-zebra.

É tão alta a coluna da qual o Marquês, em bronze, com uma mão sobre um magnífico leão a seu lado, contempla Lisboa, que ele nos surge em contraste com o céu, não sendo sequer a linha de prédios em torno da praça que lhe forma o fundo. No extremo superior da coluna estão instalados medalhões representando companheiros seus de várias lutas, entre eles o Conde Guilherme de Schaumburg-Lippe, que expulsou os invasores espanhóis e franceses e, depois da guerra, reorganizou o exército português.[A] Letras de bronze proclamam os feitos de Pombal. Na base da coluna, ricamente decorada com figuras, Plutão e Neptuno junto à proa de uma nau, que simboliza a renovação da Marinha Mercante, representam o terremoto e o maremoto; por cima, a jovem mulher de tronco todo nu é a Lisboa reedificada. No lado direito representa-se a Agricultura, através de uma camponesa, guiando dois bois que puxam o arado com que um homem lavra a terra, e outros camponeses, que representam a semeadura, a ceifa e a vindima. No lado esquerdo, um cavalo puxa uma barca carregada de barris, aludindo às reformas na região do Vinho do Porto; e um oleiro (um tanto escondido por trás da cabeça do cavalo), um cordoeiro e um operário que sopra o vidro simbolizam as indústrias que Pombal apoiou. No lado de trás está Minerva, que representa a Reforma do Ensino, sentada diante do portal da Universidade de Coimbra.

Na estação de metropolitano que fica por baixo da Praça encontrará, no átrio e acompanhando as escadas que conduzem aos cais, compridos painéis de azulejos. Nestes, a utilização do azul como única cor faz recordar a arte da azulejaria do séc. XVIII. As imagens foram concebidas pela pintora Menez e executadas por Manuel de Sousa na fábrica de cerâmicas Viúva Lamego. Trata-se de uma série de figuras e pequenos quadros descritivos, nem sempre por ordem cronológica. Começamos pelo lado de onde os comboios seguem para o «Rato». Primeiro indicam-nos o nascimento de Sebastião José de Carvalho e Melo, mais tarde chamado Marquês de Pombal, assinalando-se os anos de início e fim da sua vida, 1699 a 1782; depois vem uma galeria de contemporâneos seus: o aventureiro Casanova, os músicos compositores Bach e Mozart, os pintores Watteau e Longhi, o investigador das ciências da Natureza Buffon, os filósofos Kant, Voltaire, Rousseau e Diderot, os reis de França Luís XV e Luís XVI, o presidente dos Estados Unidos da América Washington, etc. A narrativa começa com a morte de D. João V, no ano de 1750.

[A] Não se trata das invasões napoleónicas mas de outras invasões, em 1762, por tropas francesas e espanholas, resultantes de nos recusarmos a ajudar a França na «Guerra dos 7 anos» contra a Inglaterra, nossa velha aliada.

O seu filho, D. José, aponta para aquele que virá a ser seu ministro, o futuro Marquês de Pombal, dado apenas pelo delineado da sua imagem, sem quaisquer pormenores, nem sequer a cara – uma vez que ele ainda não se afirmara como estadista. Segue-se uma representação de tudo aquilo que era então determinante para a vida em Portugal: o mar, os militares, a cavalaria, os ofícios e a arquitectura, terminando de forma misteriosa com dois quadrinhos que aludem, expressamente, à Maçonaria.

Na parede fronteira, do outro lado do pequeno café, começando perto do cais de onde seguem os comboios para «Odivelas», estão reproduzidos importantes acontecimentos daquele tempo: o atentado contra o rei e a cruel tortura e execução dos principais participantes nessa conjura, os Távora, pertencentes a um ramo lateral da casa real. Vê-se a decapitação de Dona Leonor Távora, sentada numa cadeira e de mãos atadas.

Segue-se-lhe uma representação do terremoto de 1755: edifícios que se desmoronam, corpos já sem vida, casas a arder, a gigantesca onda de «tsunami» que se abate sobre a cidade, o enforcamento de ladrões e saqueadores que se enriqueceram com bens espalhados por todo o lado. Este acontecimento abalou então toda a Europa. Goethe, que na altura do terremoto tinha apenas seis anos, recorda-o mais tarde e é aqui citado com uma frase de «Poesia e verdade»: «Sim, talvez em tempo algum tenha o demónio do medo espalhado por toda a Terra, tão rápida e poderosamente, o seu horror.» A imagem seguinte mostra Pombal numa representação conforme ao quadro pintado por Louis Michel van Loo: o Marquês está sentado e dá instruções, tendo alguns documentos na mão, provavelmente planos para a reconstrução de Lisboa. A seguir a este vêm os retratos dos arquitectos Manuel da Maia e Carlos Mardel e do engenheiro civil militar Eugénio dos Santos, que «formam um triângulo de forças convergentes para uma obra comum», a criação

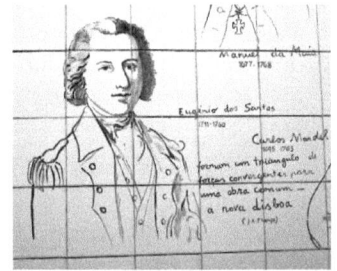

144

de uma nova Lisboa, e para isso tomam como base um padrão em forma de tabuleiro de xadrez e um determinado tipo de prédios.

Acompanhando agora as escadas do lado oposto ao pequeno café, de um lado representam-se, num terceiro painel, as grandes medidas tomadas pelo ministro: a expulsão dos Jesuítas e a fundação de indústrias e reais companhias comerciais (quer para o comércio oriental, quer para o comércio com o Brasil), como a Fábrica dos pentes, a Fábrica de chapéus, a Fábrica de vidros, a Fábrica de cartas de jogar, a ainda hoje famosa Fábrica de Louça do Rato, a Cordoaria, a Fábrica de tapeçarias. A paisagem que vem a seguir sugere a região vinícola do vale do Douro. Muito contra a vontade da população, Pombal regulamentou a viticultura e a vinicultura e fundou a Companhia Geral da Agricultura das Vinhas do Alto Douro. Os nomes seguintes, como por exemplo Cavaleiro de Oliveira ou Ribeiro Sanches, Luís António Verney ou António José da Silva, o Judeu, pertencem a mais companheiros das lutas de Pombal pelas novas ideias e por uma reforma do ensino. Tal como aquele, tinham tomado consciência, no estrangeiro, do atraso do seu país. Tal como ele, tinham por objectivo acordar Portugal do seu sono comatoso, qual nova Bela Adormecida, e possibilitar-lhe o acesso ao progresso. Os seus opositores eram a Igreja e a nobreza. Quando o rei morreu, Pombal perdeu o seu apoio. O povo e a nobreza, a quem ele retirara o poder, revoltaram-se, e a figura que brande um documento com a inscrição «TIRANO» mostra bem em que conta era tido o «déspota iluminado». Quando D. Maria I subiu ao trono, em 1777, só conseguiu impedir a morte do ministro demitindo-o e desterrando-o para fora de Lisboa.

Acompanhando a escada do lado contrário, o último friso representa os folguedos da corte, tendo-se provavelmente contado também entre eles, em 1767, o último auto-de-fé, ou seja, a última queima pública de hereges. Algum exotismo brasileiro traz à memória as fontes da riqueza do reino – aquele ouro que, no séc. XVIII, afluía a Portugal, oriundo daquela colónia.

Dois medalhões redondos recordam a vinda, e permanência na corte de D. José, do compositor Scarlatti e a inauguração da estátua equestre do rei na Praça do Comércio.

Vá agora de metro até ao LARGO DO RATO. Esta estação está ornamentada com bustos, em bronze, do casal de artistas Arpad Szenes e Maria Helena Vieira da Silva, e é-lhes dedicada.

Dirigimo-nos para a saída «Largo do Rato / Avenida Pedro Álvares Cabral». No antigo convento de freiras diante do qual voltamos a ver a luz do dia, encontram-se hoje a Direcção Geral da Segurança Social e uma esquadra da Polícia. «Rato» era a alcunha de Luís Gomes de Sá e Meneses de Elvas, figura do séc. XVII que, com uma generosa doação, conseguiu que findasse a construção do mosteiro das «monjas Trinas», primeiras ocupantes deste edifício. O largo, antigamente ponto de encruzilhada de várias estradas nacionais, caracteriza-se por um traçado um tanto ou quanto caprichoso das faixas rodoviárias.

Seguimos pela RUA DAS AMOREIRAS acima, na qual ainda estão instalados os carris mas, infelizmente, já não passam eléctricos. Em breve nos fica à direita um enorme edifício em forma de cubo, a «Mãe de Água». O reservatório, construí-

do em meados do séc. XVIII, com uma capacidade de 5.500 metros cúbicos de água, alimentava com o precioso líquido os chafarizes do centro histórico de Lisboa. Um aqueduto com pouco mais de catorze quilómetros, que começa na nascente das Águas Livres, em Belas, uma vila próxima de Queluz, corre até este reservatório sobre pilares amuralhados. De aqui onde estamos podemos ver como a conduta de água atravessa a rua utilizando o barroco arco triunfal das Amoreiras. Este, construído para celebrar a chegada da água à cidade, fora terminado antes da época de Pombal e tinha então a seguinte inscrição em latim:

No ano de 1748, reinando o piedoso, feliz e magnânimo Rei D. João V, o Senado e o povo de Lisboa, à custa do mesmo povo e com grande satisfação dele, introduziram na cidade as Águas Livres, desejadas pelo espaço de dois séculos, e isto por meio de aturado trabalho, durante vinte anos, a arrasar, desfazer e perfurar outeiros na extensão de nove mil passos.

Desagradou este texto ao Marquês, por colocar em primeiro plano, demasiado, o povo. Em 1783 mandou raspar da pedra a inscrição e substituí-la por outra, em português:

Regulando D. João V, o melhor dos reis, o bem público de Portugal, foram introduzidas na cidade, por aquedutos solidíssimos, que hão-de durar eternamente e que formam um giro de nove mil passos, águas salubérrimas, fazendo-se esta obra com tolerável despesa pública e sincero aplauso de todos. Ano de 1748.

Vê-se aquilo que a Pombal, constantemente, mais importava: o reforço do poder central, da autoridade absolutista do rei. O povo, que prestou o trabalho mais pesado, apenas é mencionado na medida em que está contente e, assim o entendia o Marquês, não teve de pagar muito.[A]

[A] Há documentos que refutam a ideia de que o Aqueduto teria sido construído graças ao ouro do Brasil. As obras foram pagas pelo povo – facto que a primitiva inscrição não deixava cair no esquecimento – com recurso ao «real d'água», o tradicional imposto sobre produtos de consumo corrente, como o vinho, a carne, o azeite, o sal e a palha. Nem o clero foi isentado de o pagar.

Um bom bocado antes do arco de triunfo, uma escada, passando por baixo de um dos últimos 12 arcos do aqueduto, conduz-nos à acolhedora PRAÇA DAS AMOREIRAS, de tranquilo ambiente familiar. Aí, onde hoje se espalha o jardim, havia antigamente 331 amoreiras, cujas folhas os bichos-da-seda comiam, fornecendo depois o material para a Real Fábrica das Sedas. Na zona do outro lado da praça Pombal realizou depois do terremoto um bairro industrial, o Bairro dos Fabricantes, onde, para além de várias unidades fabris e das habitações operárias, se criou um verdadeiro núcleo de formação profissional, o Real Colégio de Manufacturas Nacionais. A Real Fábrica das Sedas já estava instalada perto do Largo do Rato, mas passou a dispor aqui, em 1757, de outro amplo edifício, com pombalina fachada, outrora amarela e hoje branca, onde além de manufacturas de seda também se fazia a formação dos aprendizes, que trabalhavam com os fabricantes. Nele tem actualmente a sua sede a «Fundação Arpad Szenes – Vieira da Silva». Para além de outras obras destes dois artistas, também se encontra aqui o quadro «Le Métro», cuja versão em azulejos encontramos na estação de metro de «Entre Campos». Num topo da praça fica a entrada para a «Mãe d' Água» das Amoreiras. O despretensioso interior deste reservatório, de planta quadrangular, é quase totalmente preenchido por um fundo tanque, no qual se despenha, sobre um montão de rochas, a água saída de um túnel pela grande boca de um peixe. Quatro maciços pilares saem do tanque e servem de apoio à abóboda.

Voltando à Rua das Amoreiras, você pode dar uma saltada, para a qual terá de dispor de algum tempo (cerca de 35 minutos, e tomando 2 autocarros, o 713, até Campolide, e depois o 702-Serafina, até à Calçada da Quintinha), ao enorme aqueduto que vence o vale de Alcântara por meio de 35 arcos. À época da sua construção, na primeira metade do séc. XVIII, foi considerado uma obra-prima da Técnica. A entrada para o aqueduto encontra-se na CALÇADA DA QUINTINHA. Do passadiço que acompanha a emparedada conduta de água, pode apreciar, com todo o sossego, o ruidoso trânsito lá em baixo. Ao longo do outrora idílico vale desenvolve-se hoje o acesso à ponte sobre o Tejo. No regresso, a caminho do Rato, come-se bem mas nada em conta no restaurante «Casa da Comida», na TRAVESSA DAS AMOREIRAS.

A nossa meta agora é a RUA DA ESCOLA POLITÉCNICA, que se inicia junto ao enorme chafariz projectado por Carlos Mardel e encostado ao muro do Palácio Palmela, hoje sede da Procuradoria Geral da República. Antes, porém, percorremos ainda cerca de 100 metros na Rua Alexandre Herculano, que também ali desemboca no Largo, para admirar os azulejos da fachada da antiga Garagem Auto-Industrial, construída em 1906 e então chamada Auto-Palace, onde hoje se instalou um moderno «stand» de automóveis.

Firmino estava parado no semáforo do Largo do Rato. Era um semáforo interminável, já sabia, e o impaciente táxi atrás dele tinha praticamente encostado o pára-choques ao seu carro. Firmino habituara-se a ter paciência com aquelas obras da Câmara, que prometia uma cidade limpa e organizada, e que queria tudo pronto para a Expo. Ia ser um acontecimento mundial, anunciavam os painéis publicitários colocados nos pontos nevrálgicos do tráfego, um daqueles acontecimentos que iam promover Lisboa a cidade do futuro. Firmino, para já, sabia apenas o que era o seu futuro imediato, o outro não o conhecia. Significava ter de esperar pelo menos cinco minutos no semáforo, até o maquinista da escavadora se chegar para o lado, e mesmo que o semáforo ficasse verde não havia nada a fazer, era preciso esperar. Por isso conformou-se, acendeu um cigarro Multifilter dos que lhe tinha enviado um amigo suíço, sintonizou o rádio no programa «Os ouvintes perguntam», já agora ficava a par dos acontecimentos, e deitou uma olhadela ao relógio electrónico no topo do prédio em frente. Marcava duas da tarde e indicava trinta e oito graus de temperatura.[88]

À entrada da RUA DA ESCOLA POLITÉCNICA, do lado direito, fica o primeiro edifício, de 1738, da Real Fábrica das Sedas. Só se avalia bem o tamanho do prédio, se repararmos que no primeiro andar da sua fachada principal há, no total, 37 janelas. Por baixo das primeiras dezassete, o rés-do-chão está hoje aproveitado por uma pastelaria fundada em 1857, muito bonita, com o seu painel de azulejos; um restaurante, cujo nome, «Real Fábrica», alude à inicial função fabril de todo o edifício; e outro moderno «stand» de automóveis, com oficina anexa. O corpo central, mais destacado até que os dois torreões extremos, é rematado por um frontão triangular em que sobressai a pedra de armas de D. José. Vem mais adiante o Palácio Cruz-Alagoa, construído a partir de 1757, logo a seguir ao terremoto, até 1762. Estendia-se do nº 161 ao 195 com uma longa fachada de dezoito janelas em cada andar. Começava com a capela, no topo; era depois constituído por um rés-do-chão baixo, andar nobre e segundo andar, apresentando-se o casarão como se fosse uma única unidade habitacional. Na realidade eram dois edifícios justapostos, cada um com seu proprietário mas ambos da mesma família, conseguindo-se a ideia de unidade através de idênticos reboco, pintura e decoração. Estava a cair aos bocados desde 1990 mas uma das partes já foi recuperada para um condomínio residencial privado. Nas traseiras do outro edifício, que ruíra totalmente e de cuja fachada já só uma parte, graças a escoras, se mantém de pé, havia um terreno para serventia e um jardim, onde agora está instalado um parque de estacionamento pago que, de provisório, ameaça tornar-se definitivo. É que para aquele local existe, desde 2002, um projecto imobiliário, destinado a habitação, escritórios e lojas em volta do antigo pátio, o qual ficaria com uma fonte e bastantes árvores; mas durante as primeiras obras foram encontrados vestígios arqueológicos e deles ficou tudo pendente. Pelo contrário, a pensão residencial «Casa S. Mamede», que iniciou a sua existência em 1758 como burguês edifício de habitação e só em 1940 foi adaptada para unidade hoteleira, possui belíssimos painéis de azulejos do séc. XVIII e encontra-se belamente renovada. No lado esquerdo da rua fica o LARGO DE S. MAMEDE, uma pequena praça com a igreja paroquial do bairro. A seguir à pensão, o palácio Rebelo de Andrade-Seia, mandado construir por Rebelo de Andrade, e que foi mais tarde do Conde de Seia, seria um exemplo típico das elegantes casas senhoriais do bairro se não lhe tivessem acrescentado, no séc. XIX, um andar. Nele funciona agora a «Universidade Aberta». No prédio cor-de-rosa seguinte foi instalada por Pombal, em 1768, a Régia Oficina Tipográfica, adaptando para tal as casas nobres dos Noronha. Desde 1833 passou a ser designada por Imprensa Nacional. E a partir da fusão, em 1972, de duas empresas púbicas, passou a «Imprensa Nacional – Casa da Moeda».

Em frente a ela, junto ao «Museu Nacional de História Natural e Ciência», pertencente à Universidade de Lisboa, uma rua larga, ladeada de esgalgadas palmeiras de aspecto um tanto triste, conduzia-nos antigamente ao Jardim Botânico. Mas o acesso a este é dado agora por uma outra entrada, a seguir ao Museu. Este situa-se onde outrora esteve o «Colégio dos Nobres», a escola criada em 1761 por Pombal para os filhos-família da aristocracia de Lisboa, tendo em vista substituir o Colégio de Santo Antão, mantido pelos padres jesuítas, que era reputadíssimo como centro de ensino. A lei de Pombal que determinou o encerramento da rede de colégios da Companhia de Jesus criticava-lhes a falta de modernidade e de espírito científico. Destruído o «Colégio dos Nobres» em 1843 por um incêndio, no seu sítio se construiu em 1878 a Escola Politécnica que ainda hoje dá o nome à rua, apesar de agora ser a «Faculdade de Ciências» da Universidade de Lisboa que lá está. Foi também por volta de 1870 que foi construído o edifício dito «das onze portas», dez das quais ficam no lado direito desta rua e uma na Rua do Monte Olivete. Nele se instalou, depois, uma famosa alfaiataria de homens, de seu nome «Casa das Tesouras», que forneceu Lisboa, até aos anos trinta do séc. XX, de capotes, sobretudos e fatos de homem.

O Jardim Botânico já tem cerca de 150 anos e «*contém espécimes da flora de todas as regiões do mundo. Situado numa encosta, isso é um dos seus pontos mais favoráveis, pois a inclinação foi bem utilizada para se obterem, da variada vegetação que por toda a parte se eleva, todos os efeitos possíveis, dando ao conjunto um esplendor edénico.*»[89]

O sedutor embusteiro Felix Krull, a mulher e a filha do professor Kuckuck e o seu assistente Hurtado, porém, entraram no Jardim vindos de baixo, da Avenida da Liberdade, por um portão hoje fechado.

De ali, onde nos separámos, encontra-se realmente com facilidade o caminho até às suaves elevações sobre as quais se estendem, à volta de lagos e viveiros aquáticos, ou vencendo colinas, ou ainda em grutas e em clareiras, as famosas instalações que constituíam o objectivo da nossa excursão. Caminhávamos num arranjo de configuração variável: umas vezes, D. Miguel e eu seguíamos ao lado da senhora Kuckuck, enquanto Zuzu nos precedia com um passo vagaroso; outras, era só eu quem se encontrava, igualmente, ao lado da altiva dama e via Zuzu a caminhar à nossa frente com Hurtado. Também acontecia eu formar par com a filha, à frente ou atrás da senhora e do naturalista, o qual, porém, muito frequentemente vinha juntar-se a mim, para me dar explicações sobre a paisagem ou as maravilhas do mundo das plantas. E isto, confesso-o, era o que eu preferia – não por causa do «empalhador de animais» e das suas explicações, mas sim porque nessa configuração era feita justiça àquele renegado «em segundo lugar» e eu via mãe e filha diante de mim, numa excitante combinação.

É aqui o lugar para introduzir a observação de que a Natureza, por mais maravilhosa que se nos apresente e por muito considerada como coisa digna de se ver que seja, só consegue desviar-nos um pouco de atenção se o elemento humano nos ocupa e absorve a nossa mente. Quando assim é, apesar de todas as pretensões que tem o direito de alimentar, ela não desempenha papel maior do que o dos bastidores do teatro, o pano de fundo dos nossos sentimentos, um mero cenário. Mas é verdade que, como tal, ela era aqui digna de toda a nossa admiração. Coníferas de gigantesca estatura, com uma altura de quase cinquenta metros, causavam espanto. O parque estava cheio de palmeiras-vassoura e palmeiras-de-crista de todos os tipos e vindas de todos os cantos do mundo, e a abundância de plantas fazia com que em certos lugares se enredassem como numa floresta virgem. Exóticos tipos de canas, bambus e papiros orlavam os lagos de recreio, onde nadavam multicores patos de popa e patos-mandarim. Havia muitos espécimes de iúcas para admirar, com o verde-escuro dos seus penachos de folhas, dos quais brotavam bem para cima grandes tufos de campainhas brancas. E havia ainda, além disso, os fetos arbóreos, tão velhos como a Terra, que se juntavam em muitos lugares formando inverosímeis bosques enredados, com um matagal vicejante e esbeltos troncos que se espalhavam formando copas de enormes folhas, nas quais se encontravam instalados os esporângios, como nos ensinou Hurtado. Disse-nos que os fetos arbóreos já só existiam em muito poucos lugares da Terra para além deste. Acrescentou ainda que aos fetos em geral, posto que não tivessem flor e, em boa verdade, nem sequer sementes tivessem, a crença de homens primitivos atribuíra, desde tempos imemoriais, todo o tipo de virtudes secretas e, em particular, que seriam bons para feitiços de amor.[90]

Pelas suas cúpulas semelhantes a melancias é conhecido em Lisboa inteira o palacete Ribeiro da Cunha, com um certo toque mourisco, que foi pertença de um «brasileiro», designação dada aos emigrantes portugueses regressados com fortuna feita no Brasil. Hoje, porém, está ocupado, desde 2013, por uma galeria comercial alternativa. Como toda a zona final da Rua da Escola Politécnica, recheada de bares, restaurantes e comércios vários, esta galeria está muito em moda, e pretende ser uma «Embaixada» do simples mas bom produto português, que aqui predomina. A sua ampla oferta destina-se à divulgação da indústria, «design» e manufactura portugueses, possibilitando ao turista recordar mais tarde cheiros, sabores e o espírito do país que visitou. Mesmo que não esteja interessado em compras, aproveite o facto de este palacete neoárabe do séc. XIX estar agora aberto ao público para entrar e ver a arquitectura de inspiração mourisca, aberta para um pátio interior no qual se instalou um restaurante, não deixando de admirar a imponente escadaria e as pinturas murais de belas figuras femininas que, no último andar, a rodeiam.

Na PRAÇA DO PRÍNCIPE REAL, ocupando a principal posição no seu lado norte, onde hoje está um miradouro, ficava «a Patriarcal» tantas vezes referida por Eça de Queiroz. A cidade de Lisboa e o território da diocese, única até então, foram divididos, em Novembro de 1716, em duas partes: o arcebispado de Lisboa Oriental ficou com a sua sede na antiga Sé de Lisboa, enquanto o Patriarcado de Lisboa Ocidental tinha a sua sede na «Santa Igreja Patriarcal», a qual foi totalmente destruída por um incêndio em 1769. O jardim, que com os seus bancos debaixo dos choupos, dos ulmeiros, do sempre verde cedro-cipreste português convida a uma pausa, foi mandado fazer, escassos cem anos depois, por D. Maria II. Sob o grande lago situado no seu centro fica um octogonal reservatório de água, mas o preço da entrada nesta «Mãe de Água da Patriarcal» não está em correspondência com o que nos é dado ver.

A seguir à Praça do Príncipe Real, a RUA DO SÉCULO, que vamos descer, é muito inclinada. Também o Ricardo Reis (heterónimo de Pessoa) do romance de José Saramago

... agora vai descer a Rua do Século, nem sabe o que o terá decidido, sendo tão ermo e melancólico o lugar, alguns antigos palácios, casas baixinhas, estreitas, de gente popular, ao menos o pessoal nobre de outros tempos não era de melindres, aceitava viver paredes meias com o vulgo, ai de nós, pelo caminho que as coisas levam, ainda veremos bairros exclusivos, só residências, para a burguesia de finança e fábrica, que então terá engolido da aristocracia o que resta, com garagem própria, jardim à proporção, cães que ladrem violentamente ao viajante, até nos cães se há de notar a diferença, em eras distantes tanto mordiam a uns como a outros.[91]

Preste atenção para não passar inadvertidamente pelo Convento de Nossa Senhora da Conceição, mais conhecido por Convento dos Cardais, à sua direita. Edifício erigido por volta de 1680, foi outrora convento de monjas Carmelitas Descalças e só não foi afectado, em 1834, pela lei de extinção das ordens religiosas porque, no caso de freiras, os conventos só passavam para o Estado após a morte da última religiosa, o que neste caso só em 1876 sucedeu. Foi entregue em 1878 às Irmãs Terceiras Dominicanas, que nele cuidam actualmente de cegos, se orgulham do seu renovado convento e mostram com prazer a igreja barroca, ricamente ornamentada, como se fosse um livro ilustrado, com azulejos portugueses e holandeses. Num edifício um tanto recuado, protegido por um alto muro de cantaria encimado por floreiras e pequenas esculturas, reúne-se hoje em dia o «Tribunal Constitucional». É o Palácio Ratton, edificado entre 1816 e 1822, que deve o nome ao seu primeiro proprietário, Diogo Ratton (1765-1822). Este era filho de Jacques Ratton (1736--1820), que chegara a Portugal com onze anos, mas veio a tornar--se um dos mais destacados membros do grupo de industriais e grandes comerciantes protegidos por Pombal. Com apenas 23 anos, Jacques Ratton ficou a gerir a casa comercial de seus pais, estabelecida inicialmente no Porto, quando aqueles regressaram a França, mas veio a diversificar muito os negócios familiares, tendo investido na criação de fábricas de papel e de chapéus (em Lisboa e na província) e de uma manufactura de fiação de algodões, em Tomar, que foi a primeira do País a usar a máquina a vapor, nova tecnologia da revolução industrial.

A rua volta depois a subir ligeiramente. Em frente a um amplo largo de planta em U, com um elegante chafariz do séc. XVIII, começa a casa onde nasceu o Marquês de Pombal. Neste comprido palácio – que, reparando bem na arquitectura de todo o bloco, se vê que tinha no primeiro andar cerca de 30 grandes janelas viradas para esta rua – esteve instalada a legação imperial alemã até 1916, quando Portugal, acedendo ao pedido da Inglaterra e apresando cerca de 70 navios comerciais alemães refugiados no Tejo, entrou por fim, ao lado da sua mais antiga aliada, na Primeira Grande Guerra. Friedrich Rosen, o último embaixador do Kaiser[A] em Lisboa, que já nos relatou no cap. 1 uma das muitas revoluções em Lisboa durante a Primeira República, descreve aquele edifício nas suas memórias.

Entre os jornais de Lisboa, o de maior expansão e o mais lido era «O Século». As oficinas e a redacção deste subversivo jornal eram contíguas à legação, isto é, ao palácio do grande estadista Pombal, por mim alugado. Os seus descendentes ainda habitavam partes daquele originariamente vastíssimo palácio, mas estavam completamente arruinados e viram-se obrigados a vendê-las, umas atrás das outras, à sociedade tipográfica proprietária de «O Século», a qual aparentemente terá ido absorvendo lentamente o resto do belo edifício histórico e tê-lo-á transformado numa suja tipografia e habitações para proletários. Quem observava de fora o edifício da legação não podia imaginar os magníficos salões que havia no seu interior. Várias vezes pude constatar como viajantes alemães de passagem por Lisboa, que se dirigiam à legação, ao princípio nem queriam acreditar que ela se encontrava por trás desta alongada frente de edifícios totalmente

---

[A] É possível que muitos leitores portugueses, nascidos depois da década de 1920 do séc. XX, não saibam que esta palavra foi usada correntemente em Portugal, sem ser traduzida, até à década de 1960. Até caírem em desuso, muitos homens usaram bigodes à «Kaiser». É uma palavra alemã que significa «imperador», mas naquela época designava concretamente o último imperador alemão, Guilherme II (1859--1941), neto da rainha Vitória da Grã-Bretanha e primo do czar Nicolau II. Tendo liderado o Império Alemão para uma política expansionista e belicista, de armamento e criação de uma marinha alemã que rivalizasse com a da Inglaterra e pudesse elevar a Alemanha a uma potência mundial, apoiou a Áustria-Hungria na crise de 1914, que levou à Primeira Grande Guerra (1914-1918) e ao fim do Império Alemão. Abdicou em Novembro de 1918 e viveu exilado 23 anos nos Países Baixos, até à morte.

desprovida de adornos. Mas quando entravam, maravilhavam-se com o esplendor e beleza das instalações. Uma larga escadaria de mármore, ornamentada com estátuas, conduzia ao primeiro andar. Uma ligeira inclinação desta escadaria para a direita, que mal se notava, fora o único dano que o grande terremoto do ano de 1755 pudera infligir ao maciço edifício. A primeira sala em que se entrava era a chamada Sala de armas, cujas paredes estavam decoradas com magníficos painéis de azulejos representando agrupamentos de armas em troféus, em estilo Renascimento tardio. Nas zonas superiores das paredes, sem azulejos, instalara eu a minha própria colecção de armas. Desta sala passava-se, à direita, à chancelaria e a alguns aposentos, entre os quais o meu escritório; depois chegava-se à enorme sala de jantar, com tecto abobadado, e em seguida à sala principal, uma divisão com onze janelas que, apesar do seu tamanho, se pudera tornar uma confortável sala de estar. Das janelas destas salas desfrutava-se de uma magnífica vista até ao Tejo e à outra banda. Devido ao acidentado do terreno, as divisões da ala poente ficavam bem acima do jardim, enquanto as da ala nascente se elevavam apenas um pouco acima da rua. Abaixo do tecto abobadado desta sala, ricamente ornamentado com estuque, corria um sumptuoso friso, tendo muitas figuras, em tamanho natural, em alto-relevo igualmente em estuque. Toda esta decoração do tecto era obra de mestres florentinos. Nunca vi, em lugar algum, qualquer coisa que se lhe assemelhasse, o que porém pode resultar de eu conhecer muito pouco da Itália. Desejo ainda mencionar a capela da casa, que se seguia igualmente à Sala de armas e era agora utilizada como passagem. Esta teria sido uma divisão extremamente pequena se as funções a que fora destinada não tivessem exigido que ela fosse alteada até ao telhado. Toda ela estava decorada num estilo barroco muito atraente, com camarotes-varanda aos quais se podia ter acesso no andar imediatamente superior. Uma muito bonita imagem de Maria enfeitava o altar. Como a família Pombal tinha alugado estes aposentos, durante algum tempo, aos sindicalistas lisboetas, quando aluguei a casa esta encontrava-se em horrível estado. Custou-me muito tempo e dinheiro restaurá-la, mas não consegui encontrar para a legação casa melhor num sítio central. Em Lisboa não havia qualquer edifício que, pertencendo ao Império, fosse destinado à legação, antes se deixava ao cuidado de cada embaixador tratar do seu alojamento e das instalações da chancelaria.

A rua em que ficava a legação chamara-se, desde sempre, Rua Formosa. Com a implantação da República foi rebaptizada para Rua d' O Século. Ela, contudo, não merecia essa designação de «rua *formosa», porque era estreita e irregular, e alguns dos seus prédios eram casernas para os proletários mais pobres. Mesmo em frente à legação encontravam-se ainda uns prédios bastante decentes, no rés--do-chão dos quais ficavam oficinas de artífices vários. Com estes estabeleci em breve amigáveis relações, e trocávamos sempre atenciosos cumprimentos. Era interessante observar a actividade dos artífices. O marceneiro, o meu amigo Silva, costumava só meter mãos à obra de vez em quando. Em contrapartida, lia jornais de manhã à noite ou conversava com os seus vizinhos sobre a política do país. O seu irmão tinha nas proximidades uma oficina para fazer peças em talha, arte em que não só era mestre como pela qual, também, desenvolvera imenso gosto. Estava perfeitamente à vontade na História das Artes Decorativas. Numa outra oficina faziam-se e reparavam-se violinos e violas. De cada janela dos andares superiores debruçava-se, até ao escurecer, uma criatura do sexo feminino, cujo divertimento consistia em observar os pouco interessantes acontecimentos da Rua do Século. Mas a estas infelizes mulheres, que não sabiam ler nem escrever, este tipo de distracção bastava-lhes.*[92]

Ricardo Reis, o de Saramago, com quem vamos descendo a Rua d' O Século, sobressalta-se subitamente com reflexões semelhantes, ao chegar próximo do actual Ministério do Ambiente e da Transição Energética, com as suas antigas janelas Arte Nova abertas na fachada, quase ao nível da rua. O jornal «O Século» já mencionado, que ali se instalara, organizava bodos aos pobres. «*Diante de Ricardo Reis aparece uma multidão negra, que enche a rua em toda a largura, alastra para cá e para lá, ao mesmo tempo paciente e agitada, sobre as cabeças passam refluxos, variações, é como o jogar das ondas na praia ou do vento nas searas.*» A visão de tantos pobres, porém, não lhe dá para reflectir na situação política do seu país; antes o preocupam juízos sobre o cheiro dessa multidão enquanto, através dela, vai abrindo o seu caminho para chegar à Calçada do Combro.

Acompanhamo-lo, trepamos com ele, do outro lado da Calçada, a escadinha da TRAVESSA DE SANTA CATARINA, e juntos chegamos a um miradouro onde desfrutamos de uma ampla vista sobre o Tejo e o Mar da Palha. O mesmo faz Eugénio de Andrade num poema.[93]

Lisboa

Esta névoa sobre a cidade, o rio,
As gaivotas doutros dias, barcos, gente
Apressada ou com o tempo todo para perder,
Esta névoa onde começa a luz de Lisboa,
Rosa e limão sobre o Tejo, esta luz de água,
Nada mais quero, de degrau em degrau.

Um quiosque apoia aqui uma minúscula esplanada, e o miradouro, agora em moda, tornou-se um lugar ainda mais popular do que nos tempos de Ricardo Reis, há mais de oitenta anos. Aí se encontra hoje, a todas as horas do dia, muita gente de meia-idade, ou jovens que se acomodam no chão pela praça e escadaria, aparentemente sem emprego mas constantemente de copo na mão. Também por lá aparecem, mais recentemente, uns grupos que, dedicando-se a um tráfico criminoso, incomodam moradores e comerciantes locais, o que exigiria policiamento intenso. Já poucos dos velhos do bairro se sentam nestes bancos, constantemente ocupados, mas ainda se encontram aqui alguns pares de jovens namorados. Esta praceta também foi o lugar escolhido para um encontro romântico pelo nosso compatriota, que acabara de regressar à pátria, vindo do Brasil.

O Alto de Santa Catarina é dominado pelo Gigante Adamastor. Na mitologia grega, os Titãs, filhos de Urano (Céu) e Gaia ou Ge (Terra), eram gigantes que, querendo conquistar o poder dos deuses do Olimpo, contra eles se revoltaram. Chefiados por Zeus, os deuses derrotaram os Titãs e cria-se que os teriam enterrado sob montanhas. Camões identifica o Gigante Adamastor como pertencente ao clã dos revoltosos e faz dele, aprisionado na correspondente montanha, uma poética imagem do Cabo, dito «das Tormentas» até ter sido dobrado, em 1488, por Bartolomeu Dias, e chamado «Cabo da Boa Esperança» a partir de então. O épico evoca, no Canto V de «Os Lusíadas»[94], este tétrico espectro do Cabo e fá-lo profetizar depois o destino de Portugal.

> *Fui dos filhos aspérrimos da Terra,*
> *Qual Encélado, Egeu e o Centimano;*
> *Chamei-me Adamastor, e fui na guerra*
> *Contra o que vibra os raios de Vulcano;*
> *Não que pusesse serra sobre serra,*
> *Mas, conquistando as ondas do Oceano,*
> *Fui capitão do mar, por onde andava*
> *A armada de Neptuno, que eu buscava.*

Vamos pelo lado direito deste largo, rodeado por belos palácios, e regressamos à Calçada do Combro pela RUA MARECHAL SALDANHA, a fim de descermos no Ascensor da Bica. A cabina deste veículo é diferente das dos dois outros ascensores. Bem mais pequena, e com os seus três exíguos compartimentos situados em três níveis diferentes, faz lembrar um funicular de uma região alpina. A estação inferior fica num prédio de habitação de vários andares. A seguir ao portal viramos à direita e seguimos a RUA DE SÃO PAULO, prolongada mais adiante pela RUA DA BOA VISTA. O bairro distingue-se pela sua padronização. Fica-se com a impressão de que deve ter havido antes qualquer coisa parecida com um plano de conjunto, coisa de que hoje frequentemente se sente a falta em muitos outros lugares. Quando aqui chegar a renovação dos edifícios que hoje deslustram a impressão geral, já anunciada pelas realizações num ou outro, teremos aqui um bairro com qualidade de vida.

Os carris dos eléctricos viram para a esquerda, nós continuamos o passeio pela rua ligeiramente ascendente que segue em frente. Após uma leve subida fica-nos à esquerda a embaixada de França, no comprido Palácio do Marquês de Abrantes, também chamado Palácio de Santos. Já quase no fim do séc. XV, D. Manuel I apropriou-se do que era o Convento das Comendadeiras e transformou-o em Palácio Real. Neste apresentou Gil Vicente alguns dos seus autos, em 1510, e daqui partiu D. Sebastião para Marrocos, na sua funesta expedição. Ainda hoje se mostra a mesa na qual ele tomou a sua última refeição em Portugal. Nos tempos do domínio filipino, o palácio foi comprado por Francisco Luís de Lancastre, da alta nobreza lusitana, que era, de uma forma qualquer, aparentado com a casa real – fosse pela mão direita, ou pela esquerda, ou quiçá por alguma mão amputada.[A]

Na antiga igreja conventual de Santos-o-Velho, anexa, que no séc. XIX foi renovada demasiado exaustivamente, foram veneradas, até à saída das monjas, as relíquias dos três Santos Mártires – Veríssimo, Júlia e Máximo, três irmãos filhos de um senador romano, que foram martirizados em 307 em Lisboa, onde vieram dar testemunho da sua fé cristã durante a perseguição de Diocleciano, assumindo assim o martírio.[B]

O Convento dos Marianos, do lado direito da rua, fundado em 1606 para frades Carmelitas Descalços, foi extinto em 1834 pelo Mata Frades,[C] como todos os outros conventos do país. As suas dependências tiveram depois fins tão diversos como os de hospital militar ou oficina, até que veio a ser comprado em hasta pública, em 1879, por uma certa sociedade irlandesa da Igreja Evangélica Lusitana, de comunhão anglicana, supõe-se que por se ter desenvolvido a adesão ao culto evangélico em Portugal. De facto, essa sociedade inaugurou, num espaço contíguo, um templo para o culto, reservou uma das partes do convento para

---

[A] D. Francisco Luís de Lancastre era descendente do infante D. Jorge de Lancastre, filho bastardo de D. João II.

[B] As Comendadeiras de Santiago da Espada eram as viúvas e filhas solteiras dos Cavaleiros de Santiago, os quais sempre tiveram a prerrogativa de poder casar. Quando D. Manuel I, em 1490, se apoderou do seu convento em Santos, as Comendadeiras transferiram-se para novas instalações, levando as relíquias dos Santos Mártires. Dessas instalações, levando sempre as relíquias, só em 1629 saíram para o novo mosteiro, o de Santos-o-Novo, com ele ainda em construção. O antigo convento, que passara a ser chamado de Santos-o-Velho, tornara-se Paço Real (Palácio de Santos) em 1501; veio mais tarde a ser, por aquisições sucessivas, o Palácio dos Marqueses de Abrantes; arrendado em 1870 ao embaixador de França, tem sido, até hoje, a Embaixada de França que tem assegurado a sua manutenção e restauros. Quanto à antiga igreja do Convento de Santos-o-Velho, teve a sua capela--mor edificada só em 1840 (ficando com ligação directa ao Palácio dos Marqueses de Abrantes, que cederam o terreno); sofreu obras em 1861 e foi reedificada entre 1876 e 1889.

[C] Alcunha do estadista liberal Joaquim António de Aguiar (1792-1884), ministro da Justiça que decretou, em 23.4.1834, a extinção das ordens religiosas, com incorporação dos seus bens na Fazenda Nacional.

habitação do pastor, e alugou a artífices o espaço restante, agrupado em redor do claustro. O momento em que este edifício sai da alçada da Igreja de Roma não foi provavelmente o único ponto de passadas desavenças com a Igreja Católica tradicional. Decorrido apenas um ano, duas senhoras inglesas, oriundas da região de Yorkshire, manifestaram interesse em alugar a área em que habitava o pastor evangélico. Feito o aluguer e a adaptação do espaço, nasceu uma pequena pensão de terceira classe que assim se manteve durante mais de 50 anos. Só passados ainda mais 10 anos (1940) passou a ter águas canalizadas, condutores de electricidade incorporados nas paredes e, nestas, pinturas laváveis. Hoje, no edifício do antigo convento, está instalado o conhecido hotel de 4 estrelas «York House». Na sua maioria os quartos são pequenos mas decorados com gosto, e o pequeno-almoço no pátio é uma delícia.

A nota de banco de Joaquim Paço d' Arcos, com que já nos encontrámos no elevador de Santa Justa, recorda o seu regresso a Portugal na carteira de «miss» Rose.

Atracou o navio ao cais de Alcântara, onde os velhos pregões, as moças morenas, os carregadores suarentos e mal barbeados assustaram um pouco «miss» Rose e contagiaram-me daquela patriótica alegria que o exílio e a deportação e o cárcere e toda a saudade guardada bastavam para justificar.

A balda de me apegar, sentimentalmente, aos meus ocasionais possuidores fez-me tremer à ideia de que «miss» Rose, logo ao pôr pé em terra, me trocasse por notas menos valiosas com que acudisse às despesas corriqueiras do desembarque. Mas ela levou-me consigo para York House, uma pensão de tradição britânica na Rua das Janelas Verdes. Habitavam nela as amigas que a tinham atraído a Portugal, duas empregadas de poderosa firma inglesa, jovens como ela, mas não tão graciosas. Das três, com sua tez clara, olhos castanhos e cabelo louro, muito viçoso, era «miss» Rose, sem dúvida, a mais formosa. E na sua carteira me sentia aconchegada, naqueles primeiros passos do regresso, em que tudo me parecia delicioso.

O bairro, de calçadas íngremes, ruas empedradas e prédios antigos a debruçarem sobre a via todas as intimidades das roupas estendidas e o tagarelar da varingem, era já meu conhecido de épocas distantes, por ali ter dormido em caixas de mercearias e andado em bolsas de donas de casa. Não guardara, dessa temporada, qualquer impressão

161

duradoira ou simpatia pelos ambientes, demasiadamente modestos
para uma nota alta de quinhentos. Agora era diferente: na mansão
recatada, alcandorada por detrás de muros, deleitei-me na intimidade
de estrangeiras e só pedia aos fados que não me arrancassem do
convívio das inglesinhas.[95]

Em «A história seguinte», de Cees Nooteboom, o hotel tem
outro nome.

Agora vou voltar atrás, mas a estranheza permanece, como se eu
estivesse iluminado por dentro. O que ontem à noite era medo, hoje é
comoção. Essex House, um nome idiota para um hotel português. Rua
das Janelas Verdes, perto do Tejo.

> *Sinto-me apodrecer por dentro,*
> *Agora sei do que vou morrer,*
> ***Das** margens do Tejo,*
> *Onde a vida é sublime e lenta*
> *Como em nenhum outro lugar ...*
> *Slauerhoff*

Ainda me lembro de ter falado à minha turma sobre a função da
preposição «de» nestas linhas, caso bicudo que em quase mais nenhum
idioma é possível reproduzir. Só em Holandês e em Alemão se poderia
*morrer de cancro **das** margens do Tejo mas ninguém rira, só ela. Tenho*
de sair desta casa de banho, custa-me a suportar a minha própria
presença. Pergunto-me se tenho fome e acho que não. Telefono ao
serviço de quartos para me trazerem o pequeno-almoço. «Prima-almo-
ço», até me tinha esquecido de que sabia falar Português. A voz que
responde é serena, amável, jovem. A voz de uma mulher. Nenhum
vestígio de espanto, nem sequer na rapariga que me traz o
pequeno-almoço.[96]

Dado que o filólogo clássico Herman Mussert, herói deste
livro, se deitara à noite em Amsterdão e acordara de manhã em
Lisboa, é desculpável que esteja um pouco baralhado e misture a
primeira refeição italiana, a «prima colazione», com o pequeno-
-almoço português – o «brunch» está na moda!

Pouco depois da York-House também nós atingimos já o fim
deste nosso itinerário, um longo edifício amarelo. O pequeno
largo de planta em U que lhe fica em frente foi escavado na

encosta do outeiro, tal como o largo que fica diante da casa em que Pombal nasceu. Altos muros de sustentação rodeiam o chafariz, cujo topo ostenta um gracioso grupo escultórico com as figuras de Vénus e Cupido. O comprido edifício amarelo é um anexo, feito em anos mais recentes (1930-40), do palácio Alvor-Pombal, construído ainda no séc. XVII para o primeiro Conde de Alvor. Depois de ter tido vários proprietários, veio a ser adquirido no séc. XVIII, em leilão, por um irmão do marquês e, por morte daquele, o ministro acabou por herdar o palácio, em 1770. Chamaram-lhe, e não só a voz do povo, «Casa das Janelas Verdes», nome que não lhe advém da cor das suas varandas, ao contrário do que alguns pensam, mas lhe resultou do próprio nome da rua em que se encontra, bem mais antiga do que ele, e na qual Eça de Queiroz viria a situar o famoso «Ramalhete», a casa de Afonso, Pedro e Carlos da Maia. Hoje o correntemente conhecido por Museu das Janelas Verdes é oficialmente designado por «Museu Nacional de Arte Antiga». As colecções aqui reunidas começaram por ser muito vastas, abrangendo desde a arqueologia à arte moderna. Mas com a desafectação, e transferência para outros museus, das colecções de arqueologia e de arte moderna, entende-se aqui como «arte antiga», actualmente, um conjunto de obras cuja época de criação se situa entre os sécs. XIV e XIX.

No museu, fundado em 1884, esperam-nos dois guias já nossos conhecidos. Ernst Jünger e Julien Green acompanham-nos ao longo da visita às colecções. Começamos a nossa volta pelo chamado piso 3.

Para os museus vale o mesmo que para as igrejas – quando durante décadas a fio percorremos esses tesouros onde estão guardadas tantas preciosidades, coloca-se-nos a questão de sabermos o que é que nos leva a fazê-lo e até onde é que isso nos levará. O mesmo sucede também com os museus. Ao princípio nada sabemos e tudo nos maravilha, depois sabemos já muita coisa e adquirimos uma ideia geral, para no fim esquecermos todo o saber. A via da iniciação leva à Iluminação, em que nomes e estilos brilham como estrelas e constelações, e depois faz--nos regressar às trevas. Mas no esquecimento há, contudo, uma vantagem. Já não achamos tão importantes os nomes e as datas. É como se, ao longo dos anos, tivéssemos ido realizando a decoração de uma bela casa: quanto mais a ela nos acostumamos, menos vamos pensando na loja e no artista a quem a fomos encomendando, e até no preço que ela nos custou. Os museus tornam-se, muito semelhantemente, como casas de habitação ou mesmo como uma enorme casa global, que reparte todo o seu espaço por cidades e países.

Faz parte desta habituação que os nomes dos grandes mestres, mas também os estilos e as escolas, vão ficando para trás – que se diluam à medida que se vão tornando familiares. Familiares se tornam também os temas, dos quais existe, de facto, uma abundância enorme mas não ilimitada, se exceptuarmos, antes de tudo o mais, os mitos clássicos e a Sagrada Escritura.

Alcançada esta familiaridade, o percorrer das salas e galerias torna-se então uma festa, para a qual tudo está preparado da melhor maneira. Dito na linguagem das ciências ocultas, alcança-se um estado em que as obras de arte começam a irradiar espontaneamente a sua aura. O clima que se vai estabelecendo na sala é de libertação; o pormenor começa a falar só quando a ele nos dirigimos em particular. Não há nada que ele possa acrescentar à preciosidade da obra, mas pode talvez confirmá-la, sempre de novas maneiras, através de alternativas.

Assim, havia aqui tão pouca falta de «Fugas para o Egipto» quanto em qualquer outra grande pinacoteca; uma delas, de Tiepolo, era num barco acompanhado por cisnes e em que os remadores eram anjos [sala 64]. *Mas foi aqui que eu vi, pela primeira vez, uma pirâmide como cenário de uma tal fuga, por a minha atenção ter sido atraída pelo boizinho.*

A esperança de vir aqui a travar conhecimento com uma escola portuguesa de pintura, no mesmo sentido da existência de uma escola veneziana, florentina, ou até mesmo espanhola, foi frustrada, embora no primeiro andar visitado se dediquem algumas salas a quadros de pintores portugueses e um gabinete a desenhos seus. De fama mundial, e com razão, goza apenas Nuno Gonçalves, cujo enorme políptico, representando cenas da vida de São Vicente, enche uma das salas [sala 11]. *É um fisionomista de alto nível, a quem se poderia chamar o Dürer português apesar de ter vivido uma geração antes daquele – quase cem cabeças, de uma força e uma dignidade extraordinárias, estão reunidas nestes painéis. É também uma beleza a forma como o mestre distribui a luz em função da importância que atribui às pessoas. Perante a multidão aqui reunida, pode recuperar a perdida saúde uma alma à qual a espécie humana se tenha tornado repugnante.*[97]

A descoberta deste retábulo foi dramática. O jovem pintor português Columbano Bordalo Pinheiro visitou a Igreja de São Vicente de Fora em 1882, após o seu regresso de Paris, e viu aí os painéis, postos no lixo com o entulho das obras. Lançou o alarme e eles puderam ser salvos. Não se tratava apenas da elevada qualidade artística dos seis painéis, criados em 1450; para além disso, eles também nos legam a única imagem de muitas pessoas de importância histórica. A sua identificação, contudo, é que ainda hoje é objecto de vivas polémicas. Em geral, pensa-se que o quadro representa a veneração de S. Vicente, que seria a figura mais destacada, pelo vermelho vivo das suas vestes e pelas suas auras de santo, nos dois painéis centrais. Há porém quem defenda que não se trata realmente de S. Vicente, mas sim do filho mais novo do rei D. João I, D. Fernando, designado por o Infante Santo, tendo recebido esse cognome pelos martírios que padeceu em Fez, onde morreu na prisão, abandonado de todos. Segundo o historiador José Hermano Saraiva, o que sucedeu foi que em 1437 uma expedição, que tinha por fim a conquista de Tânger, Arzila e talvez outras regiões, terminara por um completo desastre militar e os portugueses, para poderem regressar, comprometeram-se a restituir Ceuta, anteriormente conquistada aos mouros, tendo sido obrigados a deixar ficar D. Fernando como penhor da promessa. As Cortes, chamadas a pronunciar-se sobre o assunto, não terão aprovado a negociação e o infante morreu no cativeiro. Quanto ao senhor com um traje negro fechado até ao pescoço e um chapéu extravagante da mesma cor, que olha para nós com uma certa melancolia, no painel central do lado esquerdo («Painel do Infante»), foi tido durante muitos anos – e ainda o é por muitos – pelo Infante D. Henrique, o Navegador. Há porém alguns que duvidam e crêem que a pessoa assim representada é o seu irmão D. Duarte, enquanto o Infante D. Henrique seria o cavaleiro ajoelhado, de queixo enérgico e cabelo louro já um tanto escasso, no painel mais para a direita, designado por «Painel dos Cavaleiros». É que esse fidalgo ajoelhado tem ao pescoço uma cruz de ouro igual à que simboliza a Ordem de Cristo, da qual D. Henrique era o grão-mestre. Como ainda se não chegou a qualquer conclusão definitiva (embora a primeira imagem surja em muitos outros lugares como o ícone representativo do Infante D. Henrique), pode adoptar para si, como melhor lhe aprouver, o Infante D. Henrique que preferir.

Também Julien Green toma a palavra diante do políptico:

No Museu. Os enormes Zurbaráns, todos baços e enegrecidos, causam, apesar disso, imensa sensação. O «Políptico de São Vicente», de Nuno Gonçalves, que eu já vira em Paris em 1919, fascina-me pelo realismo das caras e atitudes, bem como pela evidente sinceridade da fé. Todas estas misteriosas pessoas ajoelhadas e de mãos postas, de tez frequentemente amarelada tal como acontece com as pessoas de aqui, saturadas de azeite, o seu ar sério, a riqueza das cores que acompanha de perto a riqueza dos trajes, a impressão de uma multidão saída directamente do Evangelho para contemplar o nosso desventurado mundo, tudo isso faz despertar em nós aquela pessoa que sonha com um mundo ideal.[98]

Logo a seguir continuamos a nossa volta no rés-do-chão – e Ernst Jünger prossegue a sua reflexão sobre a pintura em Portugal.

Parece-me um sinal de que a pintura nunca deve ter sido muito apreciada o facto surpreendente de muitos quadros serem de autor desconhecido, havendo até entre eles um retrato de 1524 de Vasco da Gama, de peliça e com óculos na mão, «ao estilo de Gregório Lopes». Igualmente provenientes de mão desconhecida são duas representações do Inferno [sala 57]. Numa delas, anjos e demónios fazem o julgamento das almas, lendo aos mortos o que deles consta no seu Livro da Vida. Um pecador, que uma pena de ganso atrás da orelha identifica como escriba, está justamente no momento a ser lançado ao fogo enquanto em cima a multidão dos bem-aventurados vai para o Céu por uma escadaria dupla, ao jeito das projectadas por Balthasar Neumann.
Na outra, «O inferno», num compartimento subterrâneo, isolado e equipado de modo a fazer as delícias de Sade, trabalha uma horda de diabos em diligente actividade, a que são chamados por um príncipe dos demónios tocando uma trompa. Os condenados, entre os quais um padre com uma enorme coroa, caem lá para dentro como quem passa através da escotilha da torre de um submarino. Entre eles também se encontram belas mulheres completamente nuas, se não contarmos com os ganchos com que estão suspensas pelo pescoço. As expressões das faces percorrem todos os graus do horror, desde o espanto inicial, ainda incrédulo, até à permanente agonia. A escolha dos tormentos

parece corresponder aos pecados: aqui, para o usurário, levam-se ao rubro moedas que, como hóstias incandescentes, lhe são metidas na boca por meio de uma tenaz; ali, um bêbedo apanha uma monumental bebedeira com o que sai de um barrigudo odre, feito da pele de um porco e cheio de imundícies.

Como disse, a composição do quadro chamou-me menos a atenção do que a sensação de absoluta incapacidade de poder ainda alterar seja o que for, de tudo já estar definitivamente decidido – é a representação fidedigna de uma cozinha demoníaca, no interior profundo da Terra, a qual anuncia terríveis castigos para depois da grande passagem para o outro lado. O efeito pedagógico de uma tal obra de arte, naqueles tempos, deve ter sido muito considerável.

Não nos demorámos muito tempo neste departamento, excepto diante dos painéis de Nuno Gonçalves. Havia atractivos mais poderosos: obras-primas de países latinos e germânicos que nunca teríamos sonhado encontrar neste extremo da Europa, entre as quais também aquelas que se tinham tornado amplamente conhecidas através de reproduções: retratos de Holbein [sala 56], *Velazquez* [sala 59], *Reynolds* [salas 64 e 65], *Raphael Mengs; naturezas mortas de Breughel* [sala 59], *Teniers* [sala 60], *Patinir; uma sala para Quentin Massys* [sala 53], *e a famosa «Cortesã», de Backers, com a moeda de ouro na mão, o peito descaradamente provocante, nada mais nada menos que a personificação do poder de Vénus ao mais baixo nível* [sala 60].

A riqueza das colecções apontava para um príncipe ou um rei. Eu perguntava a mim mesmo se teria sido Pombal quem comprara a sua base ou se já teria sido Filipe II [de Espanha, I de Portugal]. *O que me levou a esta suspeita foi a maior surpresa com que ainda nos viríamos a deparar: «As tentações de Santo Antão», o tríptico de Hieronymus Bosch* [sala 57], *um dos seus quadros mais famosos. Pudemos contemplá-lo sossegados durante muito tempo, pois quase não havia visitantes a passar por esta sala.*

Se eu sucumbisse à tentação de me ocupar pormenorizadamente deste quadro, nunca mais chegaria ao fim. No entanto, fui obrigado a interrogar-me de novo sobre a razão pela qual as interpretações que dele se fazem, por vezes extraordinariamente perspicazes, não me satisfazem. Quer estejam certas quer não – elas não abarcam o fundamental. O que a Bosch em primeira linha interessava não era aquilo em que então se acreditava ou conhecia e a sua apresentação sob forma codificada. A sua sabedoria é mais profunda; ela irrompe da presciência, daquilo que já se antevê, como a água do degelo de um glaciar, como magma que solidifica no mito. Para encontrarmos paralelos temos de pensar na abundância com que do mito brotam figuras que engenhosamente se entrelaçam, ou na inesgotável torrente de imagens de «As mil e uma noites».

Bosch não tem uma temática, quer no sentido de satisfazer a pessoa culta quer no sentido de que ele a exponha. Em Bosch o contexto está mais estreitamente relacionado com a existência; ele não obedece a tema nenhum, antes gera temas. Nada é inventado, tudo se conta e imagina; o espírito agita-se tal como o corpo respira e dança. Eis a razão pela qual os quadros que são verdadeiramente grandes são também inexplicáveis e, precisamente por isso, incitam constantemente à sua interpretação. É isso que distingue a criação da mera execução, daquilo que é apenas um produto, por mais artístico que seja.

Aquilo que vem, sem quaisquer intenções, das profundidades do inconsciente não filtrado também só pode ser apreendido em toda a sua força numa contemplação não intencional, não num exame analítico sequencial mas sim na sua genial simultaneidade. Para referir apenas um pormenor: há ali um esqueleto que toca cítara, o que é uma concordância de símbolos que não pode ser intencionalmente procurada nem acidentalmente descoberta. Cordas e costelas, o som e a alma. Além disso, estes quadros são ricos de pormenores que podem ser explicados hoje mas de uma forma que, por volta de 1500, não era ainda possível, e na qual ninguém teria pensado. No entanto, o que Bosch desconhecesse não o poderia ele representar, nem encoberta nem intencionalmente. Disto fazem parte as assombrosas ressonâncias com o nosso mundo técnico – talvez mesmo com maquinetas que ainda hoje se têm de considerar utópicas. É assim que o combate aéreo, no cimo do painel central, à direita, por si só já constitui um romance. O pássaro oco, tipo garça, poderia estar a ser accionado por uma máquina a vapor. Ele luta contra uma galeota cheia de homens armados, que é levada a remos pelo espaço, no qual se não faz sentir a gravidade. Seres aéreos, aquáticos e de fogo, animais, pessoas, demónios e máquinas movimentam-se num elemento único, de forma tão fácil e convincente que no observador nem sequer uma contestação pode germinar. Um saber secreto, um mistério – sem dúvida. Contudo, talvez tão oculto que o próprio artista se intimida com o seu quadro. Não há outra obra com maior actualidade.[97]

Julien Green se ocupa do mesmo quadro:

Hieronymus Bosch, dando-nos tonturas pelo vigor, simultaneamente tenebroso e maganão, de cores ardentes de infinita variedade. Ele *mostra todos os tormentos do Inferno, que não chegam a ser suavizados pela irritante comicidade do pintor. São «As tentações de Santo Antão» e lá está ele, orando diante de uma gruta minúscula, de cujo interior, como se fora uma miniatura – mas esta miniatura atrai como o Sol no meio do céu, Cristo o contempla, de pé, junto a um altar sobre o qual está um crucifixo, segunda imagem de Cristo naquele lugar. Comparado com a eloquência deste quadro, o que muitos livros de Teologia nos dão faz figura de palavreado oco.[98]*

Antes de regressarmos ao piso 2, para prosseguirmos com a última parte da exposição de Ernst Jünger, deveríamos dar ainda uma olhadela, no piso 1, à Capela das Albertas. Esta capela barroca, esplendorosamente ornamentada com talha dourada e belos azulejos, pertencia ao convento de Santo Alberto, com o qual este palácio do 1º conde de Alvor confinava a poente, e que fora fundado em 1584 para as primeiras religiosas Carmelitas Descalças em Portugal. Em estado de avançada ruína em 1918, o convento foi demolido, vindo a ser edificada no seu lugar, no final dos anos 1930, a ala mais recente do museu, preservando contudo a antiga capela, como exemplo típico do barroco português. Regressamos depois ao piso 2.

Tive de me decidir a ir embora. No entanto, ao passar pelas salas laterais, que estavam cheias de arte oriental, pratas, vidros, porcelanas e móveis antigos, ainda houve paragens com que não contara. Numa das salas [sala 19], já perto da saída, uma colecção de cerâmica hispano-árabe, grandes pratos e travessas quase sem imagens e, contudo, ricamente decorados. Apenas uma vez, em Genebra, me encontrara perante uma colecção semelhante, se bem que não tão grande. Desde então considero estas peças, pelas suas cores, como as mais primorosas criações da arte da olaria. Será que o passar dos séculos para isso contribuiu, através de uma delicadíssima maturação sob o vidrado? Não me refiro tanto às cores fundamentais, na maior parte das vezes descoradas, que por vezes adquirem um tom castanho saturado, nem aos traços de azul que lá estão inseridos. Dão a impressão de que o barro envelheceu muito e ficou recozido, como o dos telhados das cidades abandonadas que morreram no deserto. Mas o jogo de tonalidades rosa e violeta que daqui resulta – são radiações no limite do visível. Ouro transcendental, sol agonizante como uma saudação, ao iniciado, de culturas que se extinguiram.[99]

Ter-se-á esquecido Ernst Jünger de os mencionar, passaram-lhe desapercebidos ou será que em 1966 ainda se não encontravam no Museu? Os singulares biombos Namban, japoneses, da transição do séc. XVI para o séc. XVII, expostos na sala 14, nas proximidades do departamento da Cerâmica, mostram, sobre um fundo dourado, a chegada dos primeiros portugueses ao Japão, revelando assim a importância e o impacte que essa chegada, em 1543, teve nos habitantes do País do Sol Nascente.[A]

Tendo usufruído de tantos prazeres de natureza espiritual, se começar a sentir necessidade de dar satisfação às necessidades do corpo, dirija-se ao piso 0 do edifício. O restaurante é bom, mas aquilo que o destaca é a possibilidade de fazer a sua refeição no jardim, um oásis verde elevado acima do Tejo. Se agora quiser regressar ao centro da cidade, dirija-se para a esquerda logo à saída, desça a escada até à marginal Avenida 24 de Julho, e na paragem CAIS DA ROCHA apanhe o eléctrico para lá.

[A] Os biombos Namban foram adquiridos em 1952 e 1954 e, segundo informação colhida no Museu, já se encontravam expostos em 1966.

6. Lisboa e os seus heróis dos Descobrimentos: Belém

Palácio da Ajuda – Museu dos Coches – Mosteiro dos Jerónimos – Torre de Belém

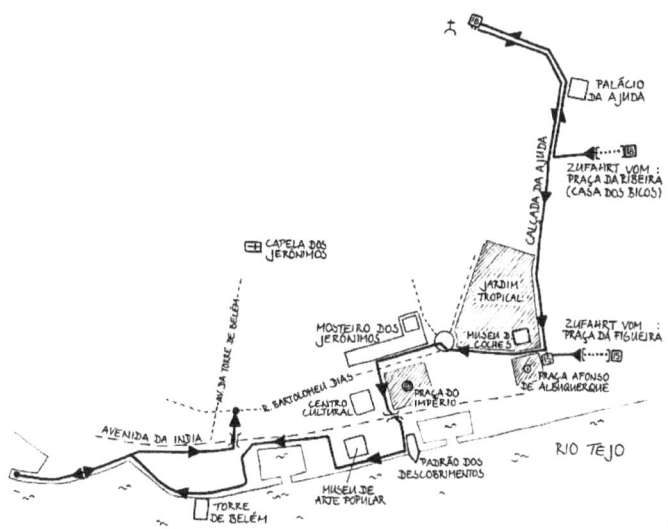

Partindo do centro da cidade, vamos de eléctrico até Belém. A carreira nº 15 E vai até lá directamente. Para apanhar lugar sentado à janela, o melhor é entrar na paragem inicial, na Praça da Figueira.

Nós, porém, antes de irmos a Belém pretendemos visitar ainda o Palácio da Ajuda, o último dos palácios reais em Lisboa. Para isso, apanhamos o eléctrico nº 18 E, que parte agora do Cais do Sodré, depois da reconfiguração do LARGO JOSÉ SARAMAGO. Esta secular e muito activa zona central, de comércios vários, junto ao Tejo, é também conhecida dos lisboetas por aí ficar a estação terminal dos comboios para o Estoril e Cascais, construída nos anos 1906/1907. À direita, o edifício com uma cúpula é o antigo mercado de abastecimento central de Lisboa, o Mercado 24 de Julho, edificado em 1881.

Reiner Kunze descreve[100] as vendedeiras de peixe, as varinas, que de aqui se punham a caminho da cidade:

VARINA PORTUGUESA,
COM UMA CANASTRA À CABEÇA
CHEIA DE PEDRAS DE GELO

Ela vendeu a pescaria que os homens fizeram de madrugada

O seu vestido negro
tem brilhos de prata

Desde a transferência para Loures, no ano 2000, do grande Mercado Abastecedor da Região de Lisboa, ficou a norte de Lisboa o passado e aqui apenas restou um tradicional mercado municipal de bairro e um paraíso para umas boas patuscadas, consistindo de mais de quarenta pontos de restauração e bebida, que tanto podem proporcionar um hamburger ou uma pizza como as propostas gastronómicas de algum de vários «chefs» com estrelas Michelin. Oficialmente voltou a ter o seu antigo nome de «Mercado da Ribeira». No primeiro andar do edifício do mercado, de ferro fundido, vende-se agora artesanato português ou livros, velharias e antiguidades, e realizam-se exposições, concertos e outras actividades, sendo uma das mais concorridas os bailes para a terceira idade, com música ao vivo, nas tardes de vários dias da semana. Aos domingos de manhã encontram-se aqui, para comprar e trocar, os coleccionadores de bilhetes-postais, selos, moedas, cartões telefónicos e similares.

O carro eléctrico, entretanto, foi seguindo ao longo do Tejo, correndo paralelamente às linhas do caminho-de-ferro. Pessoas inteligentes planearam, na década de 90 do século passado, a transferência dos bares e da vida nocturna do Bairro Alto para os degradados armazéns situados ao longo dos cais do Tejo. As docas de Alcântara, próximo da Gare Marítima, e as de Santo Amaro, situadas a jusante, foram convertidas em marinas para iates; nos edifícios surgiram restaurantes, bares e discotecas.

Continua a competir exclusivamente ao Bairro Alto o título de principal área da vida nocturna lisboeta, mas a margem do Tejo tornou-se uma boa alternativa.

Os carris afastam-se agora do rio, segue-se ladeira acima e em breve se passa por baixo da enorme PONTE 25 DE ABRIL. O dia 25 de Abril de 1974 foi o dia em que os Portugueses se libertaram da tutela de uma ditadura de meio século. Desde aquele dia pertence ao passado a situação que o poema de Pablo Neruda[101] retrata.

O porto da cor do céu

Quando tu desembarcas
em Lisboa,
céu azul-celeste e rosa cor-de-rosa,
estuque branco e ouro,
pétalas de azulejo,
as casas,
as portas,
os tectos,
e as janelas
salpicados do ouro dos limões,
do azul-ultramarino dos veleiros,

Quando tu desembarcas,
desconheces,
não sabes que atrás das janelas
escutam,
rondam,
carcereiros de luto,
retóricos, correctos,
despachando presos para as ilhas,
condenando ao silêncio,
pululando
como pelotões de sombras
por baixo de janelas verdes,
entre montes azuis,
a polícia
em busca de portugueses
debaixo das outonais cornucópias,
passando o chão a pente fino,
pondo os homens à sombra.

Já para trás de nós nos fica a ponte e à direita um parque – que foi outrora, de acordo com o nome da rua, CALÇADA DA TAPADA, uma parte da real reserva de caça da Ajuda. Nele se situa o «Instituto Nacional de Investigação Agrária e Veterinária». Em breve começamos a descer acentuadamente, e logo depois se volta a subir, fortemente também. A seguir ao Hospital Militar de Belém, que tem estado devoluto, aguardando-se a definição do seu futuro para que não se degrade ainda mais, chegamos ao bairro da BOA-HORA e, já na RUA DA BICA DO MARQUÊS, vemos acima de nós, do lado direito, o «Palácio Nacional da Ajuda». Uma última curva para a direita, o eléctrico dá o que pode na subida e, subitamente, surgem-nos outras «obras de Santa Engrácia», as da fachada lateral do Palácio. A construção deste edifício, cuja primeira pedra foi colocada em 1795, sofreu com as convulsões políticas da primeira metade do séc. XIX e diversos problemas de ordem financeira acabaram por fazer com que esta grandiosa obra se arrastasse durante séculos. Incompleta há mais de 200 anos, está agora a ser concluída a fachada poente do edifício, prevendo-se que fique pronta no primeiro trimestre de 2020. É nesta ala poente que ficará instalada a Exposição Permanente do Tesouro Real, com milhares de exemplares das jóias da coroa e tesouros da ourivesaria da Casa Real, num espaço expositivo que será uma caixa forte com apertadas medidas de controlo e de segurança. Caso esteja com alguns problemas de orientação neste final da viagem de carro eléctrico, deixe-se ir até à paragem terminal, no cemitério da Ajuda, e caminhe depois cerca de 300 metros em sentido inverso, seguindo os carris dos eléctricos.

Depois de o grande terremoto de 1755 ter destruído o palácio real sito na actual Praça do Comércio – que era então o terreiro do paço, e tendo sido pouco afectada a zona de Belém, o novo palácio real de D. José e sua corte foi edificado na real reserva de caça, que ficava na Ajuda, logo acima de Belém. O novo palácio, por precaução, e também porque o rei ganhara o pavor de ficar soterrado sob pedras, era uma espécie de majestosa tenda, feita de panos e madeira. Esta «real barraca», como era chamada, sofreu porém um grande incêndio logo em 1794 e ficou reduzida a cinzas, com todas as preciosidades e obras de arte que continha.

Foi então encarregado do projecto de um novo palácio o arquitecto italiano Fabri. As obras do Palácio da Ajuda começaram em 1802. As invasões napoleónicas, a fuga da corte para o Brasil, a guerra civil posterior à morte de D. João VI e, principalmente, o esgotamento das minas de ouro do Brasil levaram a que a construção nunca fosse terminada.[A] Em 1862 apenas estava pronto, finalmente, um terço do edifício inicialmente projectado e o rei D. Luís mudou-se para lá, com a sua família. Inacabado como ainda hoje está, o Palácio da Ajuda já era, contudo, habitável. Os aposentos reais podem ser visitados e, ocasionalmente, também lá se realizam exposições ou são oferecidos banquetes a chefes de Estado estrangeiros. Na ala norte do palácio existe a Galeria de pintura de D. Luís. Concebida pelo monarca para a apresentação da sua colecção privada, foi inaugurada em 1867. Em 1974, sem se ter até hoje encontrado explicação para esse facto, a Galeria ardeu. Mas reabriu ao público em 1988, e em 2007 beneficiou da introdução de sistemas de iluminação, climatização e segurança. Destina-se actualmente a exposições temporárias.

Um passeio a pé de dez minutos, pela CALÇADA DA AJUDA abaixo, leva-nos até Belém – não a bíblica aldeia, mas a zona que fica à beira do Tejo. Até ao séc. XIII, neste local existia apenas uma pequena aldeia de pescadores chamada Restelo, que é o nome que tem hoje o aristocrático bairro situado a norte de Belém. Foi aqui o ponto de partida das viagens dos Descobrimentos portugueses, daqui saíram Bartolomeu Dias, Vasco da Gama e Pedro Álvares Cabral nas suas caravelas, dobrando-se primeiro o Cabo das Tormentas, que assim se tornou o Cabo da Boa Esperança, e alcançando-se depois a Índia, a China e o Japão. O Brasil foi apenas mais um desses Descobrimentos, discutindo-se porém, ainda hoje, se a sua descoberta em 1500 foi obra do acaso ou foi apenas o descobrimento «oficial», depois de ter sido mantido secreto o conhecimento da sua existência até à fixação,

---

[A] Houve ainda um outro factor muito importante, no qual porém raramente se pensa: é que, com o advento do Liberalismo, o poder do Estado passou do Rei para o Congresso, deixando de fazer sentido o gigantesco palácio real projectado, por a sede do Poder ter passado a ser o Parlamento.

no Tratado de Tordesilhas, do meridiano que repartiu o Mundo entre a Espanha e Portugal.

A Calçada da Ajuda finda junto ao róseo «Palácio Nacional de Belém». Se não tiver vindo connosco ao Palácio da Ajuda e se se tiver decidido pela carreira n° 15 E, é aqui que deve descer do eléctrico. Outrora real residência de campo, o Palácio de Belém é actualmente a residência oficial do Presidente da República. No antigo Picadeiro Real, construído por D. João V como anexo do palácio, encontrava-se instalado desde 1905 o «Museu Nacional dos Coches», com a sua preciosa colecção, única em todo o mundo, de 54 dourados coches de conto de fadas, dos sécs. XVI a XIX. Já em 1994 a Secretaria de Estado da Cultura adquirira um espaço onde construir um museu mais amplo e com melhores condições de climatização e luz para os magníficos e raríssimos coches, que só em 2015 foi inaugurado. Agora podem ver-se aqui 78 belíssimos exemplares, porque alguns vieram do núcleo de Vila Viçosa. Dispõem de bastante mais espaço, o que permite ao visitante rodeá-los, observando de qualquer ângulo as suas esculturas. Continua a merecer uma visita, pela sua beleza, o antigo Picadeiro Real, com dois pisos, sendo no piso superior que a Família Real e a Corte assistiam aos jogos equestres a partir de tribunas localizadas nos topos.

Friedrich Sieburg descreveu assim esses coches, quando em 1937 percorreu «O Novo Portugal»:

Os coches do Estado, que se podem ver num corpo lateral do Palácio de Belém, não foram, na sua grande maioria, fabricados neste país. Contudo, eles ilustram às mil maravilhas o espírito da monarquia portuguesa. As mais bonitas de estas trinta ou mais carruagens de gala foram construídas em Roma ou em Paris, mas serviram o esplendor português, renascido das cinzas no séc. XVII uma vez sacudida a dominação espanhola. O crepúsculo dourado, um tanto ou quanto febril, do velho Portugal dorme sobre a seda já gasta e as sumptuosas talhas douradas destes veículos. Os três mais preciosos de entre eles foram utilizados pelo Marquês de Fontes, quando este, no ano de 1716, levou ao Papa Clemente XI o juramento de fidelidade do rei D. João V. Já quase não são veículos, antes se assemelham a baldaquinos rolantes, ou a casas de sonho puxadas por cavalos-marinhos e por tritões que sopram em trompas, ou ao carro de fogo do profeta Elias, feito de uma nuvem púrpura e trovoada cor de chumbo. Dos quatro cantos de cada veículo elevam-se colunas torsas inclinadas que sustentam o tejadilho. Cada coluna termina por um florido ornato, cujas folhas de acanto estão revestidas de veludo. Por cima do tejadilho está uma coroa, tal como sobre a tenda de um opulento general; tudo são frufrus de seda e estalidos de franjas metálicas e de pesadas borlas em fio de ouro. O primeiro coche quase desaparece no meio do vigor com que jorram as figuras douradas que o decoram. Sobre o eixo traseiro, ali de onde partem, de molas colossais, as largas correias que suportam a carroçaria e entre as quais têm os lacaios o seu lugar, empina-se satisfeito o génio triunfante; e o seu grito de alegria é tão jovial que a Ásia e a África, representadas por dois escravos, de bom grado e sorridentes dobram a cerviz cheiinha de músculos dourados. A onda talhada em madeira é tão fugitiva e tão delicada que parece nem sequer poder transportar uma alga flutuante, muito menos as frotas de Portugal, que arvoram a cruz de Aviz nas purpúreas velas. O segundo coche é verde-mar, inquieto como uma gôndola pronta a partir e suspirando pelo mar sem fim. Partiria à deriva, sem destino e sem nunca regressar, se o tritão barbudo, que aguenta sobre o seu cachaço o assento do condutor, não tivesse uma bússola entre as suas mãos. O terceiro coche, por fim, é o mais faustoso, parece ter sido o que utilizou o próprio embaixador, enquanto os outros dois, levando o seu séquito constituído por oficiais, secretários e capelães, rolavam para a Basílica de São Pedro, para irem todos beijar a pantufa do Soberano Pontífice. Este coche é vermelho e dourado mas, para tornar tolerável a pompa da sua ornamentação e a sensualidade da oscilação do seu baldaquino, as linhas da carroçaria propriamente dita têm uma certa severidade horizontal. O chão do coche está coberto por um mosaico de marfim branco e preto, bem como o estribo móvel que se rebate para baixo. O assento é estreito e duro pelo que o ocupante mal se pode encostar. Enquanto os membros do seu séquito vão confortavelmente instalados nos outros coches, como se estivessem num sumptuoso camarote da Ópera de onde podem comodamente olhar de alto a multidão, o embaixador vai sentado de forma bastante desconfortável. É como se tivesse sido posto em exposição, o duro banco obriga-o a manter-se rigidamente direito. Estamos mesmo a vê-lo diante de nós, ali sentado, muito empertigado, olhando no vácuo, com os caracóis da sua cabeleira caindo em longos rolos sedosos sobre os diamantes e os crachás das condecorações, sob os quais desaparece o seu traje de gala bordado a ouro em todas as costuras. Tudo nele é rígido, nem sequer se agita a espuma dos seus punhos de renda, que caem sobre as suas mãos. Dava

para acreditar que os punhos estavam congelados, que as mãos eram
de cera, que toda aquela personagem era um boneco sem vida, a cujo
mecanismo de relojoaria interior se teriam esquecido de dar corda.
Assim vai ele rolando para o Vaticano – num presente caríssimo e inútil
que um rei de conto de fadas envia a um papa de histórias para
crianças, para folguedos nada infantis.[102]

No jardim que fica ao lado, a PRAÇA AFONSO DE ALBUQUERQUE, está sobre uma alta coluna o conquistador de Goa e de outras praças na Índia e na Indochina. O terrível Albuquerque, como Camões lhe chamou, olha por cima do Tejo para sul, para onde primeiro se dirigiram as suas caravelas. O engraxador, que Johannes Schenk[103] ali observou, se calhar está a meio do seu dia de trabalho.

O engraxador de Lisboa

Na Praça Afonso de Albuquerque
o engraxador, de fato-macaco,
bate com a caixa, cheia de coisas para engraxar,
abre-a, fecha-a.
O criado de mesa
poisa nela o seu sapato.
Põe o sapato diante da cara
do engraxador. Um servo
a lançar o pé a outro servo, em baixo,
que dá com a escova no sapato
que está a ser engraxado. À disposição
dos que ocupam as mesas
diante da cerveja, diante do café, diante do tinto.

Está posto a brilhar pelo engraxador
o espelho da ponta do sapato
do criado de mesa. Sob as árvores,
à suave sombra
das suas muitas folhas,
acocoram-se os choferes de praça.
Mais acima, vêm da rua
os homens
com o sol do meio-dia a dar no chapéu,
vêm os homens
com os casacos bem abertos.

O engraxador fecha a caixa,
a sua oficina.
O criado de mesa só pôde
mandá-lo engraxar aquele único sapato.
O criado de mesa tem de correr e ir servir.
O engraxador vai-se embora, danado,
sem o dinheiro dos sapatos, de que só engraxou metade.
Com a caixa fechada,
as escovas, latas e trapos.

Trabalharia o criado de mesa na famosa casa dos «Pastéis de Belém»? Passando pelos dois guardas nacionais republicanos, de reluzentes couraças, que vigiam o portão da entrada do palácio do presidente, poucos metros depois chegamos a um edifício

revestido de azulejos, com portas e toldos azuis. É enorme a procura dos «pastéis de Belém», pastéis de massa folhada cheios com um creme de natas e ovos, polvilhados com muito açúcar e canela. E é igualmente grande a multidão que se apinha nas salas, de estilo rústico. No Verão, com a afluência dos turistas, chega a ter de se fazer bicha para entrar. Apesar dessa dificuldade, deve procurar um lugar livre, encomendar um «galão» e provar estas delícias, que vêm ainda quentinhas do forno.

A segunda viela a seguir à Pastelaria, estreitíssima, e a terceira, onde há uma escadinha, formam o BECO DO CHÃO SALGADO. Ficavam aqui, outrora, as propriedades do oitavo duque de Aveiro, da Família Mascarenhas, em particular o seu novo palácio construído após o terremoto. D. José tentou meter no seu leito uma sobrinha do duque, o que, compreensivelmente, não agradou ao pai da beldade e menos ainda ao sogro. Quando em 1758 se malogrou um atentado contra o rei,[A] isso representou para o iluminado reformador Pombal a oportunidade de responsabilizar por esse crime duas das mais nobres famílias e, assim, eliminar definitivamente a alta nobreza, na sua luta em defesa do poder absoluto do Estado.

Acreditou-se na afirmação de Carvalho de que a intenção dos conjurados teria sido afastar primeiro o rei para depois o atingirem a ele, o Ministro, com muito maior segurança; também não suscitou sequer um protesto que os doze votos necessários tivessem sido apresentados por apenas seis juízes, dois dos quais entregaram, só eles, um conjunto de oito votos, dado que ambos eram juízes-adjuntos de quatro conselhos municipais. A sentença nestas condições pronunciada determinava a morte para as famílias Aveiro e Távora e seus criados; para os Jesuítas determinava prisão maior e expulsão.

Não só era a primeira vez que eram julgadas pessoas da mais elevada posição social como também pela primeira vez viria a ser utilizado o

---

[A] A jovem, D. Teresa de Távora e Lorena, era casada com D. Luís Bernardo, 4° e derradeiro marquês de Távora. Era simultaneamente mulher e tia dele, por este ser filho do seu irmão mais velho, o 3° marquês de Távora, o qual era assim duplamente ofendido, como irmão mais velho da beldade e como pai do marido enganado. Aquele 3° marquês era D. Francisco de Assis de Távora, casado com D. Leonor Távora (cuja decapitação se vê, pintada em azulejos, na estação de metro «Marquês de Pombal»). Fora vice-rei da Índia, pelo que o casal tivera, no Oriente, as honrarias devidas aos reis. Regressados a Portugal, não consideravam devidamente recompensados os seus serviços. Desprezavam o Marquês de Pombal por não vir da alta nobreza e detestavam o poder que ele alcançara. Por seu lado, o 8° duque de Aveiro, D. José de Mascarenhas, era casado com outra irmã do 3° marquês de Távora, e assim, simultaneamente, cunhado da leviana jovem e tio por afinidade do marido dela. Foi ele quem sofreu as piores punições pois se disse que o móbil do atentado era vir a fazê-lo rei, para ele depois afastar o Marquês.

suplício da roda, ainda desconhecido em Portugal; todos os títulos,
nomes e privilégios das duas famílias aparentadas foram condenados a
extinguir-se com a morte dos seus chefes; o novo palácio do duque,
porém, deveria ser arrasado e o terreno coberto de sal, para que nunca
mais alguém ousasse construir sobre ele qualquer coisa.[104]

No Beco do Chão Salgado uma coluna de mármore, rematada
por chamas, recorda esta severa punição.

A pouquíssima distância fica o belo Jardim Botânico Tropical,
hoje pertencente ao Instituto de Investigação Científica Tropical.
Criado em 1906, foi inicialmente denominado Jardim Colonial,
teve várias denominações ao longo dos tempos e ainda aparece,
em alguns mapas da cidade, com o nome de Jardim do Ultramar,
dado em 1951. Com 7 hectares, há cem anos que ele está aberto,
não só para nele descansarmos e o admirarmos, mas também
para ser utilizado nos trabalhos de investigação do Instituto.

No seu interior foi criado um
«Jardim Oriental», reprodução
do traçado típico de um jardim
de Macau. Partindo de um
portão chinês, que representou
aquela possessão ultramarina na
«Exposição do Mundo
Português» de 1940, os
arruamentos – debruados com
pedras e acompanhados por
caleiras de escoamento de águas
– e algumas pequenas pontes
guiam-nos até um muito menos
bonito arco de betão, que
emoldura um busto de Camões.

Trechos de «Os Lusíadas» recordam que o poeta escreveu a sua
epopeia numa gruta em Macau, na longínqua China. Esta
construção pretende ser uma imitação desse lugar onde o poeta
encontrou outrora, se não a felicidade, pelo menos a paz para
cantar a moribunda glória da sua pátria.

No seu poema *Camões*[105], Almeida Garrett, o introdutor do Romantismo em Portugal, põe o próprio Camões a falar desse local e de si:

> *Nas penhas dessa ilha abriu natura,*
> *Cava na rocha, solitária gruta,*
> *Onde as náiades frias vão coitar-se*
> *Do ardor da sesta: à entrada lhe vicejam*
> *Rescendentes arbustos, heras crespas;*
> *E no vivo rochedo lhe entalharam*
> *Misteriosas mãos ignotas letras.*
> *[...]*
>   *... – Vem quebrar-se*
> *Perto o mar, que se espraia longo e longo,*
> *Té se perder, no extremo do horizonte.*
> *Ali de soledade amarga e doce*
> *Esquecidas passei horas ditosas:*
> *Ditosas – se jamais fio d' areia*
> *Na voadora ampulheta me há corrido*
> *Horas que tais se chamem. N' esse poiso*
> *De suave tristeza me acudiam*
> *À memória as lembranças do passado,*
> *Magoadas co' as ideias do presente,*
> *De involta com receios do futuro;*
> *E acaso de esperança verdejava*
> *Leve folha dos ventos assoprada.*

De regresso ao nosso itinerário, vê-se já o Mosteiro dos Jerónimos, um dos símbolos da cidade, até mesmo do país. Aqui foi ratificado em 12.6.1985, com elevada carga simbólica, o Tratado de Adesão de Portugal à Comunidade Económica Europeia. Este monumento, erigido nos tempos áureos de Portugal, em estilo manuelino – a variante portuguesa do gótico tardio, foi felizmente quase totalmente poupado pelo terremoto. Reinhold Schneider visitou Lisboa em 1930 e, naturalmente, também foi a Belém ver o Mosteiro.

Henrique, o Navegador, na sua qualidade de administrador apostólico da Ordem de Cristo, fundou perto de Lisboa, à beira do Tejo, no local onde hoje se abre o eterno Portal, um mosteiro consagrado à Virgem;

*porque Maria, a Virgem Puríssima que a Igreja Católica chama a
«Estrela dos Mares», imperava sobre os mares em lugar de Vénus. Só
a ela servia o Príncipe, de quem rezava a lenda que nunca teria tocado
uma mulher e que, o que é bem provável, obcecado pelos segredos do
Oceano ainda por desvendar, e com todas as suas energias para eles
orientadas, empenhara e sacrificara brutalmente, à exploração dos
mares, ao nascimento de um império fantasticamente colossal, não só a
sua própria vida como também as de dois irmãos, altamente dotados, e
as de inumeráveis desconhecidos. Aqui dormiu Vasco da Gama a última
noite antes da sua viagem ao reino dos sonhos, a qual uniu de forma
nova dois continentes; aqui rezou na manhã do grande dia; aqui foi
atingido quando embarcava, segundo o relato de Camões, pela praga
rogada pelo Velho do Restelo, aquela violenta imprecação sem exemplo
que, como prólogo ao feito que aparentemente mais felicidade haveria
de trazer a um povo, pressentindo desgraças que necessariamente se
aproximariam, amaldiçoa o primeiro que no mundo pôs uma vela num
madeiro seco e se fez ao mar. Não há nada mais típico do que esta praga
sobre as naus que partiam, do que este último protesto irado do povo
dos navegadores contra o seu destino, povo esse que já fareja, com a
máxima precisão, que a grandeza lhe trará a perdição e que é de má
vontade que parte ao seu encontro, apesar de toda a glória. Aqui,
finalmente, foi Vasco da Gama recebido pelo seu rei quando regressou
(em 1499), sem quaisquer despojos mas com a certeza de imensos
tesouros e riquezas, que esperavam pelos novos senhores do Mundo.
Ainda nesse mesmo ano D. Manuel I, a quem a História conferiu o
cognome de «o Venturoso», de ambíguo duplo significado, em vez de «o
Grande», mandou iniciar-se a construção de um novo mosteiro.
Belém, portanto, não é apenas um monumento à vitória, antes foi feito,
ou pelo menos projectado, na indomável embriaguez da própria vitória.
O júbilo dos conquistadores do Mundo subjuga por três vezes a massa
de pedra: na igreja, no dormitório dos monges e no claustro; por três
vezes soa bem alto o acorde, mas apenas uma vez ele é perfeito, retumba
realmente: no claustro por trás da igreja.
É como se todos aqueles sonhos adquirissem vida por cima do portal
lateral, fronteiro à foz do rio, e em cujos degraus, antes da
reorganização da rua, batiam as ondas: porque o novo Poder se
baseava no mar, para o mar se devia abrir a igreja, do mar devia ser
vista, vindo do mar devia poder-se-lhe chegar, e já no mar deviam as*

naus sentir ainda a sua bênção. Há um trepar das figuras umas por cima das outras, um desaferrolhar de uma riqueza finalmente libertada, que dificilmente se pode obrigar a regressar à moldura do arco em

ogiva e que no entanto por ele ainda é abarcada, afinal, em toda a sua abundância. Depois, no interior, poderosíssimas colunas decompõem-se no tecto em nervuras, como jactos de gigantescos repuxos que harmoniosamente se separassem uns dos outros. Contudo, as formas arredondadas não são completamente bem-sucedidas, também aqui o arco em ogiva que elas queriam dominar leva a sua avante, elas têm de quebrar-se e sobre o júbilo da vitória cai uma sombra de austeridade gótica. Estão vazias as peanhas que, trepando pelas colunas, constituiriam autênticas galerias de arte, como vazios estão os nichos nas paredes: já não se encontrou mão que esculpisse as figuras, os dias da vitória foram demasiado breves. A força colossal da nave dissipa-se contra a rígida frieza do coro, com o qual, cinquenta anos depois de lançadas as fundações, sem quaisquer floreados, no mais frio estilo Renascença, a construção acabou. Eis também aqui a luta entre o Gótico e o Renascença que se trava por todo o mosteiro e que, nos seus avanços e recuos, nos arroubos da sua voracidade, faz aparecer sobre as colunas e as paredes, como que por magia, uma ornamentação a que qualquer outra dificilmente se poderá igualar; luta essa que entrança cada arco com todas as curvas e contracurvas dos seus prós e contras e, por assim dizer, lhe implora que não ceda, que não se torne pontiagudo como, contudo, terá por fim de fazer – já que as formas originais do primeiro projecto pertencem ao Gótico –, decidida totalmente a favor do Renascença, mas de um Renascença que já não estimula e faz medrar, que já só é aparato, e que se distingue pelos cânticos de pia modorra. Este coro é um panteão de mármore, uma calmaria morta e sem esperança, que já nenhuma embriaguez agita. Já ninguém entendia os projectos, já ninguém tinha ouvido, em Portugal, para a melodia triunfal, e foi cansada e lugubremente que se colocou a última pedra.

Inacabado está o dormitório dos monges, vergonhosamente rematado por mão aselha no séc. XIX : os sinais tinham sido apagados, não houve olhos que os descobrissem outra vez. Entre aquele e a igreja, à sombra dos telhados, atenuada pela refulgência de fantásticos pináculos, o claustro delimita o seu amplo quadrado. Trata-se de um claustro de duas galerias sobrepostas: em baixo, enormes abóbadas repousam sobre poderosos pilares, os arcos alongam-se amplamente, abatendo--se quase por completo, tudo está em plena carga, até mesmo as esquinas acompanham, arredondando-se; o peristilo é largo, é uma galeria por onde circulam os grandes senhores do mundo numa sombra solene de enormes dimensões. Em cima, a fantasia ganha asas por entre os arcos e constrói na abertura um circuito mais profundo, quebrado, que paira, mais do que se apoia, sobre esbeltas colunas. Por todas as superfícies, em todas as colunas e demais elementos de suporte, se desenvolve a ornamentação numa fascinante abundância de harmonia e saturação, até ao excesso exagerado. Animais góticos, coroas e relevos do Renascença, entrançados mouriscos, plantas da Índia são cercados pelos ícones da navegação e do mar que suscitaram este milagre: cordas, algas e corais. É toda a magnificência da vitória, que, porém, já está fora deste mundo, que mergulha na perturbadora luz, já não terrena, do sonho liberto de todas as grilhetas. No terreno da matéria mais austera, a fantasia faz brotar uma opulência tal como só fora criada em florestas tropicais ou, na mais livre das combinações de tons, em poéticos quadros que se emaranham e excedem, mas nunca lavrada em pedra. É o último triunfo da arte ornamental manuelina – nome que lhe veio do rei –, a expressão sem par de um destino singular, que a cornucópia do Oriente derramou sobre o pobre país dos pedregulhos e montes escalvados.[106]

Cinquenta anos depois de Reinhold Schneider, Julien Green visita o Mosteiro dos Jerónimos e exprime no seu diário as objecções que tem contra este monumento.

185

... – O que não se tinham fartado de me falar do Mosteiro dos Jerónimos! Este edifício gigantesco, digo-o com toda a franqueza, desiludiu-me. Talvez tenha sido do contraste demasiado flagrante com a catedral de Lisboa, nua, austera e de uma beleza imaculada. Nos Jerónimos a ornamentação devora tudo, tem-se a impressão de que a pedra foi atacada por uma doença que se manifesta por uma erupção de pequenos ornatos, conchas, flores e motivos de todos os tipos, que revestem de cima a baixo as paredes e as colunas. As colunas da igreja, nas quais assenta uma colossal abóboda, são extraordinariamente delgadas. Tudo está feito para oferecer distracções aos monges. No seu género, é perfeito, mas no momento de ir daqui embora vou ainda mais apaixonado pelo estilo românico. Não é só a Arquitectura que sofre, ali a própria ideia da religião estiola.[107]

Contudo, mesmo que Você tenha, como Julien Green, uma costela de purista, deve juntar-se à multidão de visitantes e entrar. No interior, tal como cá fora, há por toda a parte uma transbordante ornamentação, vicejando como plantas de um jardim tropical: imagens que os navegantes dos Descobrimentos portugueses consigo trouxeram das suas viagens.

Por cima do ricamente elaborado portal da longitudinal fachada virada a sul, que ficava então muito mais próxima da margem que acompanha o curso do Tejo e em mais estreito contacto com ele, impera Santa Maria de Belém com o Menino Jesus, uma alusão ao nome desta zona. Esta porta está quase sempre fechada, entra-se na igreja pela porta ocidental, que fica entre a casa de Deus e o corpo do mosteiro localizado a poente, arquitectonicamente insignificante e acabado apenas no séc. XIX. Não foi inocente a escolha de Santa Maria de Belém para orago do novo templo: a zona superior do portal de Oeste – o qual é, como em todas as igrejas, a sua entrada principal (apesar de a posterior ligação do alto coro à ala dos dormitórios dos monges ter vindo a prejudicar consideravelmente o seu efeito) – é ornamentada, acima das estátuas do rei D. Manuel I, ajoelhado, e da sua segunda esposa, D. Maria, por cenas da vida da Virgem. Destas, a adoração do Menino pelos três reis magos, à direita, permitia vincar, indirectamente, o facto de ter sido por decisão do rei que se fizera a igreja e o mosteiro. À esquerda da entrada pode adquirir-se o bilhete para aceder ao famoso claustro, que visitaremos mais tarde.

No interior, ainda por baixo do coro, estão dois monumentos fúnebres neomanuelinos, que datam de 1898. No túmulo da esquerda, ornamentado com a esfera armilar, a caravela e a cruz de Cristo e suportado por seis leões, acredita-se que repousa Vasco da Gama, que morreu em 1524 como vice-rei das Índias; o cenotáfio da direita, decorado com um livro, uma pluma de escrever e uma lira, apenas recorda o grande poeta Luís de Camões, que se supõe ter morrido de peste em 1580 e ter acabado, por isso, numa vala comum.[108] Ernst Jünger reflecte sobre a vida e a morte do épico nacional.

Para preparação desta curta estada eu tinha recapitulado a epopeia nacional dos Portugueses, a qual, mais do que a luta com povos desconhecidos, canta o domínio do Oceano. Camões, aqui sepultado, tem de ser incluído entre os «poètes maudits»; só lhe ficaram fiéis até à morte a fome e o seu escravo, o qual, durante os últimos dias do seu senhor, conseguiu dar-lhe de comer mendigando pelas ruas para ele. Há estranhas semelhanças entre o seu destino e o de Cervantes. Batalhas navais, prisões, desfavor de príncipes, celebridade mundial após a morte. Cervantes foi atingido num braço na batalha de Lepanto, Camões perdeu um dos olhos numa escaramuça com os mouros, em Ceuta. Tal como em muitas vidas ibéricas, o mar, com as suas enganadoras reviravoltas, intromete-se também na sua; podíamos estender isto a Colombo e aos Conquistadores.[109]

Não é por acaso que tem uma espada o Homero português, cuja vida aventurosa o levou à Índia e à China. Por ocasião de uma viagem de Macau para Goa, o poeta naufragou na foz do rio Mekong. Em «Os Lusíadas» ele descreve como, apenas com um braço, abriu caminho através das ondas, altas como torres, enquanto com o outro mantinha acima das águas o precioso manuscrito do poema épico, quase pronto, para o manter seco e a salvo. Pelos vistos as acções de propaganda para promoção das vendas de livros não são uma invenção da nossa era. Este naufrágio impressionou também Conrad Ferdinand Meyer.[110]

Camões

Camões, o favorito das Musas,
jazia, doente, no hospital.
No mesmo pobre quarto
estava um estudante de Coimbra,
encurtando-lhe as horas do dia
com conversas intermináveis.
«Mui nobre senhor, grã-poeta,
é verdade o que dizeis?
Que terá naufragado um dia,
na costa de Coromandel,
a ingrata embarcação
que honrada fora com ter de Vos transportar?
Que Vós, lutando na rebentação das vagas,
remastes audazmente com o braço direito,
e, no entanto, no braço esquerdo esticado,
mantivestes a salvo do assalto das ondas
o manuscrito do vosso poema?
Custa-me a acreditar em tal.
Senhor, também a mim, quando estou apaixonado,
são favoráveis as irmãs de Apolo;
mas, se em jogo estivesse a minha vida,
em boa verdade deixaria voar com o vento
os meus mais belos versos,
precisava dos meus dois braços!»

Resposta lhe deu, sorrindo, o poeta:
«Isso fiz, amigo, de verdade,
lutando no Mar da Vida!
Contra perfídias, invejas, calúnias,
lutei pelas quotidianas necessidades
com um destes meus braços.
Com o outro destes braços
mantive a salvo da perda ou danos,
à luz dos raios de Apolo,
o meu poema, «Os Lusíadas»,
até se tornarem aquilo que hoje são.»

Uma luz amarela, que penetra pela rosácea situada na
fachada ocidental, inunda a igreja, de três naves todas da mesma
altura; oito colunas ricamente ornamentadas, de 25 metros de

altura e de diâmetros vários, fazem lembrar uma alameda de palmeiras. No transepto e no coro, edificado posteriormente no sóbrio estilo Renascença clássico (maneirista), encontraram o repouso eterno os últimos soberanos da dinastia de Aviz, a segunda dinastia portuguesa. Cada um dos túmulos dos dois reis dos Descobrimentos, D. Manuel I e D. João III, é suportado por dois elefantes cinzentos de mármore. Estão ambos no coro, tal como os túmulos das respectivas esposas, D. Maria e D. Catarina. O sacrário de prata situado na face fronteira do coro foi doado um século mais tarde por D. Afonso VI. Na capela do lado esquerdo, a norte, repousam o Cardeal D. Henrique, último monarca da dinastia de Aviz, e os seus irmãos, todos filhos de D. Manuel I, enquanto a sul, na capela do lado direito, simétrica daquela, estão os túmulos dos filhos de D. João III e o cenotáfio de D. Sebastião. Este romântico adolescente pôs em jogo, em 1578, no campo de batalha de Alcácer Quibir, em Marrocos, o derradeiro exército de Portugal e a sua própria vida, tendo perdido ambos. Como o seu cadáver nunca foi encontrado, nasceu o mito de el-rei D. Sebastião, que na hora mais negra de Portugal surgiria do nevoeiro, sobre o mar, e conduziria o seu povo a uma nova grandeza e glória. Tendo surgido, no decurso de poucos anos, nada menos que três homens pretendendo, todos eles, ser D. Sebastião, os reis espanhóis que tinham herdado o trono terão, à cautela, enterrado no cenotáfio, em 1582, as ossadas de um soldado desconhecido. Reinhold Schneider, no seu conto «Donna Anna d'Austria», descreve o sucesso inicial e a derrota final do terceiro falso D. Sebastião.[A]

No claustro duplo, de duas galerias, a arquitectura manuelina apresenta-se na sua forma mais pura. Encontramos aqui o sedutor embusteiro Felix Krull com a sua adorada Zuzu, a mãe dela, Maria Pia, e o erudito D. Miguel.

Todavia tenho porém de registar que a inacreditável mágica graciosidade do claustro do Mosteiro de Belém, que escapa ao tempo e que, realmente,

---

[A] O mesmo tema tratou o escritor português Aquilino Ribeiro, no seu romance «Aventura maravilhosa».

não se encaixa em nenhuma das épocas que conhecemos, como se fora um sonho de uma criança, com as suas torrinhas aguçadas e as suas extremamente delgadas colunetas nos nichos formados pelos arcos, com o seu fantástico esplendor, esculpido, como que por mãos  *de anjos, em grés de um branco suavemente patinado, que não fazia outra coisa senão dar a ideia de que era possível trabalhar a pedra com a serra de recortes mais estreita e dela criar preciosos adornos rendilhados abertos – registar, repito, que este deslumbramento de pedra verdadeiramente me encantou, me exaltou fantasticamente o espírito e não deixou certamente de contribuir para a eloquência das palavras que dirigi a Zuzu.*

Nós os quatro demorámo-nos, bastante longamente mesmo, no fabuloso claustro, circulámos repetidamente em sua volta, e como Dom Miguel se apercebeu certamente de que nós, os jovens, não dávamos especial atenção aos seus doutos ensinamentos sobre o estilo manuelino, manteve-se ao lado de Dona Maria Pia, caminhando à frente com ela, e nós seguíamo-los a uma distância que me encarreguei de ir aumentando. «Pois bem, Zuzu», disse eu, «atrevo-me a supor que os nossos corações, por este edifício aqui, estão a bater a compasso. Nunca me tinha aparecido um claustro assim.» (Na verdade nunca me tinha aparecido claustro absolutamente nenhum, e logo o primeiro que via era um sonho de crianças destes!) «Estou muito feliz por o contemplar consigo. Vamos lá então combinar a palavra com a qual quereremos exprimir a nossa admiração por ele! «Belo»? Não, não serve, embora ele, naturalmente, não seja desprovido de beleza. Mas a palavra «belo» é demasiado severa e aristocrática, não acha? Temos de elevar bem alto o sentido de «formoso» e «encantador», levá-lo ao seu auge, ao extremo, para obter os louvores adequados a este claustro. Porque ele próprio o faz. Eleva a formosura ao extremo.»[111]

Na parede norte da galeria inferior do claustro, uma singela coluna de mármore com uma cinta de alumínio recorda Fernando Pessoa, o maior poeta português da Idade Contemporânea. Por ocasião do quinquagésimo aniversário da sua morte, em 13 de Junho de 1985, foi trasladado do Cemitério dos Prazeres para aqui. Pessoa gostava muito do mosteiro e designava-o como lugar de «deliciosa harmonia, profunda e delicadamente religiosa».

Também o admirador de Rosa Luxemburgo e comunista nos tempos livres, de 1,59 m de altura, de Arnold Stadler, esteve perante o túmulo de Pessoa durante a sua «Viagem a África».

Dia da partida. Antes da partida do avião ainda tinha tempo para o túmulo de Pessoa e os seus heterónimos Alberto Caeiro, Ricardo Reis e Álvaro de Campos. Estava bem visível, inserido à altura dos olhos num claustro do Mosteiro de São Jerónimo, em Belém, o monumento com o maior número de turistas de toda a Lisboa. Todos passam por aqui e poderão dizer: Vi o túmulo de Pessoa. Não era aqui, evidentemente, o lugar onde se finara o poeta. Que altura tinha Pessoa realmente? Era maior que eu? Quais as causas da sua infelicidade? Onde é que eu posso documentar-me sobre isso? E logo, logo, já eu estava a ser obrigado pela multidão a deixar para trás este nome, e era como se os mortos estivessem vivos e os vivos, em comparação com eles, sobretudo tão brilhantes exemplos, estivessem mortos.

Apesar disso ainda consegui rezar um Pai-nosso e três Ave-Marias por Pessoa, ganhando-lhe assim uma indulgência; mas receio bem, e com algum fundamento, ter sido o primeiro, desde há muito tempo, a murmurar por Pessoa uma oração redentora. Quem sabe, talvez que ele até tivesse morrido sem a extrema... Unção. Mas pode ser que o seu biógrafo tenha redigido tudo isto apenas para disfarçar e ele tenha tido realmente um fim como deve ser, com as bênçãos da santa Igreja Católica, que tenha havido portanto alguma coisa, um último facto da vida de Pessoa, de que o biógrafo se envergonhara, que teria prejudicado a fama de um grande poeta trágico e que, por isso, ele ocultara. Sem ventura, sem religião católica, sem maneiras: assim é que tinha de ser a vida de um grande homem. Daí, portanto, as orações exigidas. E depois disto que havia eu ainda de fazer? Voltar outra vez ao Instituto do Vinho do Porto ou ir ver o Monumento aos Navegantes, que fica perto daqui?[112]

Nós damos prioridade, sem dúvida, à margem do Tejo e, depois da visita às instalações do mosteiro, dirigir-nos-emos para o Padrão dos Descobrimentos.

Na Sala do Capítulo, a leste do túmulo de Pessoa, encontra-se o de Alexandre Herculano (1810-77), que foi presidente da câmara municipal de Belém [A] e é tido como o pioneiro da moderna historiografia científica portuguesa. Na Sala propriamente dita nunca se reuniu o Capítulo da Ordem, porque o tecto só lá foi posto no séc. XIX, depois de em 1834 terem sido extintas as ordens religiosas com apropriação dos conventos pelo Estado.

A ala ocidental do mosteiro alberga, além do «Museu Nacional de Arqueologia», também o «Museu de Marinha», através do qual nos guia Ernst Jünger.

Até ao Museu de Marinha, que está instalado no Mosteiro dos Jerónimos, era curto o trajecto. Admirámos primeiro por fora a igreja que faz parte do Mosteiro, uma verdadeira gruta de estalactites do gótico tardio ibérico, e guardámos para a tarde a visita ao seu interior. Para nos dar uma ideia da história de uma potência marítima, o melhor lugar é um museu de Marinha. Nós só sucintamente nos pudemos informar sobre ela, tanto mais que, pelas dimensões dos objectos expostos, tais colecções ocupam espaços enormes. Um anexo destina-se a acolher o bergantim e as galeotas reais, ricamente dourados, cuja decoração se estende até às pás dos remos, ornamentadas com golfinhos.

Barcos, barcaças e modelos de naus, veleiros e navios espalham-se até ao longo dos claustros. Pelo meio, canhões e vitrinas com recordações de homens e feitos, principalmente descobertas e batalhas navais. Também numerosos quadros os recordam, a começar com a representação de um dos primeiros combates entre portugueses e sarracenos. As naus portuguesas reconhecem-se pelas grandes cruzes vermelhas nas suas enfunadas velas, as dos mouros pelos crescentes pregados nas velas e pelos turbantes brancos, não só da guarnição combatente como também daqueles que no mar lutam pelas suas vidas

---

[A] Poucos lisboetas saberão que Belém chegou a ser um concelho independente do de Lisboa. Lê-se na história da Junta de Freguesia de Belém: «De 11 de Setembro de 1852 a 18 de Junho de 1885, existiu o concelho de Belém – cujo primeiro presidente foi o notável historiador Alexandre Herculano –, abrangendo as freguesias de Nossa Senhora da Ajuda, Santa Maria de Belém, parte das de São Pedro de Alcântara, Santa Isabel e São Sebastião da Pedreira, e ainda as freguesias de Nossa Senhora do Amparo de Benfica, São Lourenço de Carnide e Menino Jesus de Odivelas.»

*ou se agarram a destroços das naus. Um pormenorizado desenho
retrata o extermínio de uma frota chinesa pelos portugueses, nas
proximidades de um arquipélago do Extremo Oriente. Os juncos são tão
superiores em número que se tem de andar à procura das naus com as
cruzes no meio deles.*

*Na época em que foi uma potência mundial, Portugal não tinha mais
que um milhão de habitantes. Um povo assim tem um destino como o de
Hamlet: os feitos dos antepassados pesam sobre ele.*

*O museu tinha muitos visitantes. Uma grande afluência de crianças fala
a favor destes locais. Era aqui o caso. Marinheiros inválidos
mantinham a ordem; e também se lembrava aos pais, através de
cartazes, o dever de tomarem conta dos seus rebentos. Pelo estudo
destes textos e daquilo que apanhava das conversas, fazia as minhas
tentativas de aproximação ao Português. O já longo dia começou a
fazer sentir os seus efeitos; a enorme quantidade de quadros a ver
provoca não só cansaço como também uma espécie de euforia. As
associações tornam-se mais fáceis mas também mais perigosas – mais
ou menos como o lapso etimológico que me aconteceu ao estudar os
letreiros. Neles se advertia contra os excessos das crianças[A]. É claro
que esta palavra só podia ser o equivalente português de «Kinder»[B];
aliás estávamos a ouvi-las gritar fortemente. Mas foi aqui que ocorreu
o erro: a palavra, naturalmente, não tinha nada que ser relacionada
com a palavra francesa «crier»[C], com a qual a relacionei, mas sim com
a palavra latina «crescere»[D]. A palavra portuguesa desconhecida
significava, portanto, «os que estão a crescer» e não «os que estão a
gritar».[113]*

O colossal edifício com uma fachada de áspero arenito
calcário, entre o Museu e o rio, é o «Centro Cultural de Belém»,
um centro para congressos e actividades culturais edificado na
última década do séc. XX. Esta obra dos arquitectos-vedetas
Vittorio Gregotti e Manuel Salgado, que parece uma fortaleza
mourisca, foi objecto de fortes polémicas desde a fase de projecto.
Os críticos acham que esmaga o Mosteiro dos Jerónimos, uma

[A] Em português, no original.
[B] Palavra alemã para «crianças».
[C] Em francês no original. Significa «gritar», «berrar». O autor, que desconhecia a
palavra portuguesa «crianças», associa erradamente a palavra que viu no letreiro à
palavra «crier», que conhecia, por causa da sílaba comum «cri».
[D] Em latim no original. Significa «crescer».

censura cuja validade deverá ser o leitor a confirmar, ou infirmar, no próprio local.

O jardim diante do mosteiro é a PRAÇA DO IMPÉRIO. Só há cerca de uns bons cem anos é que o terreno correspondente foi conquistado ao Tejo, pois que até então esta era uma zona de praia, a histórica «praia do Restelo». E só em 1940, por ocasião da grande «Exposição do Mundo Português», que aqui teve lugar, é que foi criada esta área de lazer. Constitui um paralelo interessante o facto de ter voltado a ser uma exposição, a Expo'98, que proporcionou o ensejo para que, quase sessenta anos mais tarde, viesse a ser saneada a zona oriental de Lisboa junto à margem direita do Tejo.

Da Exposição do Mundo Português só restou, no centro da praça, a Fonte Luminosa, uma grande fonte guarnecida a toda a volta de brasões, que se diz ser provida de jogos de água e polícromos efeitos luminosos, que só são vistos em dias de festas especiais proporcionando ocasionalmente um bom espectáculo de luz e cor. Nos relatos dos fugitivos como Heinrich Mann, que em 1940 esperavam o navio para a América, a exposição continua porém a viver.

Nessa altura estava montada junto à praia uma notável exposição colonial; o ramal ferroviário para a cidade passava por lá, até lá parava de propósito[A] – e foi por isso que não me apeei. Fazer a despedida dá isto: fazemo-la interiormente, anda-se demasiado atarefado. Não se repara naquilo que, noutras circunstâncias, teria encantado. O bergantim do próprio Vasco da Gama, o descobridor, estava sobre as águas, tão alto como uma casa. Embora também se tratasse apenas de uma imitação, mesmo assim aqueles fantásticos contornos resplandeciam de dourados. Quanto a mim, o próprio famoso viajante deveria ter estado lá em cima e ter-me tirado o seu chapéu: a viagem que eu tinha pela frente reduzia a importância da sua. Afinal de contas, não tinha ele regressado?[114]

Para muitos deles foi a última coisa do velho continente que viram.

[A] Era o comboio da linha Lisboa – Cascais, finda em 1897, com tracção eléctrica só desde 1926.

Como num conto de fadas, chegava até aqui o fantástico resplendor da exposição. A sua mágica luminosidade foi a derradeira imagem da Europa que tivemos, acabrunhados pela tristeza.[115]

Uma passagem subterrânea faz-nos passar, com segurança, da PRAÇA DO IMPÉRIO para o outro lado, para a beira do Tejo. Diante do «Padrão dos Descobrimentos» ou «Monumento aos Navegantes», tornamos a ver a luz do dia. «Padrão» era o nome das colunas de pedra, com as quinas do escudo de Portugal e uma inscrição, encimadas por uma cruz, que os Portugueses foram erigindo ao longo das costas que iam descobrindo, desde o Brasil até à China, como símbolo da ocupação. Fernando Pessoa dedicou-lhes um poema.[116]

PADRÃO

O esforço é grande e o homem é pequeno.
Eu, Diogo Cão, navegador, deixei
Este padrão ao pé do areal moreno
E para diante naveguei.

A alma é divina e a obra é imperfeita.
Este padrão sinala ao vento e aos céus
Que, da obra ousada, é minha a parte feita:
O por-fazer é só com Deus.

E ao imenso e possível oceano
Ensinam estas Quinas, que aqui vês,
Que o mar com fim será grego ou romano:
O mar sem fim é português.

E a Cruz ao alto diz que o que me há na alma
E faz a febre em mim navegar
Só encontrará de Deus na eterna calma
O porto sempre por achar.

O **monumento foi** erguido pela primeira vez em 1940, integrado na Exposição do Mundo Português, mas destinado a desaparecer depois, sendo então construído em materiais perecíveis (estrutura leve de ferro e cimento, com o grupo escultórico em estafe, uma mistura de gesso e estopa). Em **1960**, por ocasião do 5° centenário da morte do Infante D. Henrique, que é chamado «o Navegador» sem que jamais o tenha sido, foi aqui replicado o original, mas agora em betão e pedra de cantaria. A rosa-dos-ventos em mármore, que lhe fica em frente e na qual está inscrito um mapa-múndi, de mármore multicolor, com as datas das principais etapas da história dos Descobrimentos, mencionada por Suzanne Chantal no trecho que se segue, foi um presente da República da África do Sul por essa mesma ocasião.

Os passeios de Lisboa, calcetados com pedras pretas e brancas, contam a história de Portugal. A história do Mundo, porém, podemos deduzi-la do enorme mapa-múndi que em Belém, aos pés do Monumento das Descobertas, desdobra a sua rosa-dos-ventos de mármore.
Este local foi cuidadosamente escolhido. Lá ao fundo eleva-se, magnífico, o Mosteiro dos Jerónimos, cujas arcadas se seguem umas às outras como as ondas do mar, com as suas espumejantes orlas esculpidas em pedra. No primeiro plano corre o rio, o qual, já salgado e remexido, estremece ao apelo da imensidão.
Solitário, de pé, no seu comprido hábito negro, o Infante D. Henrique, chamado «o Navegador», pesquisa o horizonte, tal como o fez durante

mais de quarenta anos sobre o ressequido promontório de Sagres, na ponta extrema do mundo então conhecido. Orgulhoso e impassível, embrenhado nos seus pensamentos cujos frutos não viria a colher, está de pé no cimo da proa daquele monumen-  *to que exprime e resume, simultaneamente, a enorme gesta dos Descobrimentos. Recorda os esforços monstruosos de um povo no qual a oração de uma rainha ajoelhada protege do sono o homem do leme, no qual o monge reanima os soldados e o cartógrafo se apoia nos astrólogos. O Infante morreu trinta e oito anos antes de Vasco da Gama ter chegado triunfalmente a este local, com a solução do grande enigma sobre o qual toda a Europa cogitara durante tanto tempo: a descoberta do caminho marítimo para a Índia.*[117]

Atrás do príncipe também foi incorporado, sobre a pretensa amurada de uma estilizada caravela, um grande descobridor português, Fernão de Magalhães, que empreendeu a primeira viagem de circum-navegação mundial ao serviço da concorrência espanhola, embora sem a ter completado. Stefan Zweig inicia o seu romance «Fernão de Magalhães» com o regresso deste da Índia.

O pensamento que domina toda a vida de Magalhães é este: encontrar um outro caminho marítimo para aquela longínqua terra.

Este pensamento, algumas cicatrizes no corpo queimado pelo sol e um escravo malaio, comprado em Malaca – estas três coisas são quase tudo o que Fernão de Magalhães traz de volta à Pátria, depois de sete anos de trabalho na frente de guerra da Índia. Há de ter sido um espanto singular para o cansado soldado, talvez uma irritação, quando em 1512, ao desembarcar finalmente, avista uma Lisboa totalmente outra, um Portugal absolutamente diferente do que deixara havia sete anos! A estupefacção nasce logo à entrada em Belém. Em vez da velha e baixa igrejinha que, então, abençoara a largada de Vasco da Gama, ergue--se, finalmente acabada, a imponente, magnífica catedral, primeiro sinal visível da colossal riqueza que saíra à sua Pátria com a especiaria indiana. Para onde quer que à sua volta olhe, só vê mudanças. No rio, onde outrora tão pouco se navegava, segue-se uma vela a outra vela; nos estaleiros ao longo da margem martelam os artífices, para equipar com toda a rapidez novas frotas e, sempre com rapidez, frotas cada vez maiores. No porto, de flâmulas içadas, enfileiram-se muito apertados, um mastro junto a outro mastro, navios nacionais e estrangeiros. O ancoradouro regurgita de mercadorias; os armazéns estão mais que cheios; milhares de pessoas circulam apressadamente, ruidosamente, pelas ruas entre os grandiosos palácios, construídos há pouco.

Nas feitorias, nas casas de câmbios, nas agências de corretagem fazem--se ouvir todos os idiomas de Babel – graças à exploração da Índia, de pequena cidade que era, Lisboa tornou-se, no espaço de um decénio, uma metrópole, uma cidade onde impera o luxo. Em carruagens abertas, as senhoras da nobreza exibem as suas pérolas da Índia; luxuosamente trajado, um enorme séquito de cortesãos faz salamaleques pelas salas palacianas; e o homem que regressara à pátria descobre que o seu sangue e o dos seus camaradas, derramado na Índia, se transformou aqui em ouro, graças a uma misteriosa

alquimia. Enquanto eles tinham combatido, sofrido, suportado
privações, derramado o sangue, debaixo do implacável sol meridional
Lisboa tornara-se, pela sua actividade, a sucessora de Alexandria e
Veneza, e D. Manuel, o Venturoso, tornara-se o monarca mais rico da
Europa.[118]

Fernão de Magalhães começa por oferecer a D. Manuel os
seus serviços, este recusa-os e o circum-navegador vai para
Espanha – sem deixar de ter estudado antes, muito bem, os
desenhos existentes nos arquivos portugueses. Depois da rejeição
de Colombo, foi esta a segunda decisão errada dos monarcas
portugueses.

No interior da construção de betão e ferro, um elevador
conduz-nos até ao cimo: a vista vale o preço da entrada.

Partindo do Padrão dos Descobrimentos, o caminho ao longo
da margem leva ao «Museu de Arte Popular», obtido por
reformulação de um antigo pavilhão da Exposição do Mundo
Português de 1940, adaptado a museu e inaugurado em 1948. Em
2000 a exposição permanente do museu foi encerrada, para
profundas obras de requalificação do edifício, mas em 2006,
devido à sua forte conotação com o Estado Novo, o Museu de
Arte Popular foi extinto, sendo o seu espólio transferido para o
Museu Nacional de Etnologia. Contudo, como o edifício
apresenta um significativo conjunto de composições murais dos
melhores decoradores-pintores portugueses, caracterizando as
diversas regiões do País, essa valia patrimonial fundamentou a
sua classificação como
Monumento de Interesse
Público, em 2012.
Actualmente a actividade do
Museu de Arte Popular está
vinculada à missão e
programa do «Museu
Nacional de Etnologia».

A seguir à doca para iates, que temos de contornar, damos com um outro monumento a destemidos conquistadores do Atlântico: a cópia em aço do hidroavião de dois lugares «Santa Cruz», com o qual Sacadura Cabral e Gago Coutinho, em 1922 – cinco anos antes da travessia do Atlântico Norte por Lindbergh – terminaram a primeira travessia aérea do Atlântico Sul, de Lisboa ao Rio de Janeiro.[A]

Daqui até à famosa TORRE DE BELÉM, a que o Tejo, já casado com o mar, vem beijar os pés da muralha, restam apenas uns poucos passos. Ela apresenta-se-nos bem mais graciosa do que nas suas inúmeras representações. Se escolhermos adequadamente a posi-ção em que nos situamos, até conseguimos que ela nos oculte, apesar de tudo, o horroroso e gigantesco silo para cereais que fica na Trafaria, mesmo em frente, do outro lado do rio. Antigamente a margem do lado de cá

do rio seguia por uma zona hoje assoreada, bem mais para o interior, longe da Torre, que assentava então numa ilhota. Do outro lado do Tejo existia uma sua irmã gémea, a Torre Velha, da qual já só existem pedaços dos alicerces sobre uma saliência de um rochedo completamente coberto de vegetação. Ela fazia parte de um dos mais importantes exemplares da arquitectura militar

---

[A] A primeira travessia aérea do Atlântico Sul, realizada de 30 de Março a 17 de Junho por estes dois aviadores e cientistas, efectuou-se em 4 fases, nos intervalos das quais foram assistidos, devido a problemas mecânicos e condições naturais adversas, os 3 hidroaviões sucessivamente utilizados. Houve paragens em Las Palmas (ilhas Canárias), S. Vicente e S. Tiago (Cabo Verde), Penedos e Fernando Noronha (ilhas já ao largo da costa brasileira), para além de duas descidas forçadas no mar, antes da chegada a Recife, em 5 de Junho. Daqui até ao Rio houve mais 4 trajectos curtos. No total foram percorridas 4.527 milhas náuticas (8.384 km) em 62 h 26 min de voo, a uma velocidade média de 134 km/h.

renascentista portuguesa, o Forte de São Sebastião de Caparica. Com estas duas torres, qualquer navio que se infiltrasse pela barra do Tejo adentro podia ser apanhado por fogo cruzado. A fortaleza é constituída por dois corpos: um baluarte em hexágono irregular sobre o qual se insere uma torre quadrangular. Sacadas de varandas assentes em cachorros, mouras janelas geminadas e na face Sul, voltada ao mar, um belo varandim, com arcos apoiados em capitéis manuelinos, colunelos assentes sobre mísulas em cachorrada e parapeito ricamente trabalhado, rasgam as lisas paredes da torre. As pequenas e elegantes guaritas dos cantos do terraço, encimadas por cúpulas, apoiam-se em pedestais cónicos assentes sobre figuras de animais: carneiro, leão e golfinho. Corroída pelas intempéries de séculos, a cabeça de um rinoceronte enfeita a consola que sustenta a guarita do canto noroeste do bastião. Este animal, que foi o primeiro da sua espécie trazido da Índia para a Europa, para o rei D. Manuel I, causou então enorme sensação. Albrecht Dürer fixou a sua imagem numa xilogravura e Reinhold Schneider descreve o destino que ele teve na sua «História de um rinoceronte».

O monumento a CRISTO-REI, um pouco mais para montante, ultrapassa em altura a ponte suspensa, edificada de 1962 a 1966.

Vemo-lo de longe, ainda antes de, ao sair da cidade, entrarmos na ponte sobre o Tejo, de três quilómetros de comprimento, a qual se chamava «Ponte Salazar» até à revolução e desde então se chama «Ponte 25 de Abril»: as enormes letras de bronze[4] foram deitadas ao rio. Situado no cimo do miradouro que uma colina na outra margem do rio constitui, ele excede a altura da ponte em cinquenta ou sessenta metros, e está sobre um pedestal, uma espécie de diapasão invertido ou torre de fortim, em betão, de trinta metros de altura. O Cristo propriamente dito poderia ter saído de uma forminha de lata, daquelas com que as crianças fazem na praia bolos ou homenzinhos de areia, ampliado depois até se tornar um gigante de treze metros de altura, liso, cinzento e frio; as linhas de material em excesso, deixadas pelo molde, foram cuidadosamente removidas à lima. Longa túnica ondulante, com pregas criadas pelo cinto que a aperta, largas mangas cobrindo os braços bem abertos, cabelo caindo sobre o pescoço, os olhos sem vida virados para

---

[A] do seu nome original

a ponte e a cidade. Centenas de milhares de pessoas que atravessam a ponte de automóvel, entra o ano, sai o ano, passam distraídas, olhando sem ver, a não ser que uma ou outra se lembrasse de parar e subir à torre de observação para contemplar a ampla paisagem fluvial e cita-

dina. O suave robô de cimento que está lá em cima, que tornará ainda mais desconsolado aquele que não encontra consolo, mais frio aquele cuja fé já esfriou, e dificilmente demoverá o fraco de se atirar ao rio, foi erguido por ordem de Salazar.[A] Ele é suposto representar aquele Filho do Homem que em tempos andou por entre os homens como seu irmão, e que é possível que ande hoje de novo entre nós se m que o reconheçamos, talvez como um latino-americano leproso, pe-dinte, guerrilheiro, maltrapilho tratado como um cão ou outro qualquer filho da mãe. É cópia do Cristo do Corcovado que está na baía do Rio de Janeiro, expoente máximo da Arte Nova, arte para inimigos da Arte, e chama-se «Cristo-Rei» ou «Cristo-Redentor».[119]

A seguir à Torre de Belém, o velho Forte do Bom Sucesso controla a entrada da barra do Tejo. Num quente dia do final do Verão de 1940, Marta Feuchtwanger fizera-se ao caminho de Lisboa para o Estoril, com o intuito de pedir emprestado a Alma e Franz Werfel o dinheiro para uma passagem de barco rumo aos Estados Unidos da América. Algures por aqui pretendeu tomar

---

[A] Havendo que manter neutralidade face à ideologia religiosa e às simpatias ou antipatias políticas que o estrangeiro autor deste trecho revela, há porém que esclarecer que o Monumento a Cristo-Rei não foi erguido por ordem de Salazar nem nele se gastaram verbas do Estado. A ideia da sua construção surgiu em 1934 a D.Manuel Gonçalves Cerejeira, Cardeal Patriarca de Lisboa, ao ver o Cristo do Corcovado, mas só em Abril de 1940 o colégio dos bispos portugueses formulou o voto de «erguer sobre Lisboa um monumento ao Sagrado Coração de Jesus, se Portugal fosse poupado à II Guerra Mundial». Passado um ano sobre o fim da guerra, na qual Portugal não participou directamente, a campanha nacional de angariação de fundos intensificou-se. Nela até crianças participaram, com as «Pedras Pequeninas» das suas renúncias. Posta a primeira pedra em 18.12.1948, só quase 11 anos depois, em 17.5.1959, se inauguraria o monumento.

um banho refrescante – coisa que hoje seria absolutamente de desaconselhar a toda e qualquer pessoa, e não só pelas experiências que ela então viveu.

Passei pela antiquíssima fortaleza de Belém, a terra era avermelhada, no lado esquerdo corria lentamente o Tejo, de um intenso azul. Eu queria voltar finalmente a nadar. Por baixo do vestido tinha o meu fato de banho, pelo que só precisei de despir aquele. Descobri ainda uma gruta protectora, onde deixei a roupa e a mochila, e pretendia lançar-me ao mar. De súbito apareceu-me pela frente um homem que se me dirigia em português. Agarrou-me por um braço e apontava para o meu fato de banho. Disse-me depois em espanhol, com voz grossa, que o meu fato de banho era proibido, e estendeu-me um cartão que o identificava como polícia. Perguntei se tinha de pagar uma multa e puxei por uma nota de cinco francos. Aí ele desatou a gritar comigo, exigiu o meu nome e morada e preencheu o papelinho de uma multa. Só fiquei aliviada quando ele se foi embora. Mas lá a natação é que eu não ia deixar que ele ma estragasse. Por fim, outra vez limpa, prossegui a marcha.

No horizonte erguiam-se ao céu centenas de esguios mastros, ao longo dos quais compridas bandeiras semelhantes a faixas batiam ao vento. Dirigi-me para lá: era uma exposição que estava a ser desmontada, ainda se podiam ver alguns quiosques com bela arte popular portuguesa. Por entre os pequenos pavilhões vislumbrava-se o intenso azul do Tejo – à saída lá estavam outra vez as bandeiras de várias cores tremulando ao vento, uma visão encantadora.

No Estoril encontrei sem grandes dificuldades o Grande Hotel, e os Werfel também já ali estavam a chegar, de regresso de um passeio. Eu devo ter-lhes parecido extraordinariamente abatida, porque a Alma nem sequer disse o «Como vai?» do costume, só perguntou: «De quanto é que precisa?» Levantou a saia e da sua meia tirou um maço de notas. Werfel explicou simpaticamente e com alguma benevolência: «Ela é como uma camponesa, não confia nos bancos.» Apesar da minha insistência, a Alma não quis aceitar qualquer recibo.

Tive de voltar logo embora, o trajecto era longo, só os dias eram já mais curtos. Em Lisboa entrei no meu antigo hotel e apresentei ao gerente o papel da multa. Ele desatou a rir às gargalhadas e mostrou o papel aos seus amigos. Reinou hilaridade geral e ele prometeu resolver aquilo com um telefonema. Contudo, quando voltou vinha de cara séria: «Tem de se apresentar amanhã de manhã na Capitania do Porto de Lisboa.»

Às sete horas já eu lá estava e fui apresentada a um oficial que falava francês. Exigiu, com dureza, que eu descrevesse os acontecimentos do dia anterior. Só depois se tornou mais simpático, emitindo a sua opinião de que aquilo assim já soava melhor, mas que o assunto tinha de ser tratado ali ao lado, lá se decidiria o caso. Tive de fazer uma declaração, escrita em francês, que ele levou para o gabinete contíguo. Fui assaltada pelo pavor, pois receava poder ser extraditada para França – ou alguma coisa ainda pior.

Mas o oficial regressou, radiante, com uma absolvição. Contou que o polícia me tinha denunciado por corrupção de funcionário público, e que, além disso, o fato de banho que eu tinha vestido era um biquíni. Na minha exposição, porém, eu escrevera que estaria disposta a pagar uma multa à polícia, o que era verdade, e isso fora decisivo. Aliviada, decidi oferecer a mim mesma qualquer coisa para comer – graças aos Werfel sentia-me rica.[120]

A seguir ao Forte do Bom Sucesso, no monumento evocativo dos portugueses caídos no Ultramar – uma tenda de betão do tamanho de uma casa, no interior da qual arde uma chama perpétua, vigiada por dois soldados – fecha-se o círculo. Mais de quinhentos e cinquenta anos depois do início da expansão militar no Norte de África (1415 – conquista de Ceuta) e da expansão marítima no Atlântico (1420 – nomeação do Infante D. Henrique como administrador apostólico da Ordem de Cristo), findou em 1974 a era dos Descobrimentos com uma precipitada retirada de África e de Timor, a qual lançou as antigas colónias num caos que haveria de durar décadas. Portugal, já esgotado pelo esforço de treze anos de guerras coloniais e sem reservas, teve então de integrar, no pequeno rectângulo continental, mais de um milhão de refugiados com várias cores de pele.

Sem querer vem-nos à ideia o Velho do Restelo, que Camões, em «Os Lusíadas», faz surgir na altura da largada de Vasco da Gama para a Índia, enquanto Jan Jacob Slauerhoff, em «O reino proibido», o seu romance sobre a vida de Camões, o faz aparecer na pessoa do próprio pai de Camões, bastantes anos mais tarde, em 1553, por ocasião do início de mais uma viagem para a Índia, desta vez capitaneada por Fernão Álvares Cabral da Cunha, na qual Camões também segue, mas na condição de exilado.

Foi então que algo de inesperado aconteceu.

Um homem velho e de elevada estatura, que ninguém sabia donde viera,
furou através dos guardas, colocou-se no meio do espaço livre entre as
naus e a corte, e lançou uma maldição que teve o efeito de uma
trovoada, longamente aguardada, que estala finalmente. Ninguém o
estava a compreender mas todos o escutaram com atenção. Todos
foram abrangidos pelo seu anátema. O sol estava bem lá ao fundo, a
poente, sobre uma aglomeração de nuvens que abarcava a foz do Tejo.
As sombras delas, e a da Torre de Belém, caíam sobre todos. Os coros
emudeceram enquanto ele falava, de costas viradas para a corte,
voltado para as naus. Ao princípio, quase ninguém ouviu nada. Mas o
velho, que tinha começado tranquila e solenemente, gritava agora, e
tanto mais alto quanto mais prolongada era a sua tirada.

– [...] Não haverá nada melhor para fazer do que converter e
exterminar pagãos que vivem no outro extremo do mundo? Esforçastes-
-vos durante séculos por expulsar os Mouros do país e, antes de que vos
désseis conta, aí estão eles de novo. Já ali estão, à espera, acolá. Até
eles aqui podem aprender alguma coisa. Procuraram durante séculos a
pedra filosofal. Vós, em vinte anos, transformastes em moedas de ouro
o melhor sangue do país. Quem é que lucrou com isso? Até a corte aqui
reunida se apresenta como um bando de pedintes mascarados.

Nas naus ouvia-se um murmúrio aprovador, em terra reinava um
silêncio de morte.[121]

Depois, agora nas palavras de Camões, o Velho prossegue[122]:

«Oh! Maldito o primeiro que, no mundo,
Nas ondas velas pôs em seco lenho!
Dino da eterna pena do Profundo,
Se é justa a justa Lei que sigo e tenho!
Nunca juízo algum, alto e profundo,
Nem cítara sonora ou vivo engenho,
Te dê por isso fama nem memória,
Mas contigo se acabe o nome e glória!»

Aqui, na foz do Tejo, alcançámos o ponto mais ocidental do
nosso passeio, que também é quase o ponto mais ocidental da
Europa. Reinhold Schneider [123] não conseguiu eximir-se,
igualmente, à magia deste local e tentou aprisioná-la num soneto.

Foz do Tejo
Saudade

Sobre o escuro azul das águas, bem inclinadas p'ra o lado,
velas vermelhas de naus vão saudosas, co' a corrente;
as nuvens formam figuras que se movem suavemente,
enquanto que o céu da tarde vai ficando incendiado.

No vazio que ficou, não menos que ilimitado,
de amor e esperança vibrantes, em final canção dolente,
da saudade os violinos estão tocando docemente,
ao passo que o desgosto é para sempre calado.

Ó impetuoso rio que te vais lançar no mar,
Ó mar que p'ra o alto mar corres assim apressado,
Ó céu que tão perto ficas desse mar por conhecer!

Bem-aventurado quem, de alegria a transbordar,
antes de o vento cair, já p'las ondas encharcado,
partiu em naus de saudade, que ninguém tornou a ver.

Longe da foz, a corrente amontoou no meio das águas um banco de areia, sobre o qual um edifício circular, o FORTE DO BUGIO, típica fortaleza renascentista, excita a nossa fantasia. Já há muito tempo que ele só para fins pacíficos é utilizado, emitindo raios de luz durante a noite. Do outro lado do rio começa por esta altura a Costa da Caparica, uma praia de  vários quilómetros de comprimento, lugar preferido de todos os lisboetas que querem fugir, no Verão, ao calor da capital.

Desfrutando os jardins e relvados que nos rodeiam, retrocedemos acompanhando a linha de caminho de ferro, atravessamos a Avenida de Brasília e a via férrea utilizando uma ponte pedonal aérea, e na RUA BARTOLOMEU DIAS, paralela à Avenida, apanhamos o eléctrico nº 15 E para o centro da cidade.

Se porém ainda tiver forças para mais um par de horas neste passeio, desça, passados menos de 15 minutos (8 paragens), na Estação de Santo Amaro, e caminhe cerca de 3 minutos a pé até à RUA RODRIGUES DE FARIA, para ir ver o que está a acontecer hoje na «Lx Factory». Lx é a consagrada abreviatura para Lisboa. E porquê «Factory»? No ano de 1846 por aqui se instalou a Companhia de Fiação e Tecidos Lisbonense, então um dos complexos fabris mais importantes de Lisboa. Em anos posteriores aqui residiram a Companhia Industrial de Portugal e Colónias, a tipografia Anuário Comercial de Portugal e a Gráfica Mirandela. Hoje, porém, esta cidadela dentro da cidade continua ocupada por empresas e profissionais da indústria mas também se tornou cenário de um diverso leque de acontecimentos nas áreas da moda, publicidade, comunicação, multimédia, arte, arquitectura e música, com lojas de decoração e velharias para comprar ou trocar, livraria, oficinas criativas, etc., gerando uma dinâmica que tem atraído inúmeros visitantes a redescobrir esta zona de Alcântara em noites encantadas. Este não é um local para pressas, pois aqui dispõe ainda de muita coisa boa para comer, nos vários restaurantes que oferecem comidas do mundo e de agora num terraço panorâmico com vista para o Tejo. Se já estiver cansado de tantas andanças e não lhe apetecer ir dançar nas pistas do clube nocturno local, pode ficar a pernoitar aqui mesmo, pois também cá há um «hostel».

7. Lisboa e os seus azulejos

Benfica – Quinta do Marquês de Fronteira – Metropolitano – Museu Gulbenkian – Praça de touros do Campo Pequeno – Parque das Nações – Museu do Azulejo (Madre de Deus) – Cais do Sodré – Estoril

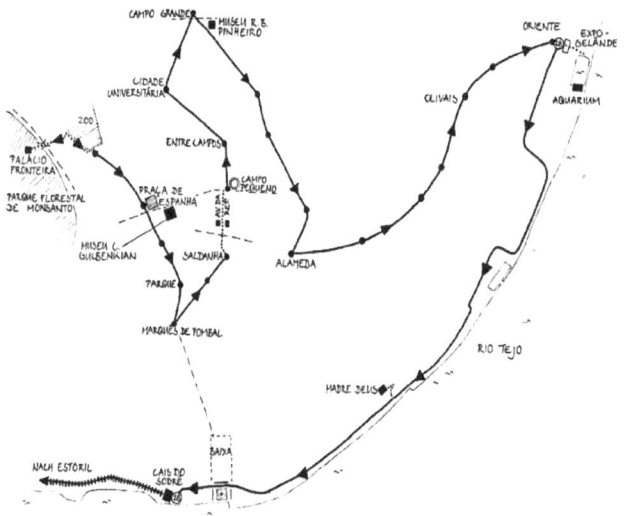

A arquitectura de Portugal é marcada, ainda hoje, pela utilização dos mais variados tipos de azulejos. Devido às características do material empregue e à ilimitada riqueza de decoração que permite, cumpre-se assim, em simultâneo, a dupla função de protecção e adorno. Já há muito tempo que existem ladrilhos vidrados: os exemplares mais antigos que se conhecem foram encontrados no Egipto e datam do segundo milénio antes de Cristo. A partir do século oitavo floresceu por todo o mundo islâmico a cultura da cerâmica, que viveu então, durante séculos, os seus tempos áureos. Na Península Ibérica, que era o ponto de intersecção dos mundos islâmico e cristão, encontram-se azulejos particularmente bonitos. A palavra luso-espanhola «azulejo» provavelmente vem do árabe «al zulaich», que significa «pedra pequena e polida». Embora Portugal seja o país onde mais azulejos há, a produção própria começou aqui bastante tarde, em meados do séc. XVI. Anteriormente os azulejos eram importados de Espanha e, mais tarde, também da Flandres e dos Países Baixos. A época áurea das fábricas portuguesas só foi atingida no séc. XVIII. As estações do Metropolitano da capital demonstram que a arte da azulejaria ainda pode alcançar, hoje, um nível elevado. Neste itinerário conheceremos os mais antigos e os mais recentes exemplos da azulejaria de Lisboa.

Vamos de metro até ao «JARDIM ZOOLÓGICO». O jardim zoológico da cidade, à superfície, encontra o seu correspondente no jardim zoológico imaginário com que Júlio Resende decorou as paredes da estação do Metropolitano. Flores, plantas e animais, que fazem lembrar desenhos de crianças, dão vida aos azulejos brancos. Os motivos continuam pelo empedrado do chão. Uma vez à porta da entrada principal do Jardim Zoológico seguimos para a esquerda, viramos depois à direita na ESTRADA DE BENFICA, vamos acompanhando o gradeamento do Jardim, passamos por uma entrada lateral, e seguimos até ao grande chafariz de Santo António da Convalescença, de 1847.

BENFICA, mundialmente conhecida pela sua equipa de futebol, foi outrora um subúrbio rural de Lisboa. Aqui tinham as suas casas de campo a nobreza e a burguesia, aqui iam à caça, aqui é que se sentiam bem. O nome do local quer dizer isso mesmo. Hoje já pouco resta desse passado rural: um mar de torres de apartamentos dos anos setenta e oitenta expulsou as antigas quintas. Em Benfica cresceu António Lobo Antunes, um dos mais conhecidos escritores contemporâneos do país. Ele recorda-se:

Hoje, se vou a Benfica não encontro Benfica. Os pavões calaram-se, nenhuma cegonha na palmeira dos Correios (já não existe a palmeira dos Correios, a quinta dos Lobo Antunes foi vendida) o senhor Silvino, o senhor Florindo e o senhor Jardim morreram, ergueram prédios no lugar das casas, mas eu suspeito que por baixo destes edifícios de cinco e seis e sete e oito e nove andares, num ponto qualquer sob marquises e sucursais de banco, o senhor Paulo ainda conserta, com guitas e caniços, as asas dos pardais, a dona Maria Salgado ainda trota de vivenda em vivenda com a Sagrada Família na sua redoma embaciada, o Lafaiete e o Jaurés jogam ao virinhas na Calçada do Tojal cercados

de vasos de manjerico e madrinhas de chinelos. Não há pavões nem
cegonhas e contudo a acácia dos meus pais, teimosa, resiste. Talvez que
só a acácia resista, que só ela sobeje desse tempo como o mastro,
furando as ondas, de um navio submerso. A acácia basta-me.
Arrasaram as lojas e os pátios, não tocam o Papagaio Loiro no sino,
mas a acácia resiste. Resiste. E sei que junto do seu tronco, se fechar os
olhos e encostar a orelha ao seu tronco, hei-de ouvir a voz da minha
mãe chamar
– Antóóóóóóóónio
e um miúdo ruço atravessará o quintal, com um saco de berlindes na
algibeira, passará por mim sem me ver e sumir-se-á lá em cima no
quarto, a sonhar que ao menos a mulher de Sandokan não o obrigaria
nunca a comer puré de batata nem sopa de nabiças durante o tormento
do jantar.[124]

Em frente ao chafariz desemboca a RUA DE S. DOMINGOS
DE BENFICA, a qual vamos seguir. Pouco depois de uma
apertada curva para a direita, uma enorme ponte para peões
passa por cima de uma via rápida, de quatro pistas primeiro e de
seis depois, e pelo meio disto circulam quatro linhas de caminho
de ferro. Protegido por este «corredor corta-fogos», e do outro
lado dele, tem-se mantido um enclave rural, o Parque Florestal
de MONSANTO, área de protecção da natureza que é também a
zona mais próxima da cidade para a domingueira recuperação do
«stress» citadino. Fica aqui a Igreja de Nossa Senhora do Rosário,
que pertenceu outrora ao Convento de S. Domingos de Benfica e
hoje serve a Força Aérea. O interior da igreja é um notável
exemplo da barroca combinação de talha dourada com azulejos
azuis e brancos.

A curta distância desta casa de Deus, edificara D. João de
Mascarenhas, 2º conde da Torre e 1º Marquês de Fronteira, no
último terço do séc. XVII, o seu palacete de caça. Depois de o
terramoto de 1755 ter destruído o palácio dos marqueses de
Fronteira situado na cidade, este palacete de caça foi ampliado,
ainda no séc. XVIII, nele se instalando o 5º marquês de Fronteira,
que aqui passou a residir todo o ano. Ainda hoje moram neste
palácio os seus descendentes. Uma vez terminada a última visita
guiada [125] do dia, eles retomam a posse dos aposentos. Na
principal sala do palácio, a Sala das Batalhas, os painéis de

azulejos azuis e brancos mostram episódios da Guerra da Restauração contra os espanhóis. Naturalmente, é dado particular relevo aos feitos do fundador da Casa de Fronteira, a quem D. Pedro II, ainda como Príncipe-regente, concedera em 1670 o título de marquês pela sua lealdade durante essa guerra. Terá sido pintado por El Greco um quadro pendurado na vizinha sala com fogão.

Desta vez Hans Christian Andersen não nos conta uma história para crianças:

Em compensação, um outro palacete não muito distante daqui produziu-me, com o seu jardim, uma viva impressão, e estranha, ainda para mais; foi construído ao estilo italiano, é confortável à maneira antiga e pertence ao Marquês de Fronteira.

Um terraço alto, ajardinado, liga o edifício principal a uma pequena capela, continuando até um laranjal. Todo o terraço ostenta bustos, em mármore, de reis portugueses. Podemos refrescar aqui os nossos conhecimentos de História sobre este tema ou ficar surpreendidos ao constatarmos como eles são fracos. A parede da galeria está decorada com grandiosos, notáveis, painéis em mosaico, todos eles representando, por figuras femininas, as artes e as ciências como a Geometria, a Astronomia, a Poesia, etc. Abaixo do terraço encontra-se um enorme lago com barcos, nos quais podemos remar, sob os pendentes ramos de chorões e pimenteiras, em direcção a pequenas grutas exoticamente decoradas com conchas de todos os tipos. Na sala de jantar, num retrato em tamanho natural, vê-se o fundador da Casa, D. Pedro de Mascarenhas, que ocupou o alto posto de Vice-Rei da Índia.[A] Os seus feitos guerreiros estão representados nos azulejos azuis e brancos que cobrem as paredes.[126]

Os azulejos mais bonitos encontram-se na Galeria das Belas Artes, que vai dar à capela, e na célebre Galeria dos Reis, em cujos nichos estão os bustos dos soberanos portugueses, com exclusão dos três reis espanhóis, uma vez que o fundador da Casa de

---

[A] Andersen erra aqui a identificação do fundador da Casa de Fronteira, que nem foi vice-rei da Índia nem se chamava D. Pedro Mascarenhas. D. João de Mascarenhas (1633-1681) é que lutou na Guerra da Restauração (1640-1668). D. Pedro Mascarenhas, 42º vice-rei da Índia, nasceu em 1670, já a Guerra da Restauração terminara.

Fronteira lutara pela restauração da independência nacional. Os azulejos azuis são espanhóis, os que têm as pinhas vermelho-cobre são de origem árabe. Junto às galerias há tanques decorativos mais pequenos, vários quiosques e um nunca acabar de muretes de jardim, todos revestidos de azulejos – perfazendo, só no jardim de baixo, uma extensão de 265 metros. As paredes da capela e das grutas, pelo contrário, estão revestidas de cacos de porcelana da China. O cerimonial exigia que o serviço utilizado para a refeição do rei não pudesse ser utilizado uma segunda vez. Então ele era escaqueirado, com os cacos forrava-se uma parede e mostrava-se assim à posteridade que se tinha recebido o rei. Hoje talvez os custos pudessem ser deduzidos nos impostos, mas naquele tempo a recompensa era um novo cargo, um novo título ou um novo privilégio.

As estações de metropolitano passam por ser, normalmente, edifícios utilitários, sem imaginação, nos quais cheira mal e cujas paredes estão cheias de garatujas e de «graffiti». Em Lisboa não se cumpre este fado – seguindo francamente o lema «Onde a Arte ocupa o espaço e as paredes, há menos vandalismo». Aqui deu--se importância à estética desde o início da construção de estações do Metropolitano, e disso resultou assim uma global e fascinante obra de arte. O espectro vai dos quadros murais em azulejos até instalações de néon, passando por gravuras em pedra e esculturas de mármore ou de bronze. O cidadão deve ser confrontado, sempre que utiliza o caminho de ferro subterrâneo, com a História do seu país, os seus grandes autores, os acontecimentos ou actividades que marcam a cultura portuguesa.

O Metro foi inaugurado em 1959 com 11 estações apenas, que formavam um Y de vértices em Sete Rios, Entrecampos e Restauradores, totalizando 6,6 km. Até 1972 juntaram-se-lhes só mais 9, ficando com o comprimento de 11,931 km e com 20 estações, continuando a haver só duas linhas, mas que agora iam até Alvalade – «Alvalade / Entrecampos» e «Alvalade / Jardim Zoológico» (que então se chamava «Sete Rios»)». Elas cruzavam--se na estação «Marquês de Pombal» (então chamada «Rotunda»), utilizando um longo troço comum («Alvalade - Rotunda») e só ali se podia fazer uma correspondência, mudando de linha. Durante os primeiros vinte e cinco anos a responsável pelos desenhos da decoração das estações do Metro, com a estação «Avenida» como única excepção, foi a artista portuguesa Maria Keil – neta do pintor de origem alemã Alfredo Keil, também compositor do hino nacional. Era uma época de meios escassos e o Conselho de Administração dera orientações expressas para que as estações não tivessem quaisquer elementos figurativos. Daí resultou uma sobriedade severa. Fosse como fosse, as paredes dos cais foram cobertas de azulejos, mas estes eram produtos industriais.

Na segunda metade dos anos oitenta a rede de metropolitano começou a ser ampliada. Em 1988 surgiram mais três estações a seguir a «Sete Rios» e a da «Cidade Universitária» depois de «Entre Campos», mantendo-se porém o Y.

Hoje há quatro linhas com 44,2 km, mais do sêxtuplo do comprimento inicial, e o número de estações (56) também mais do que quintuplicou, já se chegando, finalmente, ao Aeroporto de Lisboa. As novas estações não têm agora nada de sobriedade severa, antes pelo contrário: artistas nacionais e estrangeiros foram convidados a participar na criação das novas, ou na valorização estética das antigas.

Do JARDIM ZOOLÓGICO partimos agora de metro no sentido «Santa Apolónia», mas interrompemos a viagem já na próxima estação, PRAÇA DE ESPANHA. Esta zona de PALHAVÃ, em que está hoje encravada uma pequena porção de território espanhol, foi até aos anos vinte do século passado um subúrbio rural de Lisboa. Actualmente já só uma quinta, de muros e paredes pintados de cor-de-rosa, mesmo à beirinha da praça, faz recordar esses tempos. É ali, actualmente, a embaixada de Espanha, mas já desde 1918, quando a Espanha comprou o sumptuoso palácio, ali residia o embaixador. Neste palácio viveu outrora Maria Francisca de Sabóia, mulher de D. Afonso VI. O cunhado pareceu-lhe mais atraente, mas ao trono é que ela não queria renunciar, pelo que só lhes restava o golpe de Estado. O rei, que uma doença infantil deixara defeituoso e mal podia andar, foi dado como impotente, destronado e obrigado a abdicar no irmão, por alegadamente não poder assegurar a sucessão, sendo ainda preso e desterrado. D. Pedro tomou conta de Maria

Francisca – a qual, com escândalo, conseguiu ver anulado o seu primeiro casamento – e da regência, só se atrevendo a subir ao trono 16 anos mais tarde, como D. Pedro II, após a morte do prisioneiro. O seu sucessor, D. João V, alojou nesta quinta três filhos naturais – resultantes de prazeres carnais em visitas a conventos – que ficaram conhecidos como os «Meninos de Palhavã».[A]

Ao pé da quinta, à direita dela para quem a vê da saída do metro, encontra-se o interessante edifício do «Teatro Aberto», dominado pela cúpula e pelo minarete da mesquita vizinha, edificada nos anos oitenta. No meio de um relvado, no centro da praça, está o alto, branco, Arco de S. Bento. Situado originalmente na Rua de S. Bento, na vizinhança próxima do Parlamento, servia ao aqueduto como uma das suas muitas travessias. Fora demolido há algumas décadas e retirado dali, tendo ficado armazenado todo o tempo, até que em 1988, por ocasião da reorganização da Praça, aqui foi reconstruído. Ele simboliza as portas que a Revolução dos Cravos abriu a Portugal. É pena não haver uma ponte que, passando sobre a larga avenida de várias faixas de rodagem, nos leve à verde placa central, e que, por isso, quase ninguém leia as citações inscritas num dos lados do arco.

A verdadeira razão da nossa paragem aqui é o «Museu Gulbenkian», instalado num edifício alongado e relativamente

---

[A] D. João V (1689 -1750), além de seis filhos legítimos, teve seis filhos adulterinos, cada um de sua mãe, nascidos entre 1704 e 1731. Dizia-se que «era tão religioso que todas as suas amantes eram freiras» ... ou vinham depois a ter de o ser. Os três do sexo masculino, nascidos entre 1704 e 1720, foram os «Meninos de Palhavã», criados pelos marqueses de Louriçal no Palácio da Azambuja, esse em que está hoje instalada a embaixada de Espanha. Só esses foram reconhecidos pelo rei, em 1742, mas isso só foi oficializado depois da sua morte. Dois eram filhos de freiras do Convento de Odivelas, uma delas a célebre Madre Paula. Quanto às duas filhas «naturais», não reconhecidas por serem mulheres, viveram encerradas em conventos desde o nascimento até à morte. Nessa época, ser freira era muito diferente da situação actual. Muitas vezes eram os pais, eventualmente nobres mas sem recursos, que decidiam esse destino para as filhas, como forma de lhes garantirem o sustento. Elas levavam, e usavam, os seus luxuosos vestidos e jóias, conservando muitos dos seus hábitos. Os conventos eram frequentados por nobres da corte e lá se organizavam festas e até touradas. Como a maioria das freiras não o era por vocação, surgiam amores e os seus proibidos frutos.

baixo, situado dentro de um bem cuidado parque fronteiro à embaixada de Espanha, e inaugurado em 1969. Em 1984 juntou--se-lhe o Centro de Arte Moderna. Calouste Sarkis Gulbenkian (1869-1955) nasceu em Istambul, era filho de um comerciante arménio e interessou-se pelo petróleo como fonte de energia desde os seus 22 anos, tendo depois exercido a sua actividade constantemente na área da exploração petrolífera, ficando sempre com uma percentagem nas empresas em cuja constituição participava. Aquando da reorganização da «Turkish Petroleum Company», em 1913-14, Calouste Gulbenkian, para facilitar a conclusão das negociações, concordou com a redução para 5% da sua quota inicial de 15% naquela, recebendo em contrapartida, da «Shell», «BP» e «Mobil», 5% das acções de cada uma destas companhias. Esta transacção proporcionou-lhe uma fortuna de biliões de dólares e a alcunha de «Senhor cinco por cento». Em 1925 a «Turkish Petroleum Company» obtém do Governo iraquiano, através de longas negociações em que Gulbenkian foi decisivo, a permissão para a exploração petrolífera no Iraque. Mas como os Estados Unidos da América tinham despertado para a importância do petróleo do Médio Oriente e não queriam deixar de ter um papel na região, a petrolífera foi de novo reorganizada em 1928, tornando-se então a «Iraq Petroleum Company Ld.», na qual Gulbenkian manteve os seus 5%.

Tendo adquirido em 1902 a nacionalidade britânica, viveu primeiro em Londres, depois fixou residência em Paris. Quando, durante a 2ª Grande Guerra, em 1940, os alemães invadiram a França, Gulbenkian trabalhava como conselheiro comercial, para os petróleos, da embaixada da Pérsia e acompanhou a mudança do colaboracionista Governo francês do marechal Pétain para Vichy. Apesar da sua nacionalidade britânica, os ingleses tomaram isso como uma atitude de um inimigo táctico, simpatizante dos nazis – e confiscaram o seu património como propriedade estrangeira, levando-lhe, de caminho, a sua parte da Iraq Petroleum Company. Gulbenkian já andava a pensar fixar--se num país neutro, que satisfizesse os seus anseios de sol e de paz, e em transferir para porto seguro todos os seus tesouros, que não queria ver dispersos por vários museus, havendo já avançadas negociações para que tudo ficasse na londrina

National Gallery. Aquela atitude dos ingleses, porém, fez com que ele, ofendido, cancelasse imediatamente a hipótese de oferecer a sua colecção de arte à National Gallery. Em 1942 foi convidado pelo embaixador português Caeiro da Matta, que conhecera em Vichy, a visitar Portugal, onde nunca estivera. A paz que se vivia em Portugal, porque se mantivera neutro, e a hospitalidade e afabilidade do povo português cativaram Calouste Gulbenkian e fizeram com que a estada, que se previra de duas semanas, tivesse durado treze anos. Até à sua morte, no ano de 1955, Calouste Gulbenkian viveu em Lisboa, no seu mais luxuoso hotel, o «Hotel Aviz», que ficava no lugar hoje ocupado pelo «Hotel Sheraton». A maior parte da sua fortuna e da sua colecção artística, de fama mundial, foi deixada por testamento a uma fundação, a «Fundação Calouste Gulbenkian», com sede em Lisboa, a qual dispõe de mais meios do que a «Rockefeller Foundation», de Nova Iorque, e é hoje o mais importante mecenas do país – e provavelmente também o mais poderoso. Com esta generosíssima dádiva ele quis não só provar a sua gratidão para com Portugal, mas também garantir que a sua cuidadosamente escolhida colecção se mantivesse indivisa, sem ser dispersada aos quatro ventos. Esses tesouros, porém, só depois de constituída a Fundação em 1958 e de duras negociações entre os Governos português e francês, que não queria deixar sair dos Palácios de Versalhes e Fontainebleau algumas das peças, vieram, em 1960, para Portugal, tendo sido expostos primeiro no Palácio Pombal, em Oeiras, e no Museu Gulbenkian só a partir da sua inauguração, em 1969.

Gulbenkian era um apaixonado coleccionador de arte, que em cerca de 40 anos coleccionou tudo o que havia de bom e de caro, interessando-lhe acima de tudo a beleza dos objectos. As peças mais antigas provêm do Egipto. A arte oriental, que era a favorita de Gulbenkian, talvez pela sua ascendência, ocupa uma área enorme. A arte europeia dos séculos XI a XIX é um segundo domínio principal. A rara colecção de jóias e espelhos Arte Nova do artista francês René Lalique, de quem Gulbenkian foi amigo, constitui um outro ponto de interesse a destacar.

A Fundação não só mantém dois museus, um grande auditório para concertos e para congressos internacionais, e um teatro ao ar livre, como financia ainda bibliotecas itinerantes, um planetário, uma orquestra, um coro, uma companhia de ballet[A] e ainda, fora de Lisboa, um centro de divulgação da cultura portuguesa, em Paris, e um centro de investigação agrícola e biológica, em Oeiras. A «Iniciativa Gulbenkian Oceanos» foi criada muito recentemente, para melhorar o conhecimento científico dos ecossistemas marinhos e costeiros e a compreensão política e pública dos benefícios que eles nos trazem. Além de tudo isto, a Fundação concede ainda bolsas a artistas e cientistas e edita livros e discos que dificilmente encontrariam quem os editasse, como a colectânea Portugaliae Musica.

30 de Novembro

– Acabo de estar no Museu Gulbenkian. Já vi museus maiores, mas até hoje nunca vi um que fosse mais perfeito. Tudo é belo, harmónico, a arquitectura resulta muitíssimo bem. Da arte egípcia, persa, turca, chinesa e japonesa até aos mais belos quadros das artes francesa e flamenga, etc., fica-se espantado com uma tal acumulação de preciosidades; e no entanto tem-se a impressão de que cada peça foi escolhida cuidadosamente. Impressionou-me um busto de Molière, já a entrar na velhice, feito por Calfieri: magro, adoentado, ainda formoso, com um ligeiro duplo-queixo, trágico. Gulbenkian, que ofereceu a Portugal as suas colecções de arte para escapar às gananciosas garras do fisco ocidental, conceptualizou o museu de forma tão pessoal que cada janela é um enorme quadro, o pormenor de uma paisagem de jardim, hoje outonal. Sai-se do museu surpreendido e encantado.[127]

O Hotel Aviz, em que Gulbenkian residiu, fora durante a Guerra Civil de Espanha o centro onde, sem peias, os franquistas se reuniam. Foi ali que o jornalista e homem de letras Arthur Koestler procurou arranjar um visto, quando em 1937 pretendeu ir para Espanha como repórter de guerra. O cônsul húngaro *«aconselhou-me a residir também no Hotel <Aviz>, que os emissários de Franco utilizavam como quartel-general. Depois apresentou-me a*

[A] O Ballet Gulbenkian (1961-2005), que foi a mais importante companhia de dança portuguesa do séc. XX, foi extinto. Alega-se que nos últimos anos os quadros superiores da Fundação Calouste Gulbenkian começaram a ver a sua companhia de dança como um pesado fardo (a nível financeiro, naturalmente).

sua igualmente encantadora mulher, que era uma aristocrata portuguesa, fascista convicta e íntima amiga de toda a sociedade franquista de Lisboa.»[128]

Prosseguimos a nossa viagem de metropolitano. A segunda estação a seguir, PARQUE, uma das mais antigas da rede de metro, foi remodelada esteticamente, em 1994, por Françoise Schein e Federica Matta. Conservando a decoração original de Maria Keil apenas no átrio de entrada, as duas artistas estrangeiras trataram o tema «Direitos do Homem».

Nas galerias que conduzem aos cais, azulejos de um azul profundo, azul-cobalto e verde-alga dão-nos a sensação de estarmos a descer ao fundo dos mares. Com isto condizem as colunas dos cais, decoradas com monstros marinhos. A abóbada que fica sobre os cais está coberta de azulejos, nos quais foi gravada a fogo, letra a letra, a azul-escuro sobre o azul-cobalto do azulejo, a «Declaração Universal dos Direitos do Homem». As duas artistas abordam também a temática da «Expansão e Descobrimentos Portugueses», confrontando-os com as afirmações daquela Declaração Universal. Aristides Sousa Mendes, cônsul português em Bordéus, é recordado pela muito simples escultura do átrio de entrada. Após a ocupação da França pelos alemães na 2ª Grande Guerra, o diplomata permitiu que a sua consciência triunfasse sobre as instruções que lhe tinham sido impostas e emitiu vistos para Portugal a inúmeros fugitivos. Vergonhosamente demitido pelo Governo de Salazar por este acto humanitário, morreu em 1954 na maior pobreza, foi reabilitado em 1988, e em 1995 foi-lhe prestada postumamente uma homenagem nacional, à qual a administração do Metropolitano se quis associar por esta forma.

Na estação seguinte mudamos da Linha Azul, «Gaivota», para a Linha Amarela, «Girassol», no sentido «Odivelas». Estrategicamente colocado pelo escultor João Cutileiro no espaço que separa as duas vias, vem receber-nos o Marquês de Pombal, que dá o nome à estação. Não muito educadamente, ele vira-nos as costas sobre as quais caem os caracóis em saca-rolhas da exuberante cabeleira. No cais que fica do outro lado da linha obtém-se a mesma imagem – Pombal, o diplomata sem rosto – o

217

que acentua o carácter enigmático e misterioso desta controversa figura histórica. Um andar mais acima somos acompanhados, ao mudar de linha, por desenhos azuis-claros sobre azulejos brancos. Semelhantes a uma banda desenhada, eles contam alguns dos feitos e várias das atrocidades do Marquês[129].

Painéis de azulejos, de várias cores e áreas consideráveis, aguardam o viajante nas PICOAS. «Lisboa e a sua gente» foi o tema escolhido por Joaquim Martins Correia (1910-1999). A barca com os corvos, do brasão de Lisboa, a bandeira branca  e negra da cidade, e algumas «Mulheres de trabalho» típicas da capital – vendedeiras várias, varinas de canastra à cabeça, vultos negros estilizados – identificam o tema. A estação seguinte chama-se SALDANHA, e nela dois artistas desenvolveram, de formas distintas, o tema das «Características universais do Homem». Jorge Vieira (1922-1998) utilizou o mármore rosa de Borba para esculpir, no átrio e nas paredes dos acessos aos cais, para além de um enorme Sol, «os instrumentos de trabalho do Homem», ou seja, principalmente a cabeça, os braços, as mãos e as pernas. Luís Filipe de Abreu (nasc. 1935), numa remodelação de 2009, optou por desenvolver o tema, em particular na componente «o Homem em movimento», através de um trabalho em grandes painéis de azulejaria tradicional. Na parede de um dos cais põe três grandes momentos da vida humana – o Encontro, a Espera e a Partida – em ligação com as quatro estações do ano; na parede do cais oposto situa, entre imagens simbólicas do Dia e da Noite, alegorias dos cinco sentidos. Aqui abandonamos o metropolitano (saída «Av. Duque de Ávila») e deambulamos pela AVENIDA DA REPÚBLICA até ao Campo Pequeno.

A Avenida da República pertence às «Avenidas Novas» que foram rasgadas no fim do séc. XIX, princípio do séc. XX. Stefan Zweig participou, em 1936, num congresso do Pen Club e fez uma breve paragem em Lisboa, durante a sua viagem de barco para o Brasil.

Lisboa, terça-feira 11 de Agosto. Desengano agradável. Não tinha esperado tanta cor desta cidade. Uma outra Génova, mas mais colorida, mais meridional, mais natural, com magníficas ruas elegantes e as Avenidas, com os seus cafés. E, contudo, burros e mulheres de cesto à cabeça nas ruas secundárias: grande estadão no meio da pobreza e miséria no meio do luxo, este magnífico contraste dos países meridionais. As pessoas não são tão altivas como em Espanha, nem tão bela e fortemente morenas. E não têm aquele orgulho dos «caballeros», embora passem igualmente todo o dia a mandar engraxar os sapatos. Por aí deambulo horas a fio: as lojas abertas, que vendem umas porcarias quaisquer, têm um encanto particularmente primitivo, mais do que as Avenidas, que têm um ar um tanto ou quanto balcânico. Um magnífico intervalo antes de se voltar a viver a atmosfera, um tanto ou quanto monótona, do paquete, onde só me interessam, na terceira classe, os judeus emigrantes, que também se interessam por mim pois que, naturalmente, toda a gente me conhece como «o grande escritor» e ficam felizes por eu ir para lá, para ao pé deles. Agora seguem-se uns quantos dias de trabalho sem perturbações, assim o espero.[130]

Infelizmente a urbanização original não resistiu à expansão posterior. Muitas das belas casas «fin-de-siècle» tiveram de ceder o seu lugar, após a construção do metropolitano, a edifícios de vários andares para escritórios, hotéis e centros comerciais. A seguir à Avenida João Crisóstomo, que cruza a Avenida da República, fica à nossa esquerda a «Pastelaria Versailles»[131], uma instituição lisboeta. No enorme salão, com uma área mais elevada para mesas demarcada pelo gradeamento, colunas, tecto em estuque, espelhos e mármore, ainda se encontram a atmosfera típica dos cafés, muitos antigos frequentadores e alguns clientes importantes. Passadas mais duas ruas transversais fica-nos ao lado direito o Palacete Valmor[132]. Talvez já tenha reparado na placa de mármore, afixada com orgulho em alguns belos edifícios antigos, que diz «Prémio Valmor 19...». O Visconde de Valmor, titular de um elevado cargo público e falecido em 1898, instituiu por seu testamento um prémio para o mais bonito edifício construído em cada ano, prémio esse que foi outorgado de 1902 a 1952. A casa da esquina, construída entre 1905 e 1906 para a sua viúva, recebeu essa distinção. Hoje é o «Clube dos Empresários» que ali reside, e no seu restaurante de luxo são sempre bem-vindos os que possuam uma carteira bem recheada. A casa que lhe fica mesmo em frente, no outro lado da Avenida da República, no nº 49, foi premiada em 1923. A atribuição do «Prémio Valmor» teve várias interrupções, mas ele acabou por ser recuperado e associado, em 1982, a um anteriormente existente «Prémio Municipal de Arquitectura». A partir de então já só há o «Prémio Valmor e Municipal de Arquitectura», mas também tem tido épocas de interrupção. Passadas ainda mais três transversais, atingimos a nossa meta, a praça de touros do CAMPO PEQUENO, inaugurada em 1892. O alto edifício de tijolos vermelhos faz recordar o Kremlin moscovita.

Poucos anos depois de terminada a praça, o impostor Felix Krull foi lá com os seus amigos lisboetas, para ver uma tourada alegadamente «à portuguesa».[A]

A entrada de Suas Altezas teve lugar às três horas menos um minuto. Às três em ponto, ao som de música ininterrupta, começou a avançar, saindo da grande porta central, a procissão de todos os intervenientes. À frente vinham três moços-de-espadas com dragonas sobre o curto gibão bordado, apertadas calças, igualmente com um bordado de cor, que chegavam até ao meio da barriga da perna, meias altas brancas e sapatos de fivela. Atrás deles vinham bandarilheiros *trazendo nas mãos bastões pontiagudos, ornados de fitas de várias cores, e* capeadores

---

[A] Aquilo que Thomas Mann descreve a seguir não é de todo uma tourada à portuguesa, até porque as senhoras portuguesas, nas touradas, não usam mantilha nem a espanhola «peineta». Claus-Günter Frank, que viveu vários anos em Lisboa, não deixou de assinalar tal facto, a seguir a este trecho. Isto aqui poderá ser algo parecido com uma tourada no fim do séc. XIX mas em Espanha, o que aliás parece confirmar a suposição de que Thomas Mann, apesar das suas muitas viagens entre a Europa e os Estados Unidos, nunca terá permanecido em Lisboa. Há muitos erros na toponímia lisboeta - mesmo tendo em conta que Thomas Mann descreve a Lisboa de então – e até coisas inexistentes, como um tal funicular partindo da Rua Augusta. Há também muitas incorrecções em toda a parte final, que decorre em Lisboa, desta obra inacabada, como a totalmente absurda descrição do itinerário seguido por uma caleche que, para levar Felix Krull do seu hotel ao Campo Pequeno, sai da Avenida da Liberdade, passa pela Rua Augusta, segue depois pelo Parque da Avenida (seria o Passeio Público?), conseguindo ainda passar pelo Campo Grande antes de chegar ao Campo Pequeno.

vestidos no mesmo estilo, com a estreita gravata preta correndo sobre
a camisa, capotes curtos e vermelhos nos braços. Depois desenrolava-
-se uma cavalgada de picadores *armados de lanças, com chapéus*
seguros por francaletes debaixo do queixo, montando cavalos com
caparazões pespontados, semelhantes a colchões, que pendiam de
forma a cobrir-lhes o peito e os flancos. Uma parelha de mulas
enfeitadas com flores e fitas fechava o cortejo que, atravessando a
direito o círculo amarelo da arena, se deslocava em direcção ao
camarote dos príncipes, onde se dispersou depois de todos terem feito
uma cavalheiresca vénia diante dele. Vi alguns toireadores [A] *a*
persignar-se enquanto se dirigiam para os taipais de protecção.
Subitamente, no meio de um trecho, a pequena banda calou-se de novo.
Um solo de clarim, muito alto, ressoou. Fez-se um grande silêncio a
toda a volta. E de uma pequena porta, em que ainda não reparara e que
se abrira subitamente, irrompe correndo – utilizo aqui a forma verbal
do Presente, tão presente me está na memória o acontecimento –
qualquer coisa de elementarmente instintivo, o touro, negro, pesado,
poderoso, uma concentração de força procriadora e assassina, a que
parecia não poder opor-se qualquer resistência, em que povos
primitivos antigos teriam visto certamente um animal sagrado, o deus
dos animais, de pequenos olhos ameaçadores esbugalhados e chifres
curvos como cornas para beber, os quais, porém, fixos na sua larga
fronte e dela salientes, manifestamente traziam a morte nas suas pontas
recurvadas para o alto. O bicho lança-se para a frente, imobiliza-se
com as patas dianteiras fincadas no chão, arregala os olhos, indignado,
para o capote vermelho que um dos capeadores, *inclinando-se para*
facilitar o passe, estende diante dele sobre a areia, a alguma distância,
precipita-se sobre o engano e nele espeta os cornos, fixando-o ao solo.
E enquanto o homenzinho, num instante em que o touro, com a cabeça
de lado, quer mudar de corno de ataque, salta para trás do animal,
levando consigo o capote, e aquele monte de força roda pesadamente
em torno de si mesmo, dois bandarilheiros cravam-lhe coloridas
bandarilhas na manta de gordura do cachaço, cada um deles seu par.
Lá estavam elas agora, provavelmente eram munidas de barbelas e
assim se mantinham presas. E durante todo o restante desenvolvimento
da lide ficaram-lhe obliquamente pendentes do corpo, a abanar. Mesmo
no meio do cachaço tinha-lhe sido plantado por um terceiro

[A] «Capeadores», em vez de capinhas, «bandarilheiros», «picadores», e «toireadores», em vez de toureiros, estão assim no original de Thomas Mann, supostamente em português.

bandarilheiro um ferro curto, e daí em diante conservou no lombo dianteiro, durante toda a sua luta de vida ou morte com a própria Morte, este ornamento que se assemelhava às asas abertas de uma pomba.

Eu estava sentado entre Kuckuck e Dona Maria Pia. O professor, falando em voz baixa, fazia em minha intenção um ou outro comentário sobre as sucessivas fases do espectáculo. Foi por ele que soube os nomes das diversas sortes que competiam a cada um dos intervenientes naquela luta e ouvi-lhe dizer que o touro teria levado até esse dia uma vida de senhor, à solta nas pastagens, defendido, apaparicado com os maiores cuidados e delicadeza. A minha vizinha da direita, a augusta senhora, mantinha-se em silêncio. Ela só tirava os olhos do deus procriador e assassino, lá em baixo, e de tudo o que lhe estava a acontecer, para virar a cabeça para o esposo, em dura mas muda repreensão, quando ele falava. O seu rosto severo, de um branco meridional à sombra da mantilha, conservava-se impassível mas o seu peito erguia-se e baixava-se aceleradamente, e eu, seguro de que ela não me estava a ver, observei muito mais esse rosto, esse seio palpitante de emoção mal contida, do que aquela vítima expiatória, espicaçada, com o dorso ridiculamente provido de pequenas asas e parcialmente coberto de sangue.

Chamo-lhe vítima expiatória porque se teria de ser muito frio para não detectar essa atmosfera de celebração da morte que havia em tudo isto, esse clima de desenfreada popularidade primitiva vindo do mais profundo da alma, simultaneamente causador de aflitiva angústia e de sagrado gozo, mistura incomparável de diversão, sangue e fervor religioso. Mais tarde, na carruagem, quando já estava autorizado a falar, o professor pronunciou-se sobre isto; mas a sua erudição não teve nada de essencialmente diferente a dizer à minha muito apurada e sensível sagacidade.

Choveram piadas misturadas com raiva quando o touro, alguns minutos depois, entrevendo sem dúvida num lampejo de lucidez que isto não poderia acabar bem para ele, que a força afinal, apesar de tudo, jogava aqui um jogo desigual com a inteligência, se virou para a porta pela qual o tinham feito sair e, com as suas bandarilhas enfeitadas com fitas cravadas na gordura e nos músculos, preferiu voltar a trote para o touril. Rebentou uma tempestade de risos irónicos e indignados. Sobretudo do lado do sol, mas também ao pé de nós, toda a gente se levantou de um salto e o mimoseou com assobios, berros, invectivas e insultos. Até a minha augusta companheira se pôs de pé e, fazendo ouvir uma imprevista e estridente assobiadela, zombou do cobarde e soltou *um «oh, oh» escarninho e sonoro. Saltaram-lhe* picadores *ao caminho e caíram-lhe em cima com as suas lanças embotadas. Novas bandarilhas coloridas lhe foram cravadas no cachaço, no dorso e nos flancos, algumas das quais, para o espevitar, eram das que tinham petardos, os quais lhe rebentavam no pelo, no meio de silvos e estrondos. Perante tais estímulos, o seu curto lampejo de lucidez, que indignara a multidão, depressa se transformou na raiva cega que, numa luta de vida ou morte, estava mais em conformidade com a sua força. Voltou de novo à luta e nunca mais tentou escapar-se-lhe. Um cavalo rolou na arena, arrastando consigo o seu cavaleiro. Um* capeador, *que infelizmente tropeçara, foi apanhado pelos poderosos cornos e atirado ao ar, de onde pesadamente caiu. Enquanto a atenção do furioso animal era desviada do corpo inerte, explorando a sua aversão idiossincrática aos panos vermelhos, ergueram o homem que jazia por terra e levaram- -no, sob uma salva de palmas que não ficou muito claro se era para o infortunado toureiro ou para o toiro. Provavelmente valia para os dois. Maria da Cruz associou-se-lhe, alternando entre o bater de palmas e um benzer-se rápido, e murmurando no seu idioma uma coisa qualquer, que podia ser uma prece pelo ferido.[133]*

Thomas Mann faz o seu touro morrer à espanhola. Em Portugal há séculos que o toureiro já não usa o estoque, embora desde os primórdios da nacionalidade os toiros fossem mortos no fim da lide. Em 1836 um decreto de Passos Manuel, no reinado de Dª Maria II, proibiu toda e qualquer toura-

da. Devido à reacção do povo e dos nobres, as touradas voltaram a ser permitidas logo em 1837 mas agora com proibição da morte do touro em praça pública – embora tal prática tenha continuado a acontecer em diversas corridas, em 1924 e 1927. Em 1928, os touros de morte foram «definitivamente» proibidos em Portugal, tendo havido contudo excepções em 1933 e em tempos mais recentes, agora em consciente desafio à lei. O confronto entre a força da tradição apoiada pelo povo e a lei atingiu o mais alto nível e levou a que acabassem por ser criados, no Parlamento, em

2002, regimes de excepção para Barrancos e Monsaraz. Também há imenso tempo se não usam já bandarilhas de fogo, com petardos. E picadores não existem, de todo, no toureio a pé português. Nestes casos, depois dos lances de capote, que servem para o toureiro detectar as características do touro, e da sorte de bandarilhas, não precedida de qualquer actuação de um picador, os toureiros passam à lide do touro com a chamada muleta – um pano de flanela vermelha, seguro num conjunto formado por um pequeno pau e o estoque – com que estimulam o animal a investir até o dominarem pelo cansaço. Então, nos últimos momentos da lide, quando o touro já quase não reage aos estímulos, substituem o estoque por um ferro curto, com o qual simulam a morte do touro. Já na verdadeira «corrida à portuguesa», a lide do touro não é feita por toureiros a pé, mas sim por cavaleiros. E depois de estes terem cravado no touro os ferros compridos, os curtos e até, por vezes, ferros de palmo ou pares de bandarilhas – numa exibição da arte de bem cavalgar, pelos cavaleiros, e da arte tauromáquica, tanto pelos cavaleiros como pelos cavalos, pois também estes têm de saber lidar o touro – segue-se, em vez da simulação da morte do animal, uma exibição da bravura lusitana. É agora a vez de saltarem para a arena os forcados. Um deles, o forcado da cara, encabeça o grupo, disposto em fila indiana frente ao bicho, e é ele quem vai executar a chamada «pega de caras». Esta consiste em, de longe, incitar o touro a correr direito a eles, para depois o imobilizar a peito desarmado, apenas à força de braços. O «forcado da cara» irá encaixar-se destemidamente entre os cornos do animal, que em Portugal, por lei, desde 1676, têm sempre as pontas um pouco serradas e são forrados com capas de couro. Os outros forcados são os «ajudas», que, dos lados, ajudam a segurar o bicho, e o «rabejador», o último, que se agarra ao rabo do touro, torcendo-o, obrigando o animal, com tudo isso, a imobilizar-se. É assim que em Portugal termina a lide, depois da qual se fazem entrar na arena os «cabrestos» ou «chocas», uns quantos bois castrados e mansos, atrás dos quais segue o touro, que em breve abandona muito pacificamente o terreiro da luta, embora por vezes ainda com mais uns quantos episódios cómicos, principalmente quando o touro resolve saltar a trincheira.

Os touros e os cavalos que, juntamente com um toureiro e cavaleiros dos dois sexos, nos acolhem debaixo de terra na estação CAMPO PEQUENO, fazem lembrar pinturas rupestres. O nosso segundo pensamento vai para a mitologia grega. Não terá sido aquele touro ali o que outrora raptou e transportou no seu dorso a bela Europa? Em cada um dos cais, num dos topos, cinco grandes figuras de mulher, com vestidos feitos, para cada uma delas, com mármore de cor diferente, constituem uma «Homenagem às Mulheres de Lisboa». As estátuas representam as mulheres que, até aos anos cinquenta do séc. XX, vinham das zonas rurais periféricas vender em Lisboa os seus produtos.

A seguir o comboio pára em ENTRE CAMPOS. Esta estação tem várias saídas, bem afastadas umas das outras, mas o que queremos ver fica na saída do lado mais próximo do Campo Pequeno. Aqui, ocupando uma superfície enorme, Bartolomeu Cid dos Santos criou uma «Homenagem à Literatura portuguesa». No átrio das bilheteiras, a parede oposta às máquinas de validação dos bilhetes é um gigantesco painel de pedras gravadas que representa uma estante, em cujas prateleiras se encontram, bem arrumados uns ao lado dos outros, como na Biblioteca Nacional que fica próxima, ou desarrumados, como naquelas casas particulares em que a consulta dos livros é frequente, livros publicados desde a Idade Média até aos nossos dias, dispostos cronologicamente da direita para a esquerda, e identificáveis um a um pelos seus autores e títulos inscritos nas suas lombadas. Também aqui, de novo, o mundo da superfície surge reflectido no mundo subterrâneo, como num espelho: num único cacifo situado no limite esquerdo, o segundo a contar de baixo, acomodou o artista os seus livros preferidos – várias obras de autores estrangeiros e a «Ode Marítima», de Álvaro de Campos, aliás Pessoa. No centro do painel de lajes, à volta de um círculo que sugere o mundo da Cultura, encontram-se as assinaturas de muitos escritores portugueses contemporâneos. Ao longo das escadas para os cais, por imagens, o artista como que folheia dois livros, que servem de exemplo: a «Ode Marítima», à direita, e «Os Lusíadas», à esquerda.

Também na estação de metropolitano CIDADE UNIVERSITÁRIA se fundem a arte figurativa e a literatura.

Maria Helena Vieira da Silva, a mais importante e internacionalmente conhecida artista portuguesa contemporânea, convidada em 1983, já octogenária, para fazer a decoração desta estação, recorreu a um tema antigo. Esta portuguesa, que viveu na capital francesa até 1939, indo depois refugiar-se no Brasil, em fuga aos horrores e perseguições da guerra, pintara no Rio de Janeiro, em 1940, o seu guache «Le Métro», ali apresentado pela primeira vez em 1942 com o título «Abrigo antiaéreo», que hoje se exibe na Fundação Vieira da Silva, na Praça das Amoreiras. Ele representa um aglomerado de pessoas que se refugiavam nos túneis e corredores do metropolitano de Paris, amontoadas umas contra as outras como ovelhas num redil, durante a Segunda Grande Guerra, buscando protecção contra os bombardeamentos. Mas não só elas: este «abrigo» contém tudo o que, para esta artista, deveria ser salvaguardado em caso de catástrofe: filósofos, escritores, artistas e animais – dos quais se destacam os mochos, símbolos da Sabedoria. Em Lisboa, o quadro tornou-se uma enorme área. O melhor lugar para observar esta criação é no piso das bilheteiras, por cima dos cais. Num lado vemos o quadro como um todo, embutido num lintel e centrado sobre as vias, numa transposição do guache da pintora para azulejos feita por Manuel Cargaleiro[134]. No outro lado, noutro lintel, está o mesmo quadro, mas agora fragmentado em faixas verticais, separadas umas das outras por faixas de azulejos monocromáticos. O passageiro torna-se companheiro de infortúnio, não só daqueles parisienses que buscavam protecção, mas também de Sófocles, Eça de Queiroz, Mário de Sá Carneiro e outros, a quem a pintora entendeu dar aqui refúgio, correspondendo ao mote «protecção de valores universais» escolhido por Maria Helena Vieira da Silva (1908-1992) para a sua intervenção nesta estação. As letras soltas sobre as cabeças desses intelectuais ameaçados juntam-se depois no cais, com toda a naturalidade, para formar a frase do poeta português Cesário Verde citada por José Cardoso Pires no seu «Lisboa – Livro de bordo».

Mais adiante (ou noutra linha, tanto faz) estou em território de Vieira da Silva, é inegável. Sei que por cima, no átrio, ela deixou como assinatura um auto-retrato em máscara de mocho, mas mesmo sem sair da plataforma de desembarque qualquer um reconhece a marca da pintora pelo espírito dos murais à sua frente. Um deles está ocupado por uma leva de personagens fantasmáticas, sobrevoadas por letras errantes. Intelectuais perseguidos, assim os testemunhou ela: olham a frio, imóveis, como que cortados a golpe vertical pelo destino. Muito em discreto, quase esquecida, há uma velha máquina de escrever com uma mão decepada a pairar sobre as teclas.

Isolado como está (num aparte, dir-se-ia) aquele objecto-relíquia traz- -me um significado qualquer. Se não é podia ser o ex-libris dum comboio subterrâneo que entre uma citação de Cesário e um retrato de Camões atravessa a literatura dum país.

Se eu não morresse nunca! E eternamente
Buscasse e conseguisse a perfeição das coisas!

diz num apeadeiro qualquer o jovem poeta de Sentimentos dum Ocidental e embora, colhidos assim, os versos não sejam dos mais felizes, lemo-los como uma dedicatória a esta viagem pelos avessos da cidade, os lugares onde a população muda de luz e se mostra mais solitária.[135]

O metro, que agora segue viagem até Odivelas, passa pela estação CAMPO GRANDE, a primeira a ser construída em viaduto, situada ao pé do estádio de futebol do Sporting, revestido de azulejos de várias cores. Aqui vamos mudar para a Linha Verde, «Caravela», no sentido «Cais do Sodré». Saímos da carruagem e como, para mudarmos de linha, somos obrigados a mudar de cais, começando por descer ao andar de baixo, aproveitamos então, por ainda termos algum tempo, para observar no andar inferior o jogo que Eduardo Nery fez com as «figuras de convite». Em muitas casas de campo destes arrabaldes, outrora rurais, as visitas eram recebidas à entrada, nos vestíbulos e escadarias, por figuras de fidalgos, em azulejos azuis e brancos, assentes nas paredes. Aqui o artista, de propósito e com astúcia, montou erradamente os azulejos. Saem assim do seu lugar, de forma sedutoramente brincalhona, os contornos – e com estes o carácter – da barroca dama da corte e do seu cavaleiro.

Fica muito próximo da estação o «Museu Bordalo Pinheiro», no qual se pode ver a obra produzida ao longo da sua vida por este excêntrico artista do séc. XIX, a qual inclui muitos azulejos e faianças.

As quatro estações que vêm a seguir, até à «Alameda», mantiveram-se inalteradas durante longos anos após a sua construção, no fim dos anos sessenta, início dos anos setenta do século passado, tendo este troço ficado concluído em 1972. Mas, nos anos 2006/2007, já foram remodeladas e ampliadas as de «Alvalade» e «Roma». As obras da estação «Areeiro», iniciadas em 2008, também para que os cais pudessem comportar comboios de seis carruagens, estiveram quatro anos paradas e recomeçaram em 2017, agora para a instalação de rampas para deficientes em cadeira de rodas e elevadores, renovação da ventilação, etc. A remodelação da estação «Alameda» já em 1998 se completara, pois esta estação passou a ser dupla quando se criou a Linha Vermelha, «Oriente», destinada a servir a Expo'98. É aqui, na «Alameda», que mudamos de linha pela última vez, para seguirmos agora até ao Parque das Nações, o recinto onde teve lugar aquela exposição mundial.

Nas «Olaias», «Bela Vista» e «Chelas», assim se chamam as três estações seguintes, azulejos de várias cores adornam as paredes dos cais com motivos abstractos ou geométricos. Nos OLIVAIS, as oliveiras – que há muito desapareceram à superfície, com a urbanização desta região – sobreviveram ao menos na estação, debaixo de terra. Em CABO RUIVO David de Almeida imitou pré-históricas gravuras rupestres.

O comboio segue, actualmente, até à estação do Aeroporto, que tem os corredores e os cais decorados com caricaturas do conhecido cartoonista António. São 50 figuras representativas da História moderna de Portugal, que vão de escritores célebres a desportistas, músicos e fadistas, não deixando de incluir os principais po-

líticos e artistas. Mas nós desceremos bem antes, na estação ORIENTE, próxima do recinto onde se realizou a Expo'98 e situada por baixo da estação de caminhos de ferro com o mesmo nome, junto à qual há um grande terminal rodoviário a céu aberto. Para a decoração da estação do metro foram convidados onze artistas dos cinco continentes, entre os quais Friedensreich Hundertwasser (1928-2000). Tente descobrir a sua «Submersão da Atlântida» numa das paredes em que, de formas muito diversas, os artistas intervieram.

No piso que fica logo por cima dos cais do metro, prosseguimos o nosso caminho para o antigo recinto da Expo atravessando o Centro Comercial Vasco da Gama. A arquitectura do edifício, uma espécie de veleiro rasgando os mares do consumismo, com água correndo sobre as placas de vidro do tecto, é uma homenagem singular às viagens marítimas. Até as portas das instalações sanitárias têm vigias, com peixes de plástico tremulando entre os vidros. O melhor é fechar os olhos neste gigantesco templo do consumo, senão nunca mais chega ao PARQUE DAS NAÇÕES, situado mesmo na margem direita do Mar da Palha. À sua esquerda, a Ponte Vasco da Gama, a mais comprida ponte sobre um rio da Europa, possibilita a circulação, acima da superfície das águas, entre as duas margens do Tejo. O recinto da Expo propriamente dito é hoje um parque de lazer, com teatros, restaurantes, exposições e muitas coisas mais. O Oceanário, que em Maio de 2018 completou 20 anos, é um dos maiores e mais importantes do mundo, e não tem par que se lhe possa igualar. À volta do recinto foram brotando do chão, quase todos os dias, novas torres de apartamentos. Naqueles antigos baldios industriais, então fortemente poluídos e que tiveram de ser saneados para neles se erguerem os pavilhões da exposição, nasceu uma nova zona da cidade, de elevado valor para a fruição dos tempos livres.

O tempo urge, há que regressar ao centro da cidade. Para isso temos de mudar de meio de transporte, vamos utilizar o autocarro nº 728. Voltamos então ao átrio da estação do Oriente e dirigimo-nos agora para o lado oposto ao centro comercial. Porém, a meio do átrio, tendo deixado para trás, do lado direito, a estação dos Correios e um café-tabacaria, viramos à direita num túnel. Este leva-nos à Via Recíproca, onde está situada actualmente a paragem do autocarro n° 728, que em tempos esteve no terminal rodoviário. Preste bem atenção, pois nela param muitos autocarros. O que nos serve é o n° 728, que vai para o «Restelo».

Esta viagem leva-nos primeiro pela nova zona habitacional, arquitectonicamente interessante. Pintar os edifícios com umas boas demãos de tinta torna-os mais leves, e sai mais barato do que revesti-los de azulejos. Se a tinta, porém, irá resistir muito tempo à constante agressão do ar do mar, isso já é outra questão. À distância, a estação do Oriente traz-nos à ideia uma imagem muito especial. Com os seus inúmeros arcobotantes, que arrancam do chão como agudos arcos ogivais, o arquitecto espanhol Santiago Calatrava conseguiu uma moderna catedral de luz.

Cerca de oito minutos depois da partida o autocarro atinge a margem do Tejo, mas volta a abandoná-la em breve. Vira à direita na RUA AMORIM e logo a seguir à esquerda, para a RUA DO AÇÚCAR, que corre paralelamente ao Tejo. Na esquina faz-se notar a fachada Arte Nova de uma fábrica de conservas de peixe, belamente revestida de azulejos. Seis minutos depois de termos atingido a margem do rio pela primeira vez, de novo nos encontramos à sua beira. Entre a avenida e a água ficam situados vários armazéns e altos guindastes que descarregam navios. Decorridos mais dois minutos na AVENIDA INFANTE D. HENRIQUE, mais ou menos por alturas do último guindaste à esquerda, vemos à direita, primeiro, umas bombas de gasolina da «BP» e depois um supermercado «Lidl». Descemos diante do supermercado, na paragem «Av. Infante D. Henrique / Ponte Xabregas», e seguimos pela RUA BISPO DE COCHIM DOM JOSEPH KUREETHARA, que fica entre a bomba de gasolina e o supermercado. Na primeira oportunidade viramos à esquerda, passamos por baixo de uma ponte de caminho de ferro, e logo a seguir avistamos, a cerca de cem metros, a pirâmide octogonal, revestida de ladrilhos, do telhado da «Igreja da Madre de Deus».

Em algumas dependências da igreja e no que antigamente fora o «Convento da Madre de Deus» está hoje instalado um dos mais belos museus da Península Ibérica, o «Museu do Azulejo», com a maior colecção de azulejos do mundo. O convento de monjas, fundado no início do séc. XVI, foi generosamente ampliado no clássico estilo Renascença por D. João III, e reconstruído após o terremoto de 1755, parcialmente em estilo barroco. A igreja é um sonho de azulejos azuis e brancos e talha dourada. No claustro superior, um painel de azulejos azuis e brancos, com 20 metros de comprido, mostra Lisboa antes do grande terremoto. Noutras dependências documentam-se os 500 anos de história dos azulejos e o seu fabrico.

De regresso à paragem, subimos no primeiro autocarro n° 728 dirigido ao «Restelo» que surja. Seguimos ao longo da margem do rio, cerca de nove minutos depois veremos à nossa esquerda o novo Terminal de Cruzeiros de Lisboa, inaugurado em 2017, mais moderno e de maior capacidade que o de Alcântara, dos anos quarenta do século passado. A seguir atravessamos a PRAÇA DO COMÉRCIO, e na estação do CAIS DO SODRÉ metemo-nos no comboio para o Estoril, situado a 25 quilómetros de Lisboa, para ocidente.

O comboio, brilhante como prata, põe-se em movimento. O velho bairro junto à margem, de comércios vários, nem todos muito ortodoxos, ainda anda à procura da sua nova face. Assim, à direita da via férrea encontram-se, vazias, muitas casas comerciais antigas e muitas pequenas fábricas, e muitos terrenos foram já desocupados por actuação da bola das demolições. Poucos edifícios foram sujeitos a obras de renovação, mas quando isso sucedeu, tornaram-se verdadeiras jóias – principalmente quando foram conservadas as fachadas originais em azulejo. Nos antigos armazéns à esquerda da via férrea vieram instalar-se, na década de 90 do século passado, restaurantes, bares e discotecas que competem com o Bairro Alto como pólo de animação nocturna, gozando ainda da vantagem, em meses de mais sol e calor, de se poder almoçar em mesas no exterior, desfrutando as vistas da ponte, da marina e do Tejo. Em muitas das docas acolhem-se barcos de recreio. A seguir à enorme ponte sobre o Tejo logo avistamos os monumentos de BELÉM: o Mosteiro dos Jerónimos, o Padrão dos Descobrimentos e a Torre de Belém. Em Algés já deixámos para trás – mesmo que disso não tenhamos dado fé – a linha que delimita a cidade de Lisboa. As povoações colam-se ininterruptamente umas às outras, interpenetrando-se. Dafundo, Cruz Quebrada, Caxias (com a prisão dos tempos de Salazar), Paço d' Arcos, Oeiras (com o palácio do Marquês de Pombal), Carcavelos, Parede, S. João do Estoril e finalmente ESTORIL – há muito que os espaços vazios entre as antigas aldeolas de pescadores da chamada «Linha» foram cobertos de torres de apartamentos. E continua a construir-se. Antigas residências – essas, sim, verdadeiramente luxuosas – ficaram perdidas por entre babélicas torres de habitação com pretensões a luxo. Já pouco resta do sedutor encanto da Costa do Sol que, em tempos idos, fez muitos monarcas destronados voltarem a reconciliar-se com o seu destino. Actualmente quem enche os hotéis-palácios são turistas de pé descalço e do tudo incluído. Talvez seja o grande parque cheio de palmeiras, que vai da estação ao casino, o que ainda confere ao Estoril uma certa aura de distinção e selectividade – isso e os elevados preços, evidentemente. O Casino, que serviu de modelo para o «Casino Royale» de Ian Flemming[136] e mais tarde de cenário para o filme de James Bond com o mesmo nome, seguiu o formato dos casinos de Las Vegas: néon por fora, máquinas de jogar no interior, das quais mais de 700 são «slot-machines», havendo ainda as de corridas de cavalos ou de automóveis e outras. É claro que também há os jogos tradicionais, que Antoine de Saint-Exupéry, enquanto esteve no «Hotel Palácio» antes da sua fuga para os EUA, ali pôde observar em Dezembro de 1940.

Não tendo conseguido alojamento na cidade, eu residia no Estoril, perto do Casino. Acabara de sair de uma dura guerra: a minha esquadrilha, que durante nove meses não deixara de sobrevoar ininterruptamente a Alemanha, ainda perdera, só no decurso da ofensiva alemã, três quartos dos seus efectivos. Ao regressar à pátria, eu conhecera a taciturna atmosfera da submissão e a ameaça da fome. Vivera a profunda escuridão da noite das nossas cidades. E eis que a dois passos do meu hotel, todas as noites, o Casino Estoril se enchia de fantasmas dum outro mundo. Silenciosos Cadillacs, que faziam de conta que iam a algum lado, depunham-nos na fina areia do átrio da entrada. Tinham-se vestido para o jantar, tal como outrora. Exibiam os seus peitilhos

gomados ou as suas pérolas. Tinham-se convidado mutuamente para refeições de figurantes, nas quais nada teriam a dizer uns aos outros. Depois jogavam na roleta ou bacará, consoante as fortunas. Às vezes ia observá-los. Não experimentava indignação nem qualquer sentimento de ironia, mas uma vaga angústia. A mesma que nos perturba no jardim zoológico perante os exemplares que ainda restam de uma espécie já extinta. Instalavam-se à volta das mesas. Comprimiam-se em torno de um «croupier» frio e austero e davam-se a mil trabalhos para viver os sentimentos da esperança, do desespero, do receio, da inveja, do júbilo. Como se estivessem vivos. Jogavam fortunas que nesse mesmo instante talvez já tivessem perdido todo o significado. Utilizavam moedas que talvez já não valessem nada. Os valores que tinham nos seus cofres talvez fossem garantidos por fábricas já confiscadas ou que, ameaçadas constantemente pelas bombas aéreas, talvez nesse momento já tivessem sido arrasadas. Sacavam letras sobre a estrela Sirius. Agarrando-se ao passado como se nada tivesse começado a desmoronar-se já há alguns meses, esforçavam-se por acreditar na legitimidade da sua febre, na cobertura dos seus cheques, na eternidade das suas convenções. Era irreal. Parecia um «ballet» de bonecos. Mas era triste.
Não tenho dúvidas de que eles não sentiam nada daquilo. Deixava-os sós. Ia respirar à beira-mar. E este mar do Estoril, mar de estância balnear, mar amansado, parecia-me entrar também naquele jogo. Impelia para o interior do golfo uma única e branda vaga, toda prateada pelo luar, como a cauda de um vestido fora da época.[137]

Como durante a Segunda Grande Guerra os banhistas tradicionais não apareceram, havia quartos suficientes para os fugitivos que já não encontravam alojamento na superlotada Lisboa – desde que pagassem com dinheiro à vista. Franz Werfel e Alma Mahler-Werfel, juntamente com Heinrich Mann, a sua mulher Nelly e o seu sobrinho Golo Mann, vieram de avião, de Madrid para Lisboa – na Lufthansa, evidentemente.

Tinham-nos aconselhado a não irmos para Portugal de comboio, porque todos os emigrantes eram presos na fronteira portuguesa; convinha portanto tomar o avião. Às três da tarde o nosso avião levantou voo de Madrid.
Já era noite quando chegámos a Lisboa – o campo de aviação ainda por acabar e sem luz. Tal como em qualquer repartição de todo o mundo, ali estivemos, estupidamente, horas a fio. O funcionário passou

revista rigorosa à lista das obras de Franz Werfel, que o duque de Württemberg, um grande teólogo, elaborara como recomendação para Werfel. O funcionário hesitou quando chegou ao título «Paulo entre os judeus».

– Ah, será que, porventura, o senhor vem de uma família judia?

Franz Werfel não disse que sim nem que não, só apontou para mim, atrapalhado, enquanto o funcionário fazia um esgar irónico, como se a minha ascendência estivesse à vista de todos.

Nesse tempo os judeus não podiam entrar em Portugal, ou pelo menos era de muito mau grado que por lá os viam.

Após demorada reflexão o funcionário concedeu-nos o carimbo de entrada.

Finalmente um cheirinho de liberdade para nós![138]

Logo que ficámos despachados apanhámos no aeroporto o último táxi: tinha esperado pacientemente por nós. Estaria combinado com ele, ou connosco, o belo jovem português que apareceu? Não interessa, entrou. Por ele aconselhados, passámos revista à Lisboa nocturna. Os hotéis, nosso primeiro objectivo, passaram à categoria de ilusões depois de dois ou três se terem declarado completamente cheios.

Por nossa causa, o motorista do táxi e o nosso companheiro de viagem não desanimaram logo. Parece-me que estive a andar, só por andar, por ruas sem um presente que convencesse, escuras como breu de um lado, de enorme alvura do outro, devido ao luar. Esqueço os candeeiros com lâmpadas de arco voltaico, por piedade para com as casas que, de bom grado, teriam passado sem eles. Do séc. XVIII o seu estilo austero, rígido. Tudo o que antes ali existira ruíra subitamente em 1755. De agora em diante cairão mais outras coisas. Inevitável, por mais inversões de marcha que se fizessem, a grande praça com os seus cafés; permaneciam abertos por modorra, nas esplanadas poisam sempre as mesmas personagens da noite. Sem abrigo, embora de bolsos cheios? Às voltas com os seus pensamentos – depois de terem uma conta em dólares do outro lado? À cata de passagens de navios – para as conquistar, de papéis falsos – que há que levar ao homem, a troco de dinheiro?

Por volta da terceira hora da manhã do novo dia o nosso motorista de táxi fartou-se de andar a buzinar à porta de hotéis, sempre em vão – como ele já de antemão sabia. A sugestão que deu a seguir foi uma estância balnear apenas a hora e meia de viagem, a qual provavelmente teria camas disponíveis. O jovem filho da terra, nosso companheiro, vagueara pacientemente connosco, durante todo este tempo, sem dizer uma só palavra sobre o facto de o seu hotel ficar a meio do caminho para a tal estância balnear. Aí chegado, saiu, despediu-se cordialmente, circulou alegremente por entre palmeiras em direcção ao sumptuoso edifício, do qual era um daqueles irrepreensíveis hóspedes aos quais não há objecções a levantar. O último europeu ia para casa.

Na estância balnear nossa desconhecida fomos depositados, ainda de noite, diante de um antiquado Grande Hotel. O guarda da noite teve de se pôr a pé, por nossa causa. Foi-nos dada ainda, para finalmente irmos deitar as nossas cabeças, uma refeição fria. Sem comer desde o meio--dia, em Madrid, fica-se com fome. Que satisfação, agora que de novo já é dia, contemplar o interior de um agradável pátio antigo. Entrelaçadas veredas de jardim procuram ampliá-lo e fazer dele o mais que podem. Ficou logo assente: aqui é que eu vou ficar à espera do navio.[139]

Próximo de Lisboa, no Hotel Estoril, tínhamos de esperar agora duas semanas. Depois do martírio dos últimos meses, os primeiros dias de uma paradisíaca paz, num país paradisíaco, permanecem inesquecíveis.

Em Lisboa vivemos experiências humanas verdadeiramente notáveis. Uma grande vigarice e um enorme gesto de caridade.

Um tal senhor B., de Viena de Áustria, que nos tinha sido apresentado pelo nosso amigo Zernatto, declarou poder trocar as minhas duzentas libras inglesas a um câmbio mais favorável do que num banco qualquer. Dei-lhe o dinheiro. No dia seguinte jurou não ter recebido de mim as libras ou ter então perdido tudo. E perguntou-me ainda algumas características das notas, das quais porém, naquele momento, já me esquecera. Foi uma dura luta e Franz Werfel teve de insistir com ele um dia inteiro até conseguir vencer a sua resistência. Devolveu-nos o dinheiro uma hora antes da nossa partida para a América, declarando que tinha comprado as notas e que as pagara do seu bolso. Já a bordo examinei as notas – e reencontrei aquelas que eram mesmo minhas, as quais reconheci, concretamente, por terem os cantos vermelhos, devido a um envelope, forrado de vermelho por dentro, no qual as guardara anos a fio. Na realidade faltavam cinco notas avulsas de uma libra, que B. já tinha trocado.

No dia da nossa partida para a América eu tinha ficado sozinha no Hotel Estoril, fizera as malas e depois é que fui para o navio. O porteiro do hotel, um perfeito desconhecido para mim, percebeu que, devido à falta das minhas libras inglesas, eu estava com muito pouco dinheiro, e

disse: «Deixe lá a conta! Eu pago por si ... e a senhora, de Nova Iorque,
manda-me de volta o dinheiro.»
Isto reconciliou-me de novo com a Humanidade.[137]

Uma passagem subterrânea leva da estação à pequena praia
e a um paredão, pavimentado com grandes lajes de pedra, que
vai até CASCAIS.

Nas proximidades do Monte Estoril ficava uma pequena aldeia de
pescadores que se chamava Cascais, distante do nosso hotel tanto
quanto se alcança num passeio a pé de um quarto de hora. Ali
tomávamos banho às vezes, para variar, porque passávamos a maior
parte do tempo na nossa própria praia. Era depois do jantar que, de
preferência, íamos até lá. Os barcos dos pescadores regressavam à
noite ao porto e nós observávamo-los a serem descarregados. Nos
cestos, que várias mulheres levavam à cabeça para o mercado, havia
inúmeras criaturas reluzentes como prata. Pela meia-noite já tinha sido
vendido todo o peixe. Era possível comprar uns belos lavagantes ao
desbarato. À excepção das mulheres dos pescadores e de algumas
prostitutas, não se viam mulheres em Cascais. Enquanto os homens
dançavam nas ruas e saltavam fogueiras, não se via uma única mulher.
Estas pessoas davam a sensação de serem muito respeitáveis, mas
tristes. Cascais parecia-me mais africana do que europeia. Sobre esta
aldeia parecia pairar um segredo, e não sabíamos o que se passava
dentro daquelas casas. Pareciam ter sido hermeticamente fechadas a
sete chaves – as paredes ocultavam a vida das mulheres, que não
podiam ir à rua.[140]

Para o nosso passeio de aqui até Cascais, que se estendeu bem
mais para ocidente e há muito deixou de ser uma aldeia de
pescadores, precisamos de um pouco mais do que Peggy
Guggenheim: não se consegue fazê-lo em menos de meia hora. Se
então o Sol já se tiver posto e o crepúsculo incendiar o céu, este
soneto de Reinhold Schneider[141] é a companhia perfeita.[A]

[A] Reinhold Schneider, neste soneto «Estoril», escreveu «Küste des Südens», e a
tradução teve de o respeitar. Será que em 1930 a nossa Costa do Sol era designada
por Costa do Sul? Consultadas duas obras sobre a Linha do Estoril nos anos 30,
todas referem que a sua publicidade era baseada na exposição ao sol, a qual só então
se tornara moda. A designação de Costa do Sol foi mesmo patenteada, em 1935. Mas

Estoril

Sobre esta Costa do Sul, luas de Verão descorando,
do céu vai caindo, fresco, o matinal nevoeiro.
Cresce o mar, devora a praia que conquista como um rei.
Veloz como ele, o Outono seu império vai ganhando.

Ao mesmo tempo que o ano, foi-se o nosso amor cansando.
Ah! Que gelados seus lábios, quando eu um beijo lhe dei!
E todas as ilusões, com que a esperança estruturei,
sem dar por isso ruíram, de um só golpe tão brando...

Para as ruas da amargura nos arrasta o coração.
Quem consegue opor-se ao sonho, que engrandece ou despedaça,
Quando, perto, um sonho novo à mão surge, de repente?

Não é difícil prever que ele é mais outra ilusão.
Com que eu debande ou esmoreça, contudo, não há quem faça,
Até que a paixão me eleve... ou destrua novamente.

Chalet Palmella e vista geral de Cascaes-Portugal

---

tendo visto na Internet a imagem de um painel de azulejos com a inscrição «COSTA DO SOL» escrita na antiga caligrafia, em que o O de SOL é aberto em cima e parece um U, talvez isso possa ter originado o lapso do poeta.

8. Lisboa e a sua vila de veraneio: Sintra

Rossio – Queluz – Sintra – Palácio da Pena – Castelo dos Mouros – Palácio
da Vila – Palácio de Seteais – Monserrate

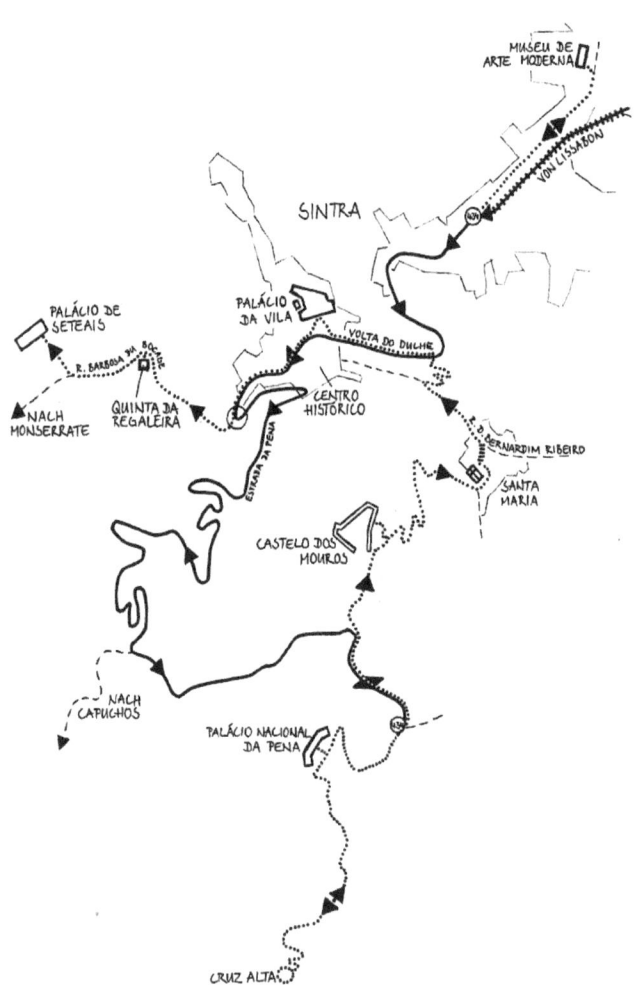

Junto ao extremo noroeste da tão central PRAÇA D. PEDRO IV fica a Estação do Rossio, em estilo neomanuelino. A fachada, ricamente ornamentada, e os portais em ferradura conferem ao edifício uma nota especial. Daquela que foi outrora a principal estação de caminhos de ferro da cidade já só partem, hoje em dia, os comboios suburbanos para SINTRA – o nosso destino de hoje. As causas desta sua perda de importância são evidentes: a estação fica no fim de um longo túnel, pelo que o espaço para ela disponível é mínimo.

Apesar disso, para quem fugia da Europa Central envolta em trevas, quando o seu comboio, em 1940, se detinha na estação, a impressão era avassaladora.

Às duas horas da madrugada o nosso comboio chega a Lisboa. Saímos da estação e ficamos diante de uma praça que faz em nós o mesmo efeito que um conto de fadas, daqueles que nunca mais se apagarão da memória. Nós chegamos, vindos da escuridão de França, da mal iluminada Barcelona e de Madrid – e às duas da madrugada estamos rodeados por uma alva claridade![142]

Deixamos para trás estas lúgubres memórias e subimos pela escada rolante até ao andar de cima, onde se encontram os cais. A parede do lado direito da gare é embelezada por treze medalhões circulares em azulejo, criados em 1940 para a Exposição do Mundo Português, nos quais se podem ver os produtos que o País exporta: cortiça, resina, sisal, frutos, vinhos de mesa, do Porto e da Madeira, conservas de peixe, porcelana, vidros e faianças; a parede do lado esquerdo é decorada por quadros rectangulares de azulejos, de 1995, também treze, com personagens míticas e lendárias da história de Lisboa, tais como S. Vicente e Santo António, Garrett e Herculano, D. Sebastião e o Padre António Vieira.

Mal arranjámos lugar no comboio, que já estava à nossa espera, começa a viagem. Depois de um trajecto de 5 minutos no túnel, voltamos a ver a luz do dia pouco antes da estação de CAMPOLIDE. Da antiga beleza da ondulada paisagem já nada resta; blocos de prédios cinzentos e verde desbotado enfileiram--se ao longo da linha de caminho de ferro, com milhares de antenas de televisão ou parabólicas sobre os telhados. Na sua maioria, as varandas destas casas foram envidraçadas, de forma que os seus moradores pudessem dispor de mais uma assoalhada e que no Inverno, frio e húmido, a casa ficasse melhor isolada. À frente das janelas há roupa pendurada a secar: blusas, meias de senhora, cuecas. Pelo meio dos prédios há moradias, empresas industriais e fábricas, terras incultas, alguns campos abandonados – o costume no Portugal que fica fora dos itinerários para turistas. Entre SANTA CRUZ e REBOLEIRA, à esquerda, perto da via férrea, aparece de vez em quando o antigo aqueduto, no troço que vai de Queluz a Lisboa.

Mas quem é que conhece mesmo a AMADORA, em 2017 a oitava maior cidade de Portugal? Quando, há quase um século, Fernando Pessoa[143], mais propriamente Álvaro de Campos, ao volante de um Chevrolet, se dirigia de Lisboa a Sintra – agora a segunda maior cidade do país, a Amadora ainda não passava então de uma aldeola.

Ao volante do Chevrolet pela estrada de Sintra,
Ao luar e ao sonho na estrada deserta,
Sozinho guio, guio quase devagar, e um pouco
Me parece, ou me forço um pouco para que me pareça,
Que sigo por outra estrada, por outro sonho, por outro mundo,
Que sigo sem haver Lisboa deixada ou Sintra a que ir ter,
Que sigo, e que mais haverá em seguir sendo não parar mas seguir?

Vou passar a noite a Sintra por não poder passá-la em Lisboa,
Mas, quando chegar a Sintra, terei pena de não ter ficado em Lisboa.
Sempre esta inquietação sem propósito, sem nexo, sem consequência,

Sempre, sempre, sempre,
Esta angústia excessiva do espírito por coisa nenhuma,
Na estrada de Sintra, ou na estrada do sonho, ou na estrada da vida ...

Maleável aos meus movimentos subconscientes do volante,
Galga sob mim comigo o automóvel que me emprestaram.
Sorrio do símbolo, ao pensar nele, e ao virar à direita.
Em quantas coisas que me emprestaram eu sigo no mundo!

Quantas coisas que me emprestaram guio como minhas!
Quanto me emprestaram, ai de mim!, eu próprio sou!

À esquerda o casebre – sim, o casebre – à beira da estrada.
À direita o campo aberto, com a lua ao longe.
O automóvel, que parecia há pouco dar-me liberdade,
É agora uma coisa onde estou fechado,
Que só posso conduzir se nela estiver fechado,
Que só domino se me incluir nele, se ele me incluir a mim.

À esquerda lá para trás o casebre modesto, mais que modesto,
A vida ali deve ser feliz, só porque não é a minha.
Se alguém me viu da janela do casebre, sonhará: Aquele é que é feliz.
Talvez à criança espreitando pelo vidro da janela do andar que está
                                                                    em cima
Fiquei (com o automóvel emprestado) como um sonho, uma fada real.
Talvez à rapariga que olhou, ouvindo o motor, pela janela da cozinha
No pavimento térreo,
Sou qualquer coisa do príncipe de todo o coração de rapariga,
E ela me olhará de esguelha, pelos vidros, até à curva em que me perdi.
Deixarei sonhos atrás de mim, ou é o automóvel que os deixa?

Eu, guiador do automóvel emprestado, ou o automóvel emprestado
                                                            que eu guio?

Na estrada de Sintra ao luar, na tristeza, ante os campos e a noite,
Guiando o Chevrolet emprestado desconsoladamente,
Perco-me na estrada futura, sumo-me na distância que alcanço,
E, num desejo terrível, súbito, violento, inconcebível,
Acelero ...
Mas o meu coração ficou no monte de pedras, de que me desviei ao
                                                            vê-lo sem vê-lo,

À porta do casebre,
O meu coração vazio,
O meu coração insatisfeito,
O meu coração mais humano do que eu, mais exacto que a vida.

Na estrada de Sintra, perto da meia-noite, ao luar, ao volante,
Na estrada de Sintra, que cansaço da própria imaginação,
Na estrada de Sintra, cada vez mais perto de Sintra,
Na estrada de Sintra, cada vez menos perto de mim ...

Em QUELUZ-BELAS, a meio caminho entre Lisboa e Sintra, interrompemos a viagem para visitarmos a residência de verão da família real. Abandonamos a estação pelo lado esquerdo e

241

seguimos então a AVENIDA ANTÓNIO ENNES, primeiro para a esquerda e depois sempre a direito. Num cruzamento, setas indicam-nos que sigamos sempre a direito para a AVENIDA DA REPÚBLICA. Depois de caminharmos durante cerca de 10 minutos, encontramos finalmente diante de nós um conjunto regressado em 2015 às suas cores originais, um azul-cobalto pardacento nas fachadas, com molduras a amarelo e portas e janelas verdes, inserido numa ilha de verde vegetação.

No outro lado da povoação avistámos, a certa distância, um grande parque com um palacete de recreio. D. Miguel, que adorava a caça, preferia este sítio à arrebatadora beleza natural de Sintra. À sua volta ainda só se via terra árida; não havia um ponto pitoresco, nem um arbusto, nem uma árvore; apenas diante de um pobre casebre de camponeses se destacava uma magnólia em flor, cujas folhas verde--escuras brilhavam ao sol.[144]

Diante do Palácio, de pé sobre um pedestal de pedra e rodeada por quatro Virtudes, está D. Maria I. Queluz foi sempre, em dias felizes e infelizes, a residência preferida desta rainha e do seu tio e marido, D. Pedro III. O edifício rococó de três corpos, cuja construção se iniciou em 1747, faz lembrar «Sans-Souci».[A] Tal como este seu semelhante de Potsdam, o Palácio de Queluz situa-se predominantemente ao nível do chão, e cada sala tem grandes janelas ou portas que dão para os jardins ao gosto francês.

Em Queluz, naquele adorável palácio cor-de-rosa com portadas verdes que se assemelha à Granja de Filipe V, quase se morreu de pavor no tempo da Revolução Francesa. E a rainha D. Maria I, que enlouquecera, enchia com os seus gritos esta bela miniatura de Versalhes. Puxava os cabelos às suas damas e ladrava. Enquanto estes pavilhões só contavam histórias de festas e de aventuras amorosas, num cenário que evoca a Áustria barroca e a Alemanha, de súbito irrompiam a loucura e o horror Os jardins franceses com as suas balaustradas, sobre as quais estão estátuas, enegrecidas pelo tempo, de crianças de pé; o permanente rumorejar da água num pequeno canal, cujas paredes são adornadas por azulejos azuis e amarelos; alamedas de magnólias e plátanos, nas quais jardineiros queimam folhas mortas; a tarde

---

[A] Castelo real prussiano, perto de Potsdam.

soalheira – que doce e angustiosa melancolia. Dizem-me que nestes
canais, à noite, ao som de violas e harpas, se davam passeios em
compridas embarcações. Hoje, numa parede, restam apenas os
algarismos de um relógio de sol sem vareta, como se marcasse um
tempo indefinido.[145]

O Palácio Real da Ajuda, situado entre o centro histórico da
cidade e Belém, e construído em madeira, depois de 1755, por se
recearem novos terremotos, ardeu em 1794, ficando reduzido a
cinzas. Nessa altura a casa real mudou-se definitivamente para
Queluz, estabelecendo aqui a sua residência. Foi daqui que em
1807, no início das invasões napoleónicas, fugiu a corte para o
Brasil, escapando assim a destino igual ao dos seus parentes
espanhóis, que tiveram de passar o resto da guerra em França
como prisioneiros de Napoleão, enquanto um irmão do
imperador francês subia ao trono em Madrid. Após o regresso da
casa real do Rio de Janeiro, a rainha D. Carlota Joaquina e os
cortesãos que constituíam a sua camarilha reaccionária
instalaram-se em Queluz; e aqui conspiraram, ela e o seu filho
mais novo, D. Miguel, contra o rei, o eternamente indeciso D. João
VI, que tinha preferido residir, sem a rainha, no Palácio da
Bemposta.

Se você não for uma visita de Estado mas, mesmo assim,
sentir o desejo de permanecer por algum tempo no Palácio de
Queluz, nada a isso se opõe. No edifício onde antes se alojava a
guarda real foi instalada uma «Pousada». As Pousadas Regionais
foram criadas pelo Estado já nos anos quarenta do séc. XX, dado
que fora das grandes cidades praticamente não existiam hotéis
para turistas de classe alta. Delas se distinguem as «Pousadas
Históricas», instaladas frequentemente em castelos, conventos e
mosteiros, alguns abandonados ou em estado de degradação, e
recuperados como pousadas. Em 2003 foram privatizados 49%
do capital da «Pousadas de Portugal», cedendo ainda o Estado a
sua gestão ao grupo privado. A essa cadeia pertence também a
«Cozinha Velha», o luxuoso restaurante, com cinco estrelas,
instalado na antiga cozinha do palácio.

Assistir a uma exibição dos «lusitanos» é uma experiência
extraordinária. Eles são considerados a mais antiga raça de

cavalos para equitação e são criados na coudelaria estatal de Alter do Chão, no Alto Alentejo. Até 2015, cavaleiros vestidos de históricas casacas exibiam equitação de Alta Escola nos jardins do Palácio de Queluz. Hoje, a «Escola Portuguesa de Arte Equestre» mantém parte dos seus cavalos nos jardins do Palácio de Queluz, mas as apresentações de arte equestre portuguesa passaram a realizar-se todo o ano no Picadeiro Henrique Calado, na Calçada da Ajuda, em Belém, não longe do Museu dos Coches.

A seguir, o prateado comboio atinge SINTRA, na vertente norte da Serra de Sintra, também chamada Monte da Lua. Em dias quentes, vindo do mar, levanta-se nevoeiro que fica agarrado aos montes. A húmida nebulosidade espalha-se então sobre a terra, indolentemente. Devido a este clima mais fresco a região era o local preferido pela corte e pela aristocracia para passarem os quentes dias de verão. João Baptista de Almeida Garrett, poeta, dramaturgo e historiador, já tinha saudades de Portugal quando em 1824, no exílio, em França, iniciou a sua narrativa em verso sobre a vida de «Camões».[146] No clima de «saudade» deste poema, no sofrimento da linguagem, ecoa a sensibilidade da poesia lírica de Camões, com cujo destino Garrett se identifica.[A]

> *Sintra, amena estância,*
> *Quem te não ama? Quem, se em teu regaço*
> *Uma hora da vida lhe há corrido,*
> *Essa hora esquecerá? Teu nome soa*
> *Eterno já nos hinos enramados*
> *De imorredouras flores.*
>   *Impotente,*
> *Aí quebra a fúria do fremente oceano*
> *À raiz do teu firme promontório...*
> *Mas que, infrenes, um dia as altas águas –*
> *Soltas da voz que disse ao mar: «Suspende-te!*

[A] Almeida Garrett participara entusiasticamente na revolução liberal de 1820. Com o triunfo, em 1823, da Vilafrancada, o golpe militar contra-revolucionário de D. Miguel que acabou com a primeira experiência liberal em Portugal, partiu logo nesse ano para o exílio, primeiro para Inglaterra, onde entrou em contacto com a literatura romântica (Lord Byron e Walter Scott), e a partir de Março de 1824 para França, só regressando a Portugal em 1826, após a outorga da Carta Constitucional.

244

Teu limite é aí. » – *galgá-lo ousassem*
E levar os delfins enamorados
Folgar nos sítios em que geme a rola
E filomela modelou queixumes, [A]
Suavíssimo encanto da espessura;
Mas que prodígio tal novos trouxessem
Os séculos de Pirra, [B] – *inda o teu nome*
Não o esquecera transmudado o mundo.

Leva-to, além das passadoras eras,
Do bardo misterioso o eterno canto,
A harpa sublime agora pendurada
Nos louros do Pamiso, onde um suspiro
De morte lhe quebrou a extrema corda
Que Eleutéria divina lhe afinara,
[...]

O bardo misterioso não é outro senão o próprio Lord Byron,[C] que numa carta enalteceu a povoação como «... *sob qualquer aspecto a mais encantadora da Europa, com belezas de todos os tipos, tanto naturais como artificiais; palácios e jardins espalham-se pelo meio de rochedos, cataratas e despenhadeiros; há conventos a alturas espantosas, esta vista sobre o mar e o Tejo ... Reúne em si a força bravia das Western Highlands* [na Escócia] *com o verde do sul da França.*» Stefan Zweig teve de «*lhe dar razão, que os jardins de Cintra ... são os mais belos do mundo – um ponto de intersecção climático ideal em*

[A] «Filomela» é um termo poético que designa o mesmo que «rouxinol».
[B] Pirra, figura da mitologia grega, tendo escapado ao Dilúvio com seu marido, com ele teria repovoado o mundo, atirando pedras para trás, sobre os ombros. Das pedras dela teriam nascido as mulheres, e das pedras dele teriam saído os homens.
[C] Em boa verdade, segundo Nota do próprio Garrett ao Canto V deste poema, o «bardo misterioso» é «Childe Harold», protagonista do poema de Byron em que se descrevem as viagens e reflexões de um jovem que, cansado de uma vida de prazeres e pecado, procura distracção viajando pelos países onde tinham vivido e lutado os cavaleiros medievais – Portugal, Espanha, Grécia, Ásia Menor e Itália. «Childe» é aliás o título medieval de um jovem candidato a cavaleiro. Dado porém que este poema é autobiográfico, «Childe Harold» é, em última análise, Lord Byron, que vivera algum tempo em Sintra e que acabara de morrer, na Grécia, quando Garrett, em 1824, escrevia sobre o exílio e as viagens de Camões.
Pamiso é um rio do Peloponeso meridional que desagua no Golfo de Messénia; Eleutéria era a deusa grega da Liberdade, que Byron e Garrett muito prezavam.

que, num jardim, tudo se encontra reunido naturalmente, rosas e *palmeiras, norte e sul, e tudo isso numa exuberância fantástica.*»[147] A UNESCO associou-se ao parecer de ambos e concedeu à cidade, em 1996, o cobiçado atributo de «Património cultural do Mundo».

Do cimo do monte que domina a cidade reina, à vista de todos, o Palácio da Pena, que D. Fernando de Saxe-Coburgo--Gotha, o marido da rainha D. Maria II, mandou construir, no séc. XIX, pelo barão alemão Ludwig Wilhelm von Eschwege.

Muito diferente, faustoso e pitoresco, é o palácio de verão do rei *D. Fernando, que domina toda a região. Ali em cima só havia, noutros* *tempos, um grande bosque, que em parte ainda hoje existe, bem como o* *célebre «convento de cortiça» – um pequeno edifício cujas paredes* *estão forradas com casca de sobreiro.[A] O palácio propriamente dito* *tem as suas origens no tempo de Vasco da Gama. Enquanto ainda* *decorria a sua famosa expedição de descoberta do caminho marítimo* *para a Índia, organizou o rei, um dia, lá em cima, uma caçada. E foi* *precisamente do sítio onde agora se ergue o palácio que ele avistou a* *frota do Gama regressando à pátria. Cheio de alegria, prometeu* *mandar construir ali um convento, promessa que foi cumprida. O* *convento foi construído e é ainda hoje a parte mais bonita e mais* *pitoresca do conjunto. Quando, mais tarde, os conventos foram extintos* *e os frades de lá foram expulsos, o rei Fernando comprou-o e gastou* *uma fortuna considerável na sua conversão em palácio e na criação do* *parque.[B]*

Todo o caminho que, pela serra, lá acima conduz é um jardim, onde a *Natureza e a Arte se apoiam uma à outra, da forma mais perfeita; é o* *passeio mais belo que imaginar se possa. Começa com cactos, plátanos* *e magnólias e acaba com bétulas e abetos por entre rochedos* *espalhados desordenadamente. Gerânios de todas as espécies e cores* *florescem aqui em toda a sua plenitude; cardos estranhos e*

[A] O «convento de cortiça» é o Convento dos Capuchos, construído em 1560, a que mais adiante se tornará. Não o confundir com o convento que veio a originar o Palácio da Pena.

[B] O Convento de Nossa Senhora da Pena, que originou o actual Palácio da Pena, ficou em ruínas após o Terremoto de 1755. Apenas dele restavam o claustro e a zona do altar-mor da capela, com o magnífico retábulo em mármore e alabastro atribuído a Nicolau de Chanterenne, quando D. Fernando II o comprou, em 1838. A partir deste núcleo se fez o Palácio.

esplendorosos destacam-se mesmo ao lado dos arbustos de murta, com
a sua branca neve de flores que perfumam o ar. Entre velhos muros,
revestidos de hera, e rochedos que, ao cair, formaram arcos naturais,
serpenteiam até ao cimo veredas solitárias. De aqui de cima podia ver-
-se até bastante longe: por cima do Oceano Atlântico, até Lisboa e aos
montes do outro lado do Tejo; e por cima da grande planície, no fundo
da qual fica Sintra, até ao Convento de Mafra. O ar estava tão límpido
que julguei poder contar as janelas desse edifício, o qual, contudo, fica
a uma distância de várias milhas.[148]

Desde 1997 Sintra tem um novo pólo de atracção para os que gostam de Arte: é o «Museu das Artes de Sintra», então inaugurado ainda só como Museu de Arte Moderna, um dos três mais importantes do género em Portugal. Está instalado no antigo casino da cidade, a apenas poucas centenas de metros da estação de caminho de ferro.

Logo à frente da estação está o local de onde parte o autocarro nº 434 da empresa de transportes urbanos «Scotturb», que assegura a viagem de ida e volta ao Palácio da Pena. Tiramos bilhete só para a viagem de ida, pois pretendemos descer a pé desde o Palácio até Sintra. No centro da cidade, o trajecto passa pelo antigo Paço real, o qual, com as suas gémeas chaminés cónicas, é inconfundível. Após uma apertada curva para a esquerda, a sinuosa estrada inicia a sua subida no interior da mata. Por vezes o autocarro passa por alguns turistas que não encontraram o percurso pedonal para o Palácio e agora trepam a pé ao longo da estrada. De vez em quando conseguimos avistar por breves instantes algumas das casas de campo que se escondem por trás dos muros que ficam à direita e à esquerda do caminho.

Não era apenas o ar de Sintra, não era apenas a água da «Fonte dos Amores» – que seria absolutamente imperdoável não se ter bebido, não era o barquejar na várzea de Colares, como também não eram a manteiga fresca ou as queijadas, especialidade local, que faziam vir a Sintra os burgueses endinheirados de Lisboa. No séc. XIX era também, muitas vezes, a fama de Sintra como ninho de amores, onde se podia dar festas muito animadas e onde, bem longe do olhar crítico da sociedade lisboeta, com menos constrangimentos, se podia marcar encontros com mulheres. Quem se sabia tratar e podia financiar tais luxos, punha casa em Sintra à sua amante. Para isso tinha de alugar uma das casas de campo, contratar pessoal, manter também, naturalmente, uma carruagem, para que a amante pudesse ir passear pela serra e ...

Calisto Elói, herói do romance «A Queda dum Anjo», de Camilo Castelo Branco, é deputado por Trás-os-Montes, uma região distante, e considerada atrasada, do nordeste de Portugal. O honrado homem é antiquado no que toca à aparência exterior e às ideias, e guia-se por princípios inabaláveis, que lhe estão constantemente a vir à boca na forma de citações gregas e latinas. Naturalmente, este anjo de candura começa por ficar revoltado com a vaidade, a ostentação, a dissipação e a imoralidade que encontra na capital, mas vem mais tarde a sucumbir aos atractivos da bela vida. É seduzido por uma jovem viúva brasileira que ele, com base num muito remoto parentesco com o falecido marido, declara ser sua prima. Desta forma consegue aproximar-se, como parente, como amigo atencioso, dessa ave de arribação desprovida de meios. O sonho dela, de ter uma casinha no campo, talvez aquela «quinta» pela qual o leitor amigo agora mesmo está a passar, é por ele imediatamente tornado realidade.

Ao tempo [...] estava o morgado da Agra no hotel de Sintra, cuidando em alugar e trastejar com elegância britânica uma casa, entre moitas de arbusto, a qual parecia feita para a rainha das flores, ou para repousar-se em fresca sesta a Aurora.

Decoradas as paredes interiores, cobertos de oleado os pavimentos, e afestoadas as paredes exteriormente, com lilases e jasmineiros, baunilhas e heras de verdejante urdidura, entrou naquela casa D. Ifigénia, conduzida pelo braço de Calisto, e seguida de uma senhora de porte honesto e recomendável, que vinha a ser aquela D. Tomásia Leonor, em honra de quem as musas do defunto tenente suspiraram acrósticos. Mais atrás iam duas criadas, e um servo fardado de casimira cor de pombo, com gola e canhões escarlates golpeados de listas amarelas, distintivos da libré dos Ponces de Leão de Espanha.

Ifigénia foi surpreendida pelo seu gabinete de estudo, decorado de graciosas estantes e «étagères», cheias de livros luxuosamente encadernados, acondicionados com tão elegante simetria que induziam

muito mais à contemplação que à leitura. O restante daquela vivenda
de fadas era por igual magnífico, em gosto e riqueza.
Calisto deu posse da casa a sua prima, e retirou-se ao hotel, para que
ela sesteasse e se recobrasse da fadiga e calma da jornada.
Ao descair da tarde, o morgado foi bater à porta daquele éden. Ifigénia
saiu-lhe ao encontro com um ramilhete de flores, e disse-lhe:
– Aqui tem as primícias do seu jardim, primo ...[149]

Num cruzamento em T o autocarro vira para a esquerda; para
a direita a estrada leva-nos ao conventinho de cortiça, que ainda
dista daqui oito quilómetros, e que é «*um edifício talhado na rocha,*
com celas, capela e refeitório, nos quais, para reduzir a humidade, foi
aplicada cortiça aos tectos e às ombreiras das portas.»[150]
Karl Krolow[151] tinha provavelmente um automóvel à sua
disposição quando o visitou.

Em Portugal
Convento dos Capuchos, Sintra

Solidão monacal.

A morte dos capuchinhos
trespassava a cortiça.

A vingança do Oceano
é o vento.
Sob a forma de uma bela corrente de ar
ele abate-se sobre mimosas
adormecidas.

A melancolia tem
uma longa tradição.
Aos seus olhos
sobe o pranto
das canções.

No CASTELO DOS MOUROS o autocarro fica mais vazio,
mas nós só dele saímos 300 metros mais à frente, à entrada do

parque subtropical que envolve o Neuschwanstein[A] português. Mesmo em dias quentes podemos passear durante horas nesta mata sombria e visitar os locais favoritos da família real portuguesa. CRUZ ALTA é como se chama a cruz de pedra que assinala o ponto mais elevado (540 m) da Serra de Sintra. De ali, em dias claros, tem-se uma vista que vai do Cabo Espichel, ao sul, passa pelos longos quilómetros da praia da Costa da Caparica, pela foz do Tejo e pela Costa do Estoril, e depois segue, ao longo da costa, até à Ericeira, a norte do Cabo da Roca.

> *Penhascos monstros, que um convento coroa;*
> *Sobros velhinhos, que as encostas cobrem;*
> *Musgo crestado, do sol que o magoa;*
> *No vale, sem ele, os arbustos morrem.*
> *Suave azul do mar que ondas não revolvem;*
> *Os tons das laranjas que doiram ramadas;*
> *Das penhas ao vale águas mil, que escorrem;*
> *No sopé chorões, no cume latadas:*
> *Um luxo em belezas no verde enquadradas.*[152]

A norte da Cruz Alta ergue-se ao céu o Palácio Nacional da Pena, um conglomerado inorgânico de torres, portões, bastiões, caminhos de ronda, escadas e pátios, com uma interminável série de aposentos em todos os estilos, não deixando de ter cada um deles, em si mesmo, particularmente a decoração, o seu encanto – mas parecen-

Carros. Entrada do palácio da Pena . Portugal

A O Castelo de Neuschwanstein é um palácio alemão construído na segunda metade do séc. XIX no sudoeste da Baviera, a poucos quilómetros da fronteira com a Áustria. Foi construído por Luís II da Baviera, inspirado na obra de seu amigo e protegido, o grande compositor Richard Wagner. A arquitectura do castelo possui um estilo fantástico, o qual serviu de inspiração ao «Castelo da Cinderela», símbolo dos estúdios Disney.

do no seu conjunto uma criação, um tanto ou quanto inútil, de uma caixinha de brincar às construções, que ainda por cima deve ter custado imenso dinheiro. Ao lado de torres e telhados alemães elevam-se cúpulas orientais, tudo isso misturado com elementos manuelinos. Quando Lord Byron escreveu, no seu poético diário de viagens «Peregrinação de Childe Harold», a estrofe que atrás ficou, ainda existiam no cimo do monte as ruínas do Convento de Nossa Senhora da Pena[A]. Os aposentos estão mobilados, ainda hoje, tal qual como nos tempos do monarca oriundo da Saxónia. Na cozinha há gigantescos tachos de cobre, frigideiras de ferro fundido e volumosos fornos. Todos os dias, ao meio-dia, por meio de uma lente que punha a mecha em brasa, se fazia disparar o canhão que está na varanda do palácio, chamando toda a gente para a mesa.

Em Sintra, nos jardins de Klingsor [B], pois que o arvoredo e os vales fazem lembrar o reino do mago do Parsifal. Fábricas dispersas pelas

---

[A] É curioso constatar que, mesmo em textos escritos hoje, tanto o parque como o convento, ou o próprio Palácio, surgem frequentemente designados por «da Penha» em vez de «da Pena». Aquela era a designação corrente ao tempo das visitas de Byron (1809) e de Andersen (1866). Nesse tempo, em vez de *nh*, também se escrevia *ñ*, como os espanhóis fazem, o que vai ter importância adiante. O próprio Byron explica como se deve a ele a passagem da antiga para a actual designação: na segunda edição do seu poema «Peregrinação de Childe Harold», ele fez o seguinte acrescento à sua primeira nota à Estrofe 20 do Canto I: «Já depois da publicação deste poema, fui alertado [por Walter Scott] para estar errada a expressão «**Nossa Señora da Pena**». Isso deveu-se à falta do til, o qual altera o significado da palavra: com ele, **Peña** significa um rochedo; sem ele, **Pena** tem o sentido que eu adoptei [o de «Nossa Senhora da Punição» – referido no início dessa nota]. Não considero necessário alterar a passagem. Ainda que o sentido que lhe é comummente atribuído seja o de «Nossa Senhora do Rochedo», eu posso muito bem admitir o outro sentido, a partir das violências ali praticadas.»
Conclui-se pois que, antes do poema de Byron, a designação usual era «**Convento de Nossa Señora da Peña**», que se escrevia então com ñ em vez de nh. É designação ainda hoje comum a muitos santuários marianos, e ligada a aparições da Virgem, ou imagens suas, sobre penhascos. A designação «da Pena» para o parque nacional e para o Palácio, hoje oficial, terá resultado então da falta de um simples til, suprimido intencionalmente por Byron, precisamente por querer relacionar o nome do convento, não com qualquer penedo em que tivesse aparecido a Virgem ou uma sua imagem, mas com os castigos corporais que os frades ali se infligiam.
[B] Klingsor é um cavaleiro da ópera «Parsifal», com música e libreto do compositor alemão Richard Wagner.

251

matas. Os ramos de um pinheiro, numa curva incrivelmente apertada, abrem caminho para o alto, lançam raízes para se elevarem outra vez a uma altura que quase iguala a do pinheiro seu pai. O conjunto impressiona quase que horrivelmente, tanta é a determinação contida neste esforço da Natureza. Árvores tão grandes como as colunas de uma catedral. O fino e leve tronco dos fetos gigantes sustenta enormes molhadas de folhas largas, encurvadas como guarda-sóis. Por toda a parte correm regatos por baixo da ramaria ou sobre musgos em forma de estrela. Faz lembrar o paraíso terrestre, tal como Bosch o representou[A]. Não conheço outro lugar do mundo que pudesse ser mais sedutor ou que mais se aproximasse da ideia de felicidade perfeita. A cada passo oferecem-se-nos mais encantos, porque a cada passo se modifica este magnífico cenário que parece querer superar-se a si mesmo. O poder de sedução é extremo, o local é mágico.

Não me pronuncio sobre o palácio que foi edificado pelos meados do século passado e no qual a fealdade anda a par com a excentricidade. O que é que pretendia o marido da rainha, Fernando de Saxe-Coburgo? Uma loucura arquitectónica, como o seu primo da Baviera? Mas Luís II estava a pensar no estilo gótico. Fernando encontrou a fonte da sua alienada inspiração nas monstruosidades do estilo manuelino com adição de uma misturada de Idade Média, Oriente e Renascimento. A vista que se tem do cimo deste edifício monstruoso é uma das mais belas que existem: matas, aldeias, campos e pastagens como que até ao infinito, e ao longe o lençol escuro do mar. Não nos cansamos de contemplar, deslumbra-nos a beleza do mundo como se a descobríssemos pela primeira vez.[153]

Andamos depois um pouco para trás, pela estrada, para irmos ao Castelo dos Mouros. Este castelo, que os mouros erigiram no séc. VIII ou IX, nunca mais se utilizou depois de ter sido conquistado por D. Afonso Henriques, o primeiro rei de Portugal, e com o andar dos tempos desmoronou-se. D. Fernando II mandou «restaurar» algumas das suas muralhas e torres quando construiu o seu palácio de conto de fadas. Seguindo as setas de madeira, passamos por um torniquete verde, também de

---

[A] «O Jardim das Delícias Terrenas» é um tríptico de Hieronymus Bosch, pintor e gravador holandês dos sécs. XV e XVI, que descreve a história do Mundo a partir da Criação, apresentando nas asas laterais o paraíso terrestre (lado esquerdo) e o Inferno (lado direito). O tríptico faz parte das colecções do Prado em Madrid.

madeira, metido na muralha e descemos a pé até Sintra por um bom caminho. Vinte minutos mais tarde, passando por um segundo torniquete, saímos do parque junto à Direcção Geral das Florestas, instalada na Vila S. Miguel. Descemos a RAMPA DO CASTELO e, ao chegarmos a um cruzamento em T, viramos à esquerda para a CALÇADA DOS CLÉRIGOS. No pequeno pavilhão à direita, que alcançamos em meia dúzia de passos, viveu Hans Christian Andersen algumas semanas, em 1866. Todos conhecem os seus contos para crianças, mas poucos sabem que este dinamarquês também escreveu livros sobre as suas viagens, os quais tiveram grande sucesso. Andersen passou vinte e nove verões no estrangeiro, tendo-o levado a sua mais longa viagem a Istambul e à Ásia Menor.

Acima de Sintra fica situada, entre penedos e matas, constituindo em si mesma um simples lugarejo, Santa Maria, em cujos arredores, sob árvores enormes, tinha José O'Neill a sua casa de campo, agora meu novo lar. Um vasto jardim, com campânulas de vidro penduradas, estendia-se em socalcos até à estrada nacional que por ali serpenteava, encravada entre a vivenda e uma grande casa desabitada que lhe ficava em frente. [...]
A nossa casa, com os seus inúmeros quartos e salas, ficava à beira da muralha de penedos, de onde brotava uma fonte; tinha um quintal próprio, que estava a abarrotar de limoeiros e figueiras mas que, ao mesmo tempo, era tão pequeno que nele não havia espaço para mais que uma galinha amarrada. De aqui via-se, sobre a enorme massa de rochedos coberta de tapadas, rodeado por nuvens esfarrapadas, o palácio do rei D. Fernando, em estilo meio mourisco, meio italiano.[154]

A TRAVESSA DE SANTA MARIA, entre esta propriedade e a românico-gótica igreja de Santa Maria, dela vizinha, faz-nos passar ao lado da Quinta do Castanheiro, mais abaixo. Cerca de 200 metros depois descemos as ESCADINHAS DE SANTA MARIA, passamos por um portão verde à esquerda, e atingimos então o pequeno   LARGO   SOUSA BRANDÃO. Atravessamos a Rua de

Bernardim Ribeiro, antiga estrada nacional para Sintra que por este largo passava, e seguindo que por a seta de madeira entramos na RUA EDUARDO VAN ZELLER que leva ao PARQUE DA LIBERDADE. Da entrada deste parque em declive desfruta-se uma bela vista do antigo Paço Real. Já no tempo dos mouros ali havia um castelo, que foi depois ampliado pelos reis portugueses e transformado em palácio de Verão.

Muitas das obras do grande romancista português José Maria Eça de Queiroz decorrem também em Sintra. O trecho seguinte é da sua obra-prima «Os Maias», que conta a história de uma família nobre do séc. XIX.

Só ao avistar o Paço descerrou os lábios:
– Sim senhor, tem «cachet»!
E foi o que mais lhe agradou – este maciço e silencioso palácio sem florões e sem torres, patriarcalmente assentado sobre o casario da vila, com as suas belas janelas manuelinas que lhe fazem um nobre semblante real, o vale aos pés, frondoso e fresco, e no alto as duas chaminés colossais, disformes, resumindo tudo, como se essa residência fosse toda ela uma cozinha talhada às proporções de uma gula de rei que cada dia come todo um reino ...[155]

Deixamos o parque pela sua entrada inferior, atingimos em poucos minutos, pela estrada que vem da estação, o largo fronteiro ao Paço e deixamo-nos guiar através dele por Reinhold Schneider.

Na cozinha, a divisão mais original do palácio, já não se ouve o bater dos pratos e os fornos arrefeceram. Todos os utensílios de uso quotidiano foram arrumados; não há loiça nos armários. Mas o tecto do compartimentado aposento forma duas abóbadas donde partem enormes funis negros que sobem até ao mais alto dos céus. Já não saem penachos de fumo das bocas redondas das duas torres; contudo, nestas colossais chaminés, para as quais vão subindo as duas divisões, vai acumular-se uma coisa que já não é o fumo. O silêncio do infinito parece ter sido nelas aprisionado; é como se o palácio, com gigantescas cornetas acústicas, escutasse por ali acima, até ao sétimo céu.[156]

A «Sala das Pegas» deve o seu nome às 136 pegas pintadas no tecto, todas elas com um letreiro dizendo «por bem». Conta a lenda que, tendo o rei sido apanhado por sua mulher a beijar uma dama da corte, ele lhe teria garantido que só por amizade a beijara, com respeito, ou seja, «por bem». Como se pode imaginar, constituiu uma diversão enorme para as outras damas da corte fazer disto grande falatório. Como castigo, as palradoras damas da corte foram desterradas para o tecto, sob a forma de pegas.

Sintra é outro conto de fadas, com o seu paço de elevado significado histórico, com cisnes e sereias pintados nas paredes, rodeado por encostas com jardins tropicais, nos quais palram pegas como se contassem histórias da corte, há muito perdidas no tempo.[157]

Num dos aposentos, o rei D. Afonso VI foi mantido prisioneiro durante seis anos, até à sua morte, pelo seu irmão Pedro, que lhe fizera perder o trono e a mulher.

Na maior sala do palácio, a «Sala dos Cisnes», encontramos Filipe II de Espanha a inspeccionar as suas novas propriedades.

No tecto de um dos salões Filipe podia ver representados os cisnes que seu pai, Carlos V, mandara ao rei D. Manuel. O presente do imperador dera tanta satisfação ao soberano português que este tinha mandado pintar os cisnes como grandes pássaros encantados brancos, cada um deles com uma coroa dourada em volta do pescoço, como se fosse um anel. Lá fora, no terraço, é que el-rei D. Sebastião decidira a expedição contra África, que lhe viera a custar o reino e a vida e abrira o caminho às pretensões de Filipe ao trono de Portugal: as cabeças reais, às vezes, acabam por vir a ser coroadas devido a um encadeado de circunstâncias extraordinárias, tanto ou mais do que se as coroas lhes fossem trazidas por um pássaro de conto de fadas voando por sobre o mar. Toda a sabedoria acumulada por uma experimentada dinastia não serve para nada se não chegar durante a noite a branca ave.[158]

O hotel «Tivoli Sintra», ao lado do palácio, é um crime arquitectónico dos anos setenta, um edifício construído sem respeitar o ambiente urbanístico da antiga Vila de Sintra e a sua história. Neste local se manteve, até 1973/74, o velhinho hotel «Nunes» em que Carlos da Maia e o maestro e compositor Cruges se alojaram, aquando da sua ida a Sintra. De aqui partiram para um passeio a pé até ao palácio de Seteais.

Eram duas horas quando os dois amigos saíram enfim do hotel, a fazer esse passeio a Seteais – que desde Lisboa tentava tanto o maestro. Na praça, por defronte das lojas vazias e silenciosas, cães vadios dormiam ao sol; através das grades da cadeia, os presos pediam esmola. Crianças, enxovalhadas e em farrapos, garotavam pelos cantos; e as melhores casas tinham ainda as janelas fechadas, continuando o seu sono de Inverno entre as árvores já verdes. De vez em quando aparecia um bocado da serra, com a sua muralha de ameias correndo sobre as penedias, ou via-se o castelo da Pena, solitário, lá no alto. E por toda a parte o luminoso ar de Abril punha a doçura do seu veludo.
Defronte do hotel da Lawrence, Carlos retardou o passo, mostrou-o ao Cruges.
[...]
À porta, dois rapazes ingleses, ambos de «knicker-bockers», cachimbavam em silêncio; e defronte, sentados sobre um banco de pedra, dois burriqueiros, ao lado dos burros, não lhes tiravam o olho de cima, sorrindo-lhes, cocando-os como uma presa.
[...]
– Isto é sublime! – exclamou do lado o Cruges, comovido.
Parara diante da grade donde se domina o vale. E dali olhava, enlevadamente, a rica vastidão de arvoredo cerrado, a que só se vêem os cimos redondos, vestindo um declive da serra como o musgo veste um muro, e tendo àquela distância, no brilho da luz, a suavidade macia de um grande musgo escuro. E nesta espessura verde-negra havia uma frontaria de casa que o interessava, branquejando, afogada entre a folhagem, com um ar de nobre repouso, debaixo de sombras seculares...
Um momento teve uma ideia de artista: desejou habitá-la com uma mulher, um piano e um cão da Terra Nova.
Mas o que o encantava era o ar. Abria os braços, respirava a tragos deliciosos:
– Que ar! Isto dá saúde, menino! Isto faz reviver! ...[159]

Seguimo-los. Do largo principal, fronteiro ao palácio, deambulamos até ao Posto de Turismo de Sintra, passando ao lado da Torre do Relógio, anexa ao edifício dos Correios que, desde 1911, funcionam onde era a antiga Cadeia da Vila. Talvez ainda alguém por ali recorde o «senhor da Torre», sentado no seu banco de madeira diante da entrada para a Torre do Relógio, oferecendo flores aos namorados. Após um acidente de trabalho, o lenhador alentejano José Maria do Monte, que fizera de Sintra sua terra adoptiva, procurava nova ocupação. E encontrou-a nos trabalhos de renovação da Torre, com a qual muito claramente ninguém se preocupara durante quase 250 anos, desde a reconstrução, por volta de 1773, da torre original, muito danificada pelo terremoto de 1755. Começou por consertar o sistema mecânico de relojoaria e o mecanismo de dar as horas do relógio e depois conseguiu levar a câmara municipal a restaurar a torre. Desde então a Torre do Relógio voltou a ser um dos símbolos da cidade.[A]

Na RUA CONSIGLIERI PEDROSO fica, do lado direito, o «Museu Ferreira de Castro». Na casa onde antigamente morou este escritor português conserva-se hoje o seu espólio literário. Diz-se que o hotel «Lawrence's», existente pelo menos desde 1764 e situado no fim da rua, é o hotel mais antigo da Península Ibérica. Ele tornou-se famoso devido a uma estada de dez dias que aí fez Lord Byron, em 1809. Mas também outras grandes figuras, como José Maria Eça de Queiroz, Camilo Castelo Branco – o primeiro grande novelista da moderna literatura portuguesa, Alexandre Herculano, o primeiro investigador e historiógrafo português, para além de político e escritor, e muitos outros, entraram e saíram do «Lawrence's», até que a época áurea do hotel encontrou um fim transitório, em 1961. Após um intervalo de quase quarenta anos, este hotel de 5 estrelas voltou a abrir em 1999, com o seu nome original, depois de cuidadosamente restaurado e ampliado.

Pelo mesmo caminho seguido por Carlos da Maia e o seu amigo Cruges em breve atingimos uma bifurcação. Para a esquerda virou há pouco o autocarro para o Palácio da Pena, agora vamos para a direita seguindo a antiga estrada nacional para COLARES.

Perto de Sintra há um palacete, em estilo neomourisco, pertencente a um brasileiro rico, que o mandou construir precisamente no tempo em

---

[A] José Maria do Monte faleceu em 2007.

*que as pessoas andavam a ler «O conde de Monte Cristo», de Dumas,
daí resultando o nome do palacete. Aqui, a estrada nacional
estreitava-se ainda mais, sob um tecto de castanheiros, e uma cascata
murmurante parecia aumentar a frescura do ambiente. Logo depois, à
frente de um edifício rococó, abria-se um espaçoso largo, com árvores
que nos ofereciam a sua sombra; ali fora assinado por Abrantes[A] o
tratado de paz. À esquerda podiam ver-se, constantemente, a mata da
Penha e, lá no alto, entre as nuvens, o Castelo dos Mouros, cuja torre
quadrangular assenta em torrinhas mais pequenas. Tudo isto era de
uma beleza paradisíaca, e veio-me ao pensamento uma frase da
gramática latina de Baden, por onde estudara nos meus tempos de
rapaz: «Tempe é um belo vale da Tessália.» Perguntei a mim mesmo se
Tempe alguma vez teria para nos oferecer algo mais belo do que
Sintra.[160]*

O palacete a que Hans Christian Andersen chamou «Monte
Cristo» é hoje conhecido por Quinta do Relógio. Edificado em
estilo neomourisco numa extensa área ajardinada em declive, foi
mandado construir, em meados do séc. XIX, por Manuel Pinto da
Fonseca, antigo traficante de escravos com o Brasil. Este fazia
recordar aos seus contemporâneos o herói de Alexandre Dumas,
tendo por isso recebido a alcunha de «Monte Cristo», devido à
sua enorme riqueza e à sua vida aventurosa. Aliás, a inscrição em
árabe, repetida três vezes na fachada, por trás de cada um dos
três arcos, é a divisa dos reis mouros de Granada: «Deus é o único
vencedor.»

*Cruges agora admirava o jardim, por baixo do muro em que estavam
sentados. Era um espesso ninho de verdura, arbustos, flores e árvores,
sufocando-se numa prodigalidade de bosque silvestre, deixando apenas*

[A] Contrariamente ao que alguns escrevem, não se trata aqui nem do 5º marquês de
Abrantes, membro demitido da Junta de Regência, nem do 6º marquês, seu filho,
mas sim do general Junot, a quem Napoleão concedeu, após a sua tomada de Lisboa
em 1807, o título de duque de Abrantes. Não reconhecido em Portugal, por lhe faltar
legitimidade jurídica e ser atentatório da nossa identidade nacional, este título não
aparece no Nobiliário português e por isso apenas os seus contemporâneos e os
estudiosos desta época o conhecem. Deste trecho, que H. C. Andersen escreveu em
1866, depreende-se que terá sido assinada no Palácio de Seteais a vergonhosa
«Convenção de Sintra», aquele «tratado de paz», com o qual terminou a 1ª Invasão
Francesa – assunto de que se trata mais adiante em pormenor.

espaço para um tanquezinho redondo, onde uma pouca de água, imóvel
e gelada, com dois ou três nenúfares, se esverdinhava sob a sombra
daquela ramaria profusa. Aqui e além, entre a bela desordem da
folhagem, distinguiam-se arranjos de gosto burguês, uma volta de
ruazita estreita como uma fita, faiscando ao sol, ou a banal palidez de
um gesso. Noutros recantos, aquele jardim de gente rica, exposto às
vistas, tinha retoques pretensiosos de estufa rara, aloés e cactos, braços
aguarda-solados de araucárias erguendo-se dentre as agulhas negras
dos pinheiros bravos, lâminas de palmeira, com o seu ar triste de planta
exilada, roçando a rama leve e perfumada das olaias floridas de cor-
-de-rosa. A espaços, com uma graça discreta, branquejava um grande
pé de margaridas; ou em torno de uma rosa, solitária na sua haste,
palpitavam borboletas aos pares.[161]

Em frente, do lado esquerdo da estreita estrada, esconde-se,
por trás de altos muros, a «Quinta da Regaleira», também
chamada, pelo povo, «Palácio do Monteiro dos Milhões». Um
«brasileiro» regressado à terra natal, que se tornara riquíssimo
através de negócios de café e pedras preciosas, mandou um
arquitecto italiano acrescentar a uma velha torre, no início do séc.
XX, o palácio em estilo neomanuelino. A Quinta encerra uma
série de enigmas, e pode ser visitada desde que passou a ser
propriedade da Câmara Municipal. À superfície de um discreto
montão de pedras, que fica sobre uma colina, há uma porta
secreta para uma galeria que, até ao fundo, nos faz descer 27
metros na vertical – uma torre que não foi construída para cima,
até às alturas, mas para baixo, para o centro da Terra. A maioria
dos corredores que partem da base deste tubo vertical termina
num qualquer lugar da serra. Só dois nos levam a uma saída para
o jardim. Das investigações até agora feitas pouco resultou, só se
sabe que esta construção é mais antiga que o Palácio. Mas
quando, por quem, e para que fim, isto foi edificado – ninguém
sabe.

De aqui já só faltam umas centenas de metros para chegarmos
ao Palácio de Seteais, que foi construído em 1760 para o
comerciante e cônsul holandês Daniel Gildemeester. Conta a
lenda que este terá soltado sete pungentes suspiros quando lhe
apresentaram as contas do edifício, sendo daí que o palácio

obtivera o nome. ᴬ A sua viúva vendeu-o ao 5° marquês de Marialva, que lhe acrescentou o corpo da direita – um edifício com fachada idêntica mas muito menor profundidade – e uniu os dois corpos por um belo arco de triunfo. O medalhão que o coroa mostra o príncipe-regente, mais tarde rei D. João VI, e a sua mulher, D. Carlota Joaquina. Por baixo, uma inscrição de 1802, cheia de laudatórios superlativos, recorda a visita que o real casal fez ao Marquês no seu novo palácio. Em Agosto de 1808 foi aqui assinada a «Convenção de Sintra», a qual pôs fim à primeira das três invasões de Portugal pelas tropas de Napoleão e fez com que fossem levados a conselho de guerra os generais britânicos que se tinham envolvido nesse tratado de paz. É que por ele se concedia livre-trânsito para a retirada das tropas francesas derrotadas, sendo assegurado por navios britânicos o transporte para França dos 26.000 soldados. Lord Byron trata desta Convenção ᴮ em três estrofes,[162] sendo ainda hoje particularmente actual o comentário inserido entre parêntesis:

ᴬ Lendas há várias. A mais conhecida é a de que se alguém gritar um «ai» em frente ao arco de triunfo do palácio, o eco lhe responde seis vezes. Uma, quase desconhecida, é a de que os «sete ais» teriam resultado de aqui ter sido assinada em 1808 a «Convenção de Sintra», com a qual os derrotados franceses declaravam a sua capitulação.

ᴮ A «Convenção de Sintra» foi vergonhosa para todos porque nesse tratado de paz, que Junot, para salvar o seu exército da destruição total, teve de propor ao general inglês, se aceitou a livre evacuação dos derrotados, ainda por cima a bordo de navios ingleses, com todas as suas armas e bagagens. Foi ainda uma afronta para Portugal permitir-se-lhes levarem tudo o que pilharam – que não lhes poderia ser confiscado - sem sequer pagarem uma indemnização de guerra. Nas negociações intervieram apenas os representantes dos exércitos francês e inglês, apesar das insistências do comandante português para a elas ser admitido. O escândalo foi tanto que os três generais britânicos intervenientes, principalmente Wellesley (que comandara as batalhas) e Dalrymple (que, embora só tivesse chegado depois da batalha do Vimeiro, como superior de Wellesley foi quem acabou por determinar as condições britânicas na Convenção assinada a 30.8.1808), foram chamados a tribunal, em Inglaterra, para justificarem todo o processo, revelando Wellesley não ter concordado com aquela Convenção.

Quanto a ter sido o Palácio de Seteais o lugar de assinatura desta, já tínhamos visto atrás que Hans Christian Andersen para tal apontara (trecho da Nota 160), tendo ele visitado Portugal em 1866. Lord Byron – que viajou por Portugal logo no ano de 1809, e por isso conviveu com quem vivera recentemente essa vergonha – escreve mais categoricamente ainda, em Nota ao primeiro verso da estância XXIV e na própria estância XXV do Canto I de «A Peregrinação de Childe Harold», que a

Desde o triste sínodo marcial,
diz-se «Sintra» e Albion empalidece ...
Treme o Governo e de vergonha tal
bem coraria (se corar pudesse ...)

Nas décadas finais do séc. XIX o palácio foi abandonado, facto que os nossos dois amigos puderam constatar quando ali chegaram.

Mas, ao chegar a Seteais, Cruges teve uma desilusão diante daquele vasto terreiro coberto de erva, com o palacete ao fundo, enxovalhado, de vidraças partidas, e erguendo pomposamente sobre o arco, em pleno céu, o seu grande escudo de armas.
[...]
Toda aquela vivenda, com a sua grade enferrujada sobre a estrada, os seus florões de pedra roídos da chuva, o pesado brasão rococó, as janelas cheias de teias de aranha, as telhas todas quebradas, parecia estar-se deixando morrer voluntariamente naquela verde solidão – amuada com a vida, desde que dali tinham desaparecido as últimas graças do tricorne e do espadim, e os derradeiros vestidos de anquinhas tinham roçado essas relvas ...[163]

Actualmente os hóspedes do hotel de luxo que aqui está instalado desfrutam de novo este edifício na sua antiga sumptuosidade. Quando o escritor austríaco Thomas Bernhard (1931-1989) aqui encontrou o príncipe Carlos e lady Di, isso inspirou-o a dar o título de «Elisabeth II» a uma peça que em 1987 escrevera.[164]

Convenção de Sintra foi assinada «no palácio do Marquês de Marialva». Procurando confirmação desta hipótese no que sobre isto hoje se diz, encontraram-se as mais díspares afirmações: o historiador Veríssimo Serrão diz, estranhamente, ter sido assinada em Lisboa; José Hermano Saraiva apenas refere genericamente Sintra como local das negociações e A. H. de Oliveira Marques nem isso refere. Na Internet viram-se as mais diversas afirmações, algumas disparatadas, como na Wikipédia, onde se dizia que a assinatura fora no Palácio de Queluz. Curiosamente, em escritos actuais, só num reputado guia turístico alemão sobre Portugal, o Baedeker, se viu também a indicação de ter sido assinada no Palácio de Seteais a capitulação das tropas gaulesas. A vergonha dos Franceses, Ingleses e Portugueses – cada um pelas suas razões, já vistas – levou a que se tentasse esquecer essa Convenção e a que, por isso, pouco se escrevesse sobre ela, e com o mínimo de pormenores.

O terreno que fica em frente do Palácio, ao contrário do que hoje quase toda a gente pensa, não é do Palácio de Seteais, mas antes, há tempos imemoriais, património municipal pertencente a Sintra. Há mais de 250 anos que os vereadores municipais se opõem aqui, com sucesso, às tentativas, de todos os proprietários do palácio, de colocarem também esse terreno sob o seu controlo. Numa época em que até mesmo o rei de Portugal veio a ter de se ocupar com isso, ele decidiu, salomonicamente, que o dono do palácio pode arborizar e ajardinar aquela área, mas que os dois portões para a estrada têm de ficar sempre abertos, para garantir livre acesso aos peões. Por isso o caro leitor pode entrar sem preocupações e, de um terraço situado atrás do arco de triunfo, desfrutar da vista sobre a várzea de Colares.

Cruges, no entanto, encostado ao parapeito, olhava a grande planície de lavoura que se estendia em baixo, rica e bem trabalhada, repartida em quadros verde-claros e verde-escuros, que lhe faziam lembrar um pano feito de remendos que ele tinha na mesa do seu quarto. Tiras brancas de estradas serpeavam pelo meio: aqui e além, numa massa de arvoredo, branquejava um casal: e a cada passo, naquele solo onde as águas abundam, uma fila de pequenos olmos revelava algum fresco ribeiro, correndo e reluzindo entre as ervas. O mar ficava ao fundo, numa linha unida, esbatida na tenuidade difusa da bruma azulada: e por cima arredondava-se um grande azul lustroso como um belo esmalte, tendo apenas, lá no alto, um farrapozinho de névoa, que ficara ali esquecido, e que dormia enovelado e suspenso na luz ...[165]

A estrada continua até Colares, mas não é lá muito adequada para um passeio a pé, precisa-se de um automóvel. O palácio de Monserrate, que fica a meio caminho, rodeado por um enorme parque de 30 hectares, pode desde há pouco ser visitado. É da mesma época do Palácio Nacional da Pena, foi mandado construir – na mesma mistura de estilos – pelo rico industrial têxtil inglês Francis Cook; e é tido como um dos melhores exemplos de arquitectura romântica do país.[A]

[A] Monserrate já existia em 1540, integrado como Quinta da Bela Vista nos domínios do Hospital de Todos os Santos, de Lisboa. A família Mello e Castro comprou a propriedade ao Hospital em 1718, arrendando-a depois a várias pessoas. Gerard de

Uma tarde, demos um passeio de caleche pela estrada nacional, sob as gigantescas e umbrosas árvores, passando pelo palacete «Monte Cristo» e pela Quinta do Vice-Rei, onde está guardado o coração de Inês de Castro, [A] e fomos até Monserrate, pertença de um inglês riquíssimo, o qual, porém, só aí passa dois meses, na Primavera. No jardim cresce livremente uma quantidade enorme de árvores e plantas tropicais; vi um matagal de todos os tipos notáveis de fetos, desde os mais pequenos até àqueles que, quando completamente desenvolvidos, pedem meças às palmeiras. De uma árvore pendiam grandes campainhas brancas; de outra, bagas cor-de-rosa semelhantes a pérolas. Havia aqui frutos sumarentos que eu desconhecia, flores de várias cores, próprias para estarem expostas a pleno sol, e um magnífico relvado, de um verde aveludado, sobre o qual se fazia chuviscar a água límpida de uma mina, para que a relva não se ressentisse por falta de água. Acima de todo este fresco espaço verde ficava o palácio, em estilo neomourisco, perfeita vinheta para «As Mil e Uma Noites», uma visão feérica de um conto de fadas. O Sol mergulhava no mar, o qual, tingido de cor-de-rosa, ali se estendia, amplo e imenso, lançando uma mágica reverberação sobre as paredes e ornatos, brancos como o mármore, e enchendo de refulgências os enormes vidros das janelas, polidos como espelhos. O ar estava tão quente, tão parado, tão saturado de aromas de flores, que nos sentíamos como que anestesiados, transportados para fora da realidade, e só voltámos a nós na sombria mata de sobreiros que ali perto havia. [166]

Visme, rico comerciante inglês contratador, no tempo do Marquês de Pombal, do monopólio do comércio do pau-brasil, foi quem primeiro lá construiu um palacete, mas em estilo neogótico. William Beckford, escritor inglês (1760-1844), alugou-o em 1793, mas com a sua saída definitiva de Portugal, em 1799, a propriedade foi votada ao abandono. Em 1809 Lord Byron visitou Monserrate que, apesar de já estar em ruínas, o impressionou e levou a referi-lo no seu «A Peregrinação de Childe Harold», tendo a partir daí passado a ser lugar de visita obrigatória para viajantes estrangeiros. Foi adquirido em 1856, por Francis Cook, que construiu novo palácio, desta vez com uma traça orientalizada. Hans Christian Andersen também lá esteve, em 1866. Comprado pelo Estado Português em 1949, declarado Património Mundial da Humanidade desde 1995, a partir de 2000 sofreu profunda intervenção de recuperação e restauro, inclusive dos jardins históricos do Parque, sendo reaberto ao público em 2010.
[A] Era a Quinta do Vice-Rei da Índia, D. João de Castro, actualmente designada pelo seu nome original de «Quinta da Penha Verde».

Lista de autores citados e com transcrições

Almeida Garrett, João Baptista (1799-1854): No primeiro terço dos anos vinte do séc. XIX, e a partir de 1834, este homem de letras e estadista viveu preponderantemente em Lisboa.

Andersen, Hans Christian (1805-1875): Visitou Portugal de 6 de Maio a 14 de Agosto de 1866.

Andrade, Eugénio de (1923-2005): Cursou em Lisboa o liceu de Passos Manuel e a Escola Técnica Machado de Castro. Trabalha em Lisboa (1947-1950) como Inspector Administrativo dos Serviços Médico-Sociais.

Atabay, Cyrus (1929-1996): Esteve em Lisboa nos anos oitenta do séc. XX.

Brockhaus, Heinrich (1803-1874): Editor do Léxico de Conversação, visitou Lisboa e Sintra no início de Junho de 1868.

Byron, George Gordon Lord (1778-1824): Passou Julho de 1809 em Lisboa e Sintra.

Camões, Luís Vaz de (c. 1524-1580): Embarca para a Índia em 1553 como simples homem de guerra. Andou pelo Oriente, inclusive Macau, até 1570. Regressado a Lisboa aí morreu, na miséria, em 1580.

Cardoso Pires, José (1925-1998): Este lisboeta viveu e escreveu na Outra Banda.

Castelo Branco, Camilo (1825-1890): Tendo nascido em Lisboa, após a prematura morte de seus pais ocorrida quando tinha dez anos, foi criado por uma irmã que vivia na província. A partir de 1848 viveu a maior parte do tempo no Porto.

Cesário Verde e Pires, José Joaquim (1855-1886) – mais conhecido por Cesário Verde: Nasceu em Lisboa. Foi um poeta português considerado um dos precursores da poesia que seria feita em Portugal no séc. XX. A arte de Cesário Verde é reveladora de uma preocupação social e intervém criticamente. A Cidade e o Campo são os seus cenários predilectos. Evitou o lirismo tradicional, expressando-se de uma forma mais natural.

Chantal, Suzanne (1908-1994): Escritora e jornalista nascida em Paris, casou em 1949 com um jornalista português e escreveu vários livros sobre Portugal.

Döblin, Alfred (1878-1957): Esteve em Lisboa durante o Verão e o Outono de 1940, em fuga para os Estados Unidos da América.

Eça de Queiroz, José Maria (1845-1900): Exerceu a advocacia (durante dois anos em Lisboa, por volta de 1870) e o jornalismo. Depois de ter entrado no serviço diplomático já só esporadicamente visitou a capital.

Enzensberger, Hans Magnus (nasc. 1929): Supõe-se que as suas observações provêm da primeira metade dos anos oitenta.

Fels, Ludwig (nasc. 1946): Visitou Lisboa provavelmente entre 1974 e 1977.

Ferlinghetti, Lawrence (nasc. 1919): Visitou Lisboa em 1988.

Ferreira de Castro, José Maria (1898-1974): Nascido num lugarejo do concelho de Oliveira de Azemeis, viu-se obrigado a emigrar para o Brasil com 12 anos, depois da morte do pai. Depois de regressar a Portugal viveu em Sintra, onde escreveu a maior parte da sua obra. Morreu num hospital do Porto.

Feuchtwanger, Marta (1891-1987): Esteve no Verão/Outono de 1940 na capital, durante a sua fuga para os E.U.A.

Fielding, Henry (1717-1754): Chega em 1754 a Lisboa e aqui morre.

Green, Julien (1900-1998): Em Junho de 1940 passou por Lisboa, na sua fuga para os E.U.A. voltando de visita em Novembro de 1979.

Guggenheim, Peggy (1898-1979): Esteve em 1940 em Lisboa.

Hamm, Peter (nasc. 1937): Visitou frequentemente Lisboa.

Heise, Hans-Jürgen (1930-2013): visitou várias vezes Lisboa. O poema «Lisboa» (nota 8 do cap. 2) foi escrito em Kiel, em 1982.

Janisch, Heinz (nasc. 1960): Esteve em Lisboa no início dos anos 90 do séc. XX.

Júdice, Nuno (nasc. 1949): Nascido no Algarve, estudou em Lisboa, aí tendo vivido depois. De 1997 a 2004 trabalhou, como Conselheiro Cultural da embaixada de Portugal e director do Instituto Camões, em Paris.

Jünger, Ernst (1895-1998): Esteve em Outubro de 1966 em Lisboa e daqui viajou para Angola.

Kaschnitz, Marie Luise (1901-1974): Não se pôde determinar se visitou Lisboa e quando.

Kirchhoff, Bodo (nasc. 1948): Não se pôde determinar se visitou Lisboa e quando.

Koestler, Arthur (1905-1983): Foi um jornalista, escritor, e activista político, judeu húngaro radicado no Reino Unido. Koestler foi enviado a Madrid, em 1936, pelo «New Chronicle», para cobrir a Guerra Civil Espanhola.

Krischker, Gerhard C. (nasc. 1947): Visitou Lisboa em 1996.

Krolow, Karl (1915-1999): Não se pôde determinar se visitou Lisboa e quando.

Kunze, Reiner (nasc. 1933): Apresentou em Lisboa, no fim de Março de 1984, a tradução dos seus poemas.

Lobo Antunes, António (nasc. 1942): Nasceu em Lisboa, no seio de uma família da alta burguesia, tendo passado a sua infância e juventude no bairro de Benfica e ainda vive em Lisboa.

Mahler-Werfel, Alma (1879-1964): No Verão/Outono de 1940 fugiu para os E.U.A. via Lisboa.

Mann, Erika (1905-1969): No fim de Outubro de 1940 esteve em Lisboa.

Mann, Heinrich (1871-1950): No Verão/Outono de 1940 fugiu para os E.U.A. via Lisboa.

Mann, Thomas (1875-1955): Supõe-se que nunca esteve em Lisboa.

Mello Breyner Andresen, Sophia de (1919-2004): Tendo nascido no Porto, viveu em Lisboa desde os seus tempos de estudante.

Meyer, Conrad Ferdinand (1825-1898): Nunca esteve em Lisboa.

Meyer-Clason, Curt (1910-2012): Nascido em Ludwigsburg, estudou comércio no liceu e não fez estudos superiores. A partir de 1954 tornou-se tradutor independente de autores de língua portuguesa e castelhana e de autores da América Latina como Gabriel García Márquez, Pablo Neruda, Guimarães Rosa e Jorge Luís Borges. Tem também obra feita como escritor, na qual constam os seus «Portugiesische Tagebücher» (Diários Portugueses, não traduzidos para a nossa língua), que são o relato dos anos que viveu em Lisboa, de 1969 a 1976, como Director do Instituto Goethe (mais conhecido por Instituto Alemão).

Morand, Paul (1888-1976): Esteve em Lisboa na primeira metade dos anos vinte do séc. XX.

Morgenstern, Christian (1871-1914): Nunca esteve em Lisboa.

Namora, Fernando (1919-1989): Nascido em Condeixa a Nova, na Zona Centro de Portugal, licenciou-se em Medicina pela Universidade de Coimbra, tendo exercido essa profissão na sua terra natal e nas regiões da Beira Baixa e Alentejo. Trabalhou mais tarde no Instituto Português de Oncologia, em Lisboa, e aí viveu depois até à sua morte.

Neruda, Pablo (1904-1973): Fez uma paragem em Lisboa em 1927, em viagem para a Birmânia.

Nettelbeck, Joachim (1738-1824): Visitou Lisboa em 1780.

Nooteboom, Cees (nasc. 1933): Visitou frequentemente Lisboa.

O'Neill, Alexandre (1924-1986): Nasceu e morreu em Lisboa. Não conseguindo viver da sua arte, o autor alargou a sua acção à publicidade.

Ortheil, Hanns-Josef (nasc. 1951): A estada em Lisboa situou-se algures entre 1974 e 1984.

Paço d'Arcos, Joaquim (1908-1979): Nascido em Lisboa, onde morreu, caiu no esquecimento após a sua morte, devido à sua proximidade ao anterior regime.

Pessoa, Fernando aliás Alberto Caeiro, aliás Álvaro de Campos, aliás Ricardo Reis, aliás Bernardo Soares, aliás Barão de Teive (1888-1935): Nascido em Lisboa, Pessoa foi levado aos 7 anos, após a morte de seu pai, e devido ao segundo casamento de sua mãe, para a África do Sul. Passou a sua juventude em Durban e aí aprendeu a língua inglesa, que dominava tanto quanto a materna e na qual escreveu muita da sua obra. Em 1905 regressou a Lisboa, de onde nunca mais saiu.

Piontek, Heinz (1925-2003): Esteve em 1963 em Lisboa.

Rapp, Karl Moritz (1803-1883): Nunca esteve em Lisboa.

Remarque, Erich Maria (1898-1970): Não se pôde determinar se visitou Lisboa e quando.

Rosen, Friedrich (1856-1935): Último embaixador do Império Alemão em Portugal, esteve à frente da Legação Imperial em Lisboa aproximadamente desde 1912 a 1916.

Sá-Carneiro, Mário de (1890-1916): Nasceu no seio de uma abastada família da alta-burguesia, sendo filho e neto de militares. Órfão de mãe com apenas 2 anos, ficou entregue aos cuidados de uma ama e dos avós. Inicia-se na poesia com 12 anos, aos 15 já traduz Victor Hugo e, aos 16, Goethe e Schiller. Desiludido com a «cidade dos estudantes» vai para Paris, para cursar Direito na Sorbonne, mas cedo se entrega a uma vida de boémia. Inadaptado socialmente e psicologicamente instável, suicida-se no bairro de Montmartre, em Paris, em 26.4.1916, ainda com 25 anos apenas. Tendo profetizado que no futuro se faria jus à sua obra, nisso acertou plenamente.

Saint-Exupéry, Antoine de (1900-1944): Esteve em Dezembro de 1940 em Lisboa, fugindo de França para os E.U.A. Tem de esperar como tantos outros, no Estoril, a chegada da sua oportunidade.

Saramago, José (1922-2010): Nascido de pais e avós camponeses, na Azinhaga, Golegã. Tendo vivido em Lisboa, a partir dos 2 anos de idade, a maior parte da sua vida, este romancista começou por ser jornalista, tradutor, poeta, contista, dramaturgo e argumentista. Ganhou o Prémio Nobel da Literatura em 1998. Foi considerado desde então o responsável pelo efectivo reconhecimento internacional dos modernos escritores portugueses.

Scheer, Maximilian (1896-1978): Esteve de Setembro de 1940 a Março de 1941 em Lisboa, em fuga para os EUA.

Schenk, Johannes (1941-2006): Esteve em Lisboa como marujo em 1959 e 1960, como velejador solitário em 1962 e durante a Revolução de 1974.

Schneider, Reinhold (1903-1958): Esteve em Lisboa no Outono de 1930.

Sieburg, Friedrich (1893-1964): Viajou por Portugal por volta de 1936.

Simmel, Johannes Mario (1924-2009): Supõe-se ter estado pela primeira vez em Lisboa nos anos 50 do século passado.

Slauerhoff, Jan Jacob (1898-1936): Médico de bordo e escritor holandês, grande admirador de Portugal. Escreveu um romance sobre a vida de Camões. Devido às suas muitas viagens, esteve frequentemente em Lisboa nos anos vinte e trinta do séc. XX.

Stadler, Arnold (nasc. 1954): Esteve frequentemente em Lisboa, tendo da primeira vez usado o Interrail, ao finalizar o liceu em 1973. Depois, sempre partindo de Lisboa, esteve na Madeira, a que se seguiram as Ilhas Bijagós – um arquipélago ao largo da antiga colónia portuguesa Guiné-Bissau – e Fátima, em certa medida sempre como peregrino, inclusive ao túmulo de Pessoa.

Sttau Monteiro, Luís de (1926-1993): Nasceu em Lisboa e aqui viveu toda a vida. Ficaram célebres, no tempo da ditadura, as suas cómicas «Redacções da Guidinha», em que punha uma criança, ainda sem o quarto ano do ensino básico, a escrever com perversa «ingenuidade» sobre coisas da sua vida de todos os dias.

Tabucchi, Antonio (1943-2012): É um escritor italiano, professor de Língua e Literatura Portuguesas na Universidade de Siena. Tendo visitado Lisboa, apaixonou-se pela «cidade do fado» e pelo País como um todo. Dirigiu o Instituto Italiano de Cultura em Lisboa, na segunda metade dos anos 80 e início dos anos 90.). Escreveu em Português, em 1992, o seu romance «Requiem – uma alucinação» e recusou-se a ser ele a fazer a respectiva tradução para italiano, por entender que aquilo que escrevera só o podia ter escrito em português.

Teixeira, Paulo (nasc. 1962): Este autor moçambicano, nascido na então Lourenço Marques (hoje Maputo), vive em Lisboa.

Tieck, Ludwig (1773-1853): Nunca esteve em Lisboa.

Torga, Miguel (1907-1995): Este é o pseudónimo literário, como poeta, contista, dramaturgo e romancista, do médico Adolfo Correia da Rocha, nascido em família de camponeses pobres numa aldeola perdida da província nordestina de Trás-os-Montes. Formou-se como médico em Coimbra. Opõe-se a todos os regimes ditatoriais – o português, o espanhol e o italiano, nada se sabendo sobre o russo – e é preso no Aljube de 1939 a 1940, Foi bastante crítico de muito do que se passou após a Revolução do 25.4.1974, nunca se tendo deixado aprisionar por qualquer partido, embora sempre tivesse manifestado a sua simpatia pela esquerda democrática.

Zink, Rui (nasc. 1961): Escritor e professor universitário, é lisboeta desde o nascimento.

Zweig, Friderike Maria (1882-1971): Mulher de Stefan Zweig, esteve em Lisboa em Setembro de 1940.

Zweig, Stefan (1881-1942): Fez, em Agosto de 1936, uma curta paragem em Lisboa, durante a sua viagem ao Brasil e Argentina. Foi ali incitado a escrever o seu romance «Fernão de Magalhães» (ed. Livraria Civilização, 1960). Em 1938 Zweig esteve em Lisboa e no Estoril e tentou estabelecer contactos com círculos governamentais, para conseguir uma abertura de Angola à entrada de fugitivos judeus.

Notas

[1] Christian Morgenstern, Gesammelte Werke in einem Band (Obras completas em um volume), pág. 355.

[2] Gerhard C. Krischker e Ansgar Leonis, Portugal im deutschen Gedicht (Portugal na poesia alemã), pág. 33.

[3] Nuno Júdice, Teoria geral do sentimento, Quetzal Editores, 2ª edição, Lisboa, 1999, pág. 49.

[4] Ernst Jünger, Sämtliche Werke, Band 4, Siebzig verweht I (Obras completas, volume 4, Passados já os setenta I), pág. 301.

[5] Karl Moritz Rapp, Sechzig portugiesische Sonette in oberschwäbischer Übersetzung (Sessenta sonetos portugueses traduzidos para alto-suábio), pág. 59.

[6] Rui Zink, Hotel Lusitano, Publicações Europa-América, 5ª edição, Lisboa, 1998, pág. 43.

[7] Henry Fielding, Das Tagebuch einer Reise nach Lissabon (Diário de uma viagem a Lisboa), pág.

[8] Fernando Pessoa, Poesias de Álvaro de Campos, em «Fernando Pessoa – antologia poética», da Biblioteca Ulisseia de Autores Portugueses, ed. Ulisseia, Lisboa, 1992, pág. 199.

[9] Julien Green, Tagebücher 1972-81 (Diários 1972-81), pág. 796.

[10] Hans Christian Andersen, Uma visita em Portugal em 1866, ed. Instituto de Cultura e Língua Portuguesa, 2ª edição, Lisboa 1984, pág. 45.

[11] Hans Magnus Enzensberger, A outra Europa, Companhia das Letras, Novembro de 1988, pág. 135.

[12] Friedrich Rosen, Aus einem diplomatischen Wanderleben. 2. Band (Notas da vida errante de um diplomata, segundo volume), págs. 230 e seguinte.

[13] Paul Morand, Faule Zeiten (L'Europe galante), págs. 89 e 95 e seguinte.

[14] Thomas Mann, As Confissões de Felix Krull, Cavalheiro de Indústria, Estúdios Cor, 2ª edição, Lisboa, 1965, págs. 313 e seguinte.

[15] Sophia de Mello Breyner Andresen, Musa, Editorial Caminho, 3ª edição, Lisboa, 1997, pág. 45.

[16] Mário de Sá-Carneiro, carta de 7.8.1915 a Fernando Pessoa, Cartas a Fernando Pessoa, Vol II, Edições Ática, Lisboa, 1992, pág. 48.

[17] Alfred Döblin, Viagem ao Destino, Edições ASA, Porto, 1996, pág. 231 e seguinte.

[18] Reinhold Schneider, Portugal. Ein Reisetagebuch (Portugal. Diário de uma viagem), ed. Suhrkamp-Taschenbuch, 1984, págs. 56 e seguinte.

[19] Paulo Teixeira, A Região Brilhante, Editorial Caminho, Lisboa, 1988, pág. 85.

[20] Joachim Nettelbeck, Ein Mann. Des Seefahrers und aufrechten Bürgers Joachim Nettelbeck wundersame Lebensgeschichte von ihm selbst erzählt (Um Homem. História maravilhosa da vida do mareante e íntegro cidadão Joachim Nettelbeck, contada por ele próprio), pág. 260.

[21] Rui Zink, Hotel Lusitano, Publicações Europa-América, 5ª edição, Lisboa, 1998, pág. 37.

[22] José Cardoso Pires, Lisboa – Livro de bordo – vozes, olhares, memorações, Publicações D. Quixote, Lda., 1999, pág. 13.

[23] Curt Meyer-Clason, Portugiesische Tagebücher (Diários portugueses), ed. Gustav Lübbe Verlag, 1987, pág. 273.

[24] Jornal alemão DIE ZEIT de 15.4.2004, pág. 90.

[25] Hans Magnus Enzensberger, A outra Europa, Companhia das Letras, São Paulo, 1988, págs. 134 e seguinte.

[26] Hans Magnus Enzensberger, Zukunftsmusik (Música do futuro), págs. 32 e seguinte.

[27] Maximilian Scheer, Die Reise war nicht geplant (A viagem não fora prevista), pág. 104.

[28] Erika Mann, Blitze überm Ozean. Aufsätze, Reden, Reportagen (Relâmpagos sobre o Oceano. Artigos, discursos, reportagens), págs. 186 e seguinte.

271

[29] Friedrich Sieburg, Neues Portugal (Novo Portugal), págs. 76 e seguinte.
[30] Jan Jacob Slauerhoff, Verzamelde Gedichten (Colectânea de poemas), volume 2, pág. 206. Cristina Branco: O Descobridor. Cristina Branco canta Slauerhoff.© 2002 Universal Classics France.
[31] Peter Hamm Die verschwindende Welt. Gedichte (O mundo que está a desaparecer. Poemas), pág. 44.
[32] Julien Green, Tagebücher 1972-81 (Diários 1972-81), pág. 795.
[33] Heinz Janisch, Nach Lissabon (Para Lisboa), págs. 65 e seguintes.
[34] Cesário Verde, O Livro de Cesário Verde, Assírio & Alvim, Lisboa, 2004, O sentimento dum ocidental, II Noite fechada, primeira quadra.
[35] Johannes Mario Simmel, Nem só de caviar vive o homem, Círculo de Leitores, 1980, págs. 144 e seguinte.
[36] Miguel Torga, A criação do Mundo, Publicações Dom Quixote, 3ª edição, 2002, pág. 442.
[37] Hans Jürgen Heise, Gedichte und Prosagedichte 1949-2001 (Poemas e poemas em prosa 1949-2001), pág. 340.
[38] Reinhold Schneider, Portugal. Ein Reisetagebuch (Portugal. Diário de uma viagem), ed. Suhrkamp-Taschenbuch, 1984, págs. 57 e seguinte.
[39] José Saramago, Memorial do Convento, Editorial Caminho, 30ª edição, Lisboa, 1999, págs. 197 e seguinte.
[40] Ernst Jünger, Sämtliche Werke, Band 4 (Obras completas, volume 4), págs. 291 e seguinte.
[41] Bodo Kirchhoff, Parlando, ed. Frankfurter Verlagsanstalt, 1ª edição, 2001, págs. 212 a 214.
[42] Heinz Piontek, Portugiesische Skizzen. In: Wintertage-Sommernächte, Gesammelte Erzählungen und Reisebilder (Esboços portugueses. Em: Dias de Inverno – Noites de Verão, Colectânea de Narrativas e Retratos de viagem), pág. 513.
[43] Johannes Schenk, Zittern, Fünfundvierzig Gedichte (Estremecer, 45 poemas), pág. 15.
[44] Erich Maria Remarque, Uma noite em Lisboa, Livros de bolso Europa-América nº 125, 2ª edição, pág. 9.
[45] Escultura de Francisco Santos: Ao Leme 1915.
[46] Cees Nooteboom, A história seguinte, ed. Quetzal Editores, Lisboa, 1993, págs. 39 e seguinte.
[47] José Maria Eça de Queiroz, Os Maias, em Obras Completas de Eça de Queiroz, vol. 2, Lello & Irmão – Editores, 1966, págs. 110, 111 e 142.
[48] Cees Nooteboom, A história seguinte, ed. Quetzal Editores, Lisboa, 1993, págs. 41 e seguinte.
[49] José Saramago, O ano da morte de Ricardo Reis, Editorial Caminho, 14ª edição, Lisboa, 1998, pág. 59.
[50] Rui Zink, Hotel Lusitano, Publicações Europa-América, 5ª edição, Lisboa, 1998, pág. 41.
[51] Bodo Kirchhoff, Parlando, ed. Frankfurter Verlagsanstalt, 2001, pág. 198.
[52] Miguel Torga, A criação do Mundo, Publicações D. Quixote, 3ª edição, 2002, pág. 422.
[53] Curt Meyer-Clason, Portugiesische Tagebücher (Diários portugueses), ed. Gustav Lübbe Verlag, 1987, pág. 269.
[54] Joaquim Paço d'Arcos, Memórias duma Nota de Banco, Bertrand Editora, Venda Nova, 1998, pág. 125.
[55] Reinhold Schneider Portugal. Ein Reisetagebuch (Portugal. Diário de uma viagem), ed. Suhrkamp-Taschenbuch, 1984, págs. 54 e seguinte.
[56] José Cardoso Pires, Lisboa – Livro de bordo – vozes, olhares, memorações, Publicações D. Quixote, Lda., 1999, pág. 76.
[57] Sophia de Mello Breyner Andresen, Obra Poética III, Editorial Caminho, 3ª edição, Lisboa, 1999, pág. 195.
[58] Rui Zink, Hotel Lusitano, Publicações Europa-América, 5ª edição, Lisboa, 1998, pág. 45.

[59] José Saramago, O ano da morte de Ricardo Reis, Editorial Caminho, 14ª edição, Lisboa, 1998, pág. 60.

[60] Hans Magnus Enzensberger, A outra Europa, Companhia das Letras – São Paulo, 1988, págs. 155 e seguinte.

[61] Fernando Namora, O Rio Triste, Publicações Europa-América, 9ª edição, págs. 92 e seguinte.

[62] José Maria Eça de Queiroz, A capital, em Obras Completas de Eça de Queiroz, vol. 3, Lello & Irmão – Editores, 1966, pág. 93.

[63] Alexandre O'Neill, Poesias completas, Assírio & Alvim, 2000, pág. 143.

[64] Thomas Mann, As Confissões de Felix Krull, Cavalheiro de Indústria, Estúdios Cor, 2ª edição, Lisboa, 1965, pág. 317.

[65] Hans Magnus Enzensberger, A outra Europa, Companhia das Letras – São Paulo, 1988, págs. 131 e seguinte.

[66] Hanns-Josef Ortheil, Schwerenöter (Engatatão), págs. 564 e seguinte.

[67] Reinhold Schneider, Portugal. Ein Reisetagebuch (Portugal. Diário de uma viagem), ed. Suhrkamp-Taschenbuch, 1ª edição, 1984, pág. 62.

[68] Reinhold Schneider, Gesammelte Werke. Band 5. Lyrik (Obras completas. Volume 5. Poesia lírica) ed. Insel Verlag, 1ª edição 1981, pág. 242.

[69] Ludwig Fels, Mein Land. Geschichten (O meu país. Narrativas), pág. 71.

[70] Hans Magnus Enzensberger, A outra Europa, Companhia das Letras – São Paulo, 1988, pág. 132.

[71] Marie Luise Kaschnitz, Gesammelte Werke. Fünfter Band. Die Gedichte. (Obras completas. Volume V. Poemas), pág. 378.

[72] Alfred Döblin, Viagem ao Destino, Edições ASA, Porto, pág. 239.

[73] Hans Magnus Enzensberger, A outra Europa, Companhia das Letras, São Paulo, 1988, págs.132 e seguinte.

[74] Hans Christian Andersen, Uma visita em Portugal em 1866, ed. Instituto de Cultura e Língua Portuguesa, 2ª edição, Lisboa 1984, pág. 40.

[75] Ludwig Tieck, A morte de Camões, Editorial Aviz, Lisboa, 1944, pág. 160.

[76] José Maria Ferreira de Castro, Emigrantes, ed. Guimarães & C.ª, Lisboa, 12ª edição, págs. 84 e seguinte.

[77] Peter Hamm, Die verschwindende Welt. Gedichte (O mundo que está a desaparecer. Poemas) pág. 45.

[78] Cyrus Atabay, Gedichte (Poemas) pág. 189.

[79] Hans Magnus Enzensberger, A outra Europa, Companhia das Letras, São Paulo, 1988, págs. 133 e seguinte.

[80] José Saramago, O ano da morte de Ricardo Reis, Editorial Caminho, 14ª edição, Lisboa, 1998, págs. 36 e seguintes.

[81] Pombal é uma vila do centro de Portugal, exactamente a meio da distância entre Lisboa e Porto.

[82] Reinhold Schneider, Das Erdbeben (O terremoto), pág. 95.

[83] «História e descrição natural dos acontecimentos mais notáveis do terremoto que no fim do ano de 1755 abalou uma grande parte da Terra».

[84] O «Poema sobre o desastre de Lisboa» bem como o romance «Candide».

[85] Não é conhecido o número exacto. As estimativas diferem muito umas das outras.

[86] Alfred Döblin, Viagem ao Destino, Edições ASA, Porto, 1ª edição, 1996, págs. 242 e seguinte.

[87] Citado segundo o que está em Herzog, Werner: Lissabon. Literarische Streifzüge durch die Stadt. (Lisboa: incursões literárias pela cidade.). Sem garantia. 2002. pág. 84.

[88] António Tabucchi, A cabeça perdida de Damasceno Monteiro, Publicações Dom Quixote, Biblioteca de bolso, nº 15, pág. 29.

[89] Fernando Pessoa: Lisboa – What the tourist should see, Livros Horizonte, 9ª edição, Lisboa, 2014, pág. 117.

90 Thomas Mann, As Confissões de Felix Krull, Cavalheiro de Indústria, Estúdios Cor, 2ª edição, Lisboa, Março de 1965, págs. 350 e seguinte.
91 José Saramago, O ano da morte de Ricardo Reis, Editorial Caminho, 14ª edição, Lisboa, 1998, pág. 64.
92 Friedrich Rosen, Aus einem diplomatischen Wanderleben. 2. Band (Notas da vida errante de um diplomata, segundo volume), págs. 224 e seguintes.
93 Eugénio de Andrade, Antologia breve, ed. Fundação Eugénio de Andrade, 6ª edição, 1994, pág. 52.
94 Luiz Vaz de Camões, Os Lusíadas, Canto V, estrofe 51.
95 Joaquim Paço d'Arcos, Memórias duma Nota de Banco, Bertrand Editora, Venda Nova, 1998, págs. 101 e seguinte.
96 Cees Nooteboom, A história seguinte, ed. Quetzal Editores, Lisboa, 1993, págs. 31 e seguinte.
97 Ernst Jünger, Sämtliche Werke, Band 4, Siebzig verweht I (Obras completas, volume 4, Passados já os setenta I), págs. 293 e seguintes.
98 Julien Green, Tagebücher 1972-81 (Diários 1972-81), pág. 810.
99 Ernst Jünger, Sämtliche Werke, Band 4, Siebzig verweht I (Obras completas, volume 4, Passados já os setenta I), pág. 298.
100 Reiner Kunze, Gedichte (Poemas) pág. 230.
101 Pablo Neruda, El Puerto Color de Cielo, poema I do conjunto La Lámpara Marina (5 poemas), dedicado a Álvaro Cunhal.
102 Friedrich Sieburg, Neues Portugal (O Novo Portugal), págs. 245 e seguintes.
103 Johannes Schenk, Zittern. Fünfundvierzig Gedichte (Tremer. Quarenta e cinco poemas), pág. 17.
104 Reinhold Schneider, Das Erdbeben (O terremoto), pág. 128.
105 João Baptista de Almeida Garrett, Camões, poema em 10 Cantos, Canto IV, Estância XIV, em «Obras do Visconde de Almeida Garrett», ed. Viúva Bertrand e Filhos, 5ª edição, 1858, na Biblioteca Nacional Digital.
106 Reinhold Schneider, Portugal. Ein Reisetagebuch (Portugal. Diário de uma viagem), ed. Suhrkamp-Taschenbuch, 1ª edição, 1984, págs. 74 a 76.
107 Julien Green, Tagebücher 1972-1981 (Diários 1972-1981), pág.796 e seguinte.
108 Camões terá sido enterrado inicialmente na Igreja do Convento de Sant'Ana (situado na 5ª colina de Lisboa, perto do Campo de Sant'Ana), provavelmente sem identificação do lugar uma vez que, apenas passados 15 anos, já custou aos amigos do poeta encontrar o corpo. Todos os despojos humanos – ossadas de diferentes mortos – que em 1855 foram encontrados na sua presumível sepultura, por uma comissão nomeada, após a morte de Garrett, para averiguar da sepultura do épico nacional, foram trasladados para Belém.
109 Ernst Jünger, Sämtliche Werke, Band 4, Siebzig verweht I (Obras completas, volume 4, Passados já os setenta I), pág. 301.
110 Conrad Ferdinand Meyer, Sämtliche Werke. Das erzählende Werk und Gedichte (Obras completas. Narrativas e poemas), pág. 925.
111 Thomas Mann, As Confissões de Felix Krull, Cavalheiro de Indústria, Estúdios Cor, 2ª edição, Lisboa, Março de 1965, págs. 381 e seguinte.
112 Arnold Stadler, Ausflug nach Afrika, in: Volubilis, (Viagem a África, em: Volubilis), págs. 25 e seguinte.
113 Ernst Jünger, Sämtliche Werke, Band 4, Siebzig verweht I (Obras completas, volume 4, Passados já os setenta I), págs. 298 e seguintes.
114 Heinrich Mann, Gesammelte Werke, Band 4. Ein Zeitalter wird besichtigt, (Obras completas, volume 4. Visita a uma era) págs. 447 e seguinte.
115 Alfred Döblin, Viagem ao Destino, Edições ASA, Porto, 1ª edição, 1996, pág. 249.
116 Fernando Pessoa, Mensagem, Colecção Poesia, Obras completas de Fernando Pessoa, Edições Ática, 8ª edição, Lisboa, 1967, pág. 60.

[117] Suzanne Chantal, Portugal und die Entdeckung der Welt (Portugal e a descoberta do Mundo), *in*: Atlantis, n° 9, pág. 543.

[118] Stefan Zweig, Fernão de Magalhães, ed. Livraria Civilização, 1960, págs. 75 e seguinte.

[119] Curt Meyer-Clason, Portugiesische Tagebücher (Diários portugueses), ed. Gustav Lübbe Verlag, 1987, pág. 273.

[120] Marta Feuchtwanger, Nur eine Frau. Jahre – Tage – Stunden (Apenas uma mulher. Anos – Dias – Horas) Munique, págs. 302 e seguintes.

[121] Jan Jacob Slauerhoff, O reino proibido, Editorial Teorema, Lisboa, 1997, págs. 78 e seguinte.

[122] Luiz Vaz de Camões, Os Lusíadas, Canto IV, estrofe 102.

[123] Reinhold Schneider, Gesammelte Werke. Band 5. Lyrik (Obras completas. Volume 5. Poesia lírica) ed. Insel Verlag, 1ª edição 1981, pág. 252.

[124] António Lobo Antunes, «Elogio do subúrbio», em: Livro de crónicas, Publicações D. Quixote, Lisboa, 2ª edição, 1999, págs. 14 e seguinte.

[125] Não há visitas aos Domingos e feriados. O interior do Palácio só é visitável de manhã, os jardins também se podem visitar à tarde. Horários de visita exactos em: www.fronteira-alorna.pt

[126] Hans Christian Andersen, Uma visita em Portugal em 1866, ed. Instituto de Cultura e Língua Portuguesa, 2ª edição, Lisboa 1984, págs. 33 e seguinte.

[127] Julien Green, Tagebücher 1972-1981 (Diários 1972-1981), págs. 811 e seguinte.

[128] Arthur Koestler: Autobiographische Schriften. Band 2 (Escritos autobiográficos, Volume 2) ed. Abschaum der Erde, pág. 11.

[129] Sobre este tema, ver mais pormenores no 5° itinerário.

[130] Stefan Zweig, Tagebücher (Diários), pág. 395

[131] Avenida da República, 15.

[132] Avenida da República, 38.

[133] Thomas Mann, As Confissões de Felix Krull, Cavalheiro de Indústria, Estúdios Cor, 2ª edição, Lisboa, 1965, págs. 411 a 414.

[134] O quadro já era decomposto, no original, em pequenos quadrados e, assim, como que predestinado para inserção numa parede de azulejos.

[135] José Cardoso Pires, Lisboa – Livro de bordo – vozes, olhares, memorações, Publicações D. Quixote, Lda., 1999, pág. 101.

[136] Flemming viveu no Hotel Palácio em Maio de 1941.

[137] Antoine de Saint-Exupéry, Bekenntnis einer Freundschaft (Testemunho de uma amizade), págs. 10 e seguinte (versão alemã do original francês «Lettre à un otage», Carta a um refém, livro não editado em Português).

[138] Alma Mahler-Werfel, Mein Leben (A minha vida), págs. 319 e seguinte.

[139] Heinrich Mann, Gesammelte Werke Bd. 24. Ein Zeitalter wird besichtigt (Obras completas. Volume 24. Uma época passada em revista) págs. 446 e seguinte.

[140] Peggy Guggenheim, Ich habe alles gelebt (Na vida, experimentei tudo) pág. 363.

[141] Reinhold Schneider, Gesammelte Werke. Band 5. Lyrik (Obras completas. Volume 5. Poesia lírica) ed. Insel Verlag, 1981, pág. 240.

[142] Maximilian Scheer, Die Reise war nicht geplant (A viagem não fora prevista), pág. 97.

[143] Fernando Pessoa, Poesias de Álvaro de Campos, Publicações Europa-América, Colecção «Clássicos», 1995, págs. 113 a 115.

[144] Hans Christian Andersen, Uma visita em Portugal em 1866, ed. Instituto de Cultura e Língua Portuguesa, 2ª edição, Lisboa 1984, pág. 77.

[145] Julien Green, Tagebücher 1972-81 (Diários 1972-81), pág. 796.

[146] João Baptista de Almeida Garrett, Camões, Canto V, estrofe XIII, conforme «Obras do Visconde de Almeida Garrett», ed. Viúva Bertrand e Filhos, 5ª edição, 1858, na Biblioteca Nacional Digital.

[147] Stefan Zweig numa carta de 26 de Janeiro de 1938 a Lavinia Mazzucchetti. Stefan Zweig, Cartas 1932-1942. Frankfurt am Main 2005 (S. Fischer) pág. 210.

275

[148] Hans Christian Andersen, Uma visita em Portugal em 1866, ed. Instituto de Cultura e Língua Portuguesa, 2ª edição, Lisboa 1984, pág. 79.

[149] Camilo Castelo Branco, A Queda dum Anjo, Biblioteca Ulisseia de Autores Portugueses, 3ª edição, pág. 189.

[150] Heinrich Brockhaus, Tagebücher Italien, Spanien und Portugal 1834 bis 1872, (Diários Itália, Espanha e Portugal 1834 a 1872), pág. 236.

[151] Karl Krolow, Gesammelte Gedichte (Colectânea de poemas), pág. 225.

[152] George Gordon Lord Byron, A Peregrinação de Childe Harold, ed. Livraria Ferreira, Lisboa 1881 (traduzido em prosa por Alberto Telles); versos de Nuno Garrido de Figueiredo.

[153] Julien Green, Tagebücher 1972-81 (Diários 1972-81), pág. 809.

[154] Hans Christian Andersen, Uma visita em Portugal em 1866, ed. Instituto de Cultura e Língua Portuguesa, 2ª edição, Lisboa 1984, págs. 77 e seguinte.

[155] José Maria Eça de Queiroz, Os Maias, em Obras Completas de Eça de Queiroz, vol. 2, Lello & Irmão - Editores, 1966, pág. 157.

[156] Reinhold Schneider, Cintra, em: Portugal. Ein Reisetagebuch (Portugal. Diário de uma viagem), ed. Suhrkamp-Taschenbuch, 1ª edição, 1984, pág. 87.

[157] Friederike Maria Zweig, Spiegelungen meines Lebens (Reflexos da minha vida), pág. 232.

[158] Reinhold Schneider, Portugal. Ein Reisetagebuch (Portugal. Diário de uma viagem), ed. Suhrkamp-Taschenbuch, 1ª edição, 1984, pág. 85.

[159] José Maria Eça de Queiroz, Os Maias, em Obras Completas de Eça de Queiroz, vol. 2, Lello & Irmão - Editores, 1966, págs. 162 e seguinte.

[160] Hans Christian Andersen, Uma visita em Portugal em 1866, ed. Instituto de Cultura e Língua Portuguesa, 2ª edição, Lisboa, 1984, pág. 80.

[161] José Maria Eça de Queiroz, Os Maias, em Obras Completas de Eça de Queiroz, vol. 2, Lello & Irmão - Editores, 1966, pág. 163.

[162] George Gordon Lord Byron, «Peregrinação de Childe Harold», Canto I, Estâncias XXIV a XXVI, ed. Livraria Ferreira, Lisboa, 1881 (traduzido em prosa por Alberto Telles); versos de Nuno Garrido de Figueiredo.

[163] José Maria Eça de Queiroz, Os Maias, em Obras Completas de Eça de Queiroz, vol. 2, Lello & Irmão - Editores, 1966, pág. 166.

[164] Gerda Maleta, Seteais. Tage mit Thomas Bernhard. (Seteais. Dias com Thomas Bernhard) ed. Weitra 1992 (Bibliothek der Provinz), pág. 67.

[165] José Maria Eça de Queiroz, Os Maias, em Obras Completas de Eça de Queiroz, vol. 2, Lello & Irmão - Editores, 1966, pág. 167.

[166] Hans Christian Andersen, Uma visita em Portugal em 1866, ed. Instituto de Cultura e Língua Portuguesa, 2ª edição, Lisboa 1984, pág. 81.

Zeitfracht Medien GmbH
Ferdinand-Jühlke-Straße 7
99095 Erfurt, Deutschland
produktsicherheit@kolibri360.de